该研究为"教育部新农科研究与改革实践项目：新时代农林院校课程思政教育教学体系改革与发展研究"的成果，并得到"河北省高等学校人文社会科学重点研究基地"经费资助

课程思政教育教学体系改革与创新

基于农林院校学科特点的研究

孙朝阳 等／著

人民出版社

目　录

第一章　课程思政教育教学体系改革的逻辑基础

　　教育是国之大计、党之大计。课程思政是新时代背景下加强高校思想政治工作所提出的新理念、新路径、新方法，是贯彻落实立德树人根本任务的制度安排。习近平总书记在全国高校思想政治工作会议上关于把思想政治工作贯穿教育教学全过程，推进其他课程与思想政治理论课同向同行、形成协同效应的重要论述，是高校全面落实立德树人根本任务，建设"大思政"格局的根本遵循。高校课程就基本逻辑来说，每门课程都有它的价值逻辑和工具逻辑。辩证唯物主义和历史唯物主义认为，"一定的现象必然由当时存在的关系所引起"[1]，"人们按照自己的物质生产的发展建立相应的社会关系，正是这些人又按照自己的社会关系创造了相应的原理、观念和范畴"[2]。如何把工具化知识（科学）和价值化知识（道德以及时代价值等）通过具体载体和途径联结起来，本质上既是社会关系的要求，也是社会关系的体现。课程思政立足挖掘各类各门课程所承载的育人功能，将价值元素和思政资源合理融入各类课程之中，以实现各类课程与思政课程协同育人。时代是思想之母。问题是时代的声音，时代是问题的出发点。农林院校课程思政教育教学体系改革是农林院校面对新时代发展的现实要求、面对新农科建设的发展需求而对思想政治工作做出的主动创

---

① 《马克思恩格斯全集》第 1 卷，人民出版社 1956 年版，第 216 页。
② 《马克思恩格斯全集》第 4 卷，人民出版社 1958 年版，第 144 页。

新。改革创新是时代发展的主旋律。改革要适应客观的物质生产条件，课程思政教育教学体系的改革要在新时代条件背景下立足教育规律、创新思政工作、拓展"大思政"格局，真正实现"三全育人"。课程思政要真正实现课程建设的"主阵地"作用，组织动员好教师这个"主力军"，发挥好支部的"桥头堡"效果，成为农林院校做好思想政治工作、促进学科专业发展、提升科研实践水平、优化管理效能、有效服务社会经济发展的有力抓手。

第一节 改革的时代背景

中国特色社会主义进入新时代，这既是中国发展的新历史方位，也是中国教育尤其是农林教育的新历史方位。国家要强，农业要强；农民要富，农村要稳，农林科学技术也就要精，农林教育也就要强。农林高等教育也要适应并领跑新时代，做好习近平新时代中国特色社会主义思想"三进"工作，扛好新时代立德树人的旗帜。农林院校课程思政教育教学体系的改革是落实立德树人的关键举措，是农林院校为适应社会主义现代化尤其是农业现代化发展而对人才培养体系所做出的主动探索。培养优秀的社会主义建设者和接班人，培养一代代拥护中国共产党领导和我国社会主义制度、立志为中国特色社会主义奋斗终身的有用人才，培养更多的"懂农业、爱农村、爱农民"新时代农业人才，是农林院校课程思政教育教学改革的时代要求。

一、专业课程与思政课程同向同行的价值需要

专业课程与思政课程从课程体系的意义来说，都有其内在的价值逻辑和工具逻辑。构建好专业课程与思政课程的同向同行机制，前提是同心，

关键是同力。同心同力是同向同行的思想与行动基础。融合教育教学规律发展的价值需求，承担好新时代的教育使命，构建"三全育人"的制度框架，是课程思政教育教学体系自身改革与发展的逻辑基础。

（一）新时代教育使命的应然要求

习近平总书记指出："一个国家、一个民族要振兴，就必须在历史前进的逻辑中前进、在时代发展的潮流中发展。"[①]中华民族伟大复兴是新时代使命，也是教育的重要使命。培养什么人、怎样培养人、为谁培养人，是教育的根本问题。习近平总书记说，"古今中外，关于教育和办学，思想流派繁多，理论观点各异，但在教育必须培养社会发展所需要的人这一点上是有共识的"。[②]没有哪项事业像教育这样影响甚至决定着接班人的问题，影响甚至决定着国家的长治久安，影响甚至决定着民族的复兴。我国是中国共产党领导的社会主义国家，这就决定了我们的教育要培养社会主义建设者和接班人。高校是党领导下的中国特色社会主义高校，必须旗帜鲜明讲政治，坚决贯彻党的教育方针，把牢社会主义办学方向，认真落实立德树人根本任务，自觉践行"四个服务"的时代使命，为党育人、为国育才。

为中华民族伟大复兴培养接班人，为建设社会主义强国培养强国一代，高等教育要坚持社会主义办学方向，要坚持马克思主义的指导地位根本制度，要坚持扎根中国大地办教育，要坚持以人民为中心发展教育，更要坚持深化教育改革创新。要按照"坚持立德树人，加强学校思想政治工作，推进教育改革"的要求，把立德树人融入思想政治教育、人文综合素质培养、科技知识训练、社会实践锻炼各环节，贯穿于高等教育各个领域，将思想政治教育贯穿教育教学全过程，建立学科体系、教学体系、教材体系、管理体系的融通合力，完成教育使命与时代发展的交

---

① 习近平：《开放共创繁荣　创新引领未来》，《人民日报》2018 年 4 月 11 日。
② 习近平：《在北京大学师生座谈会上的讲话》，《人民日报》2018 年 5 月 3 日。

汇融合，形成目标体系与路径安排相互支撑、相互促进的发展局面。尤其是时代条件不断在变化，为课程思政建设和改革提供了有利的条件支撑。中国特色社会主义建设取得举世瞩目的成就，尤其是面对逆全球化等重大世界难题，中国道路与东方崛起的势头一直强劲。中国特色社会主义道路、理论、制度、文化的不断发展为课程思政建设与改革提供了战略支撑。当前新一轮科技革命和产业变革与我国加快转变经济发展方式、坚持新发展理念、认清新发展形势、构建新发展格局形成历史性交汇，高等学校作为科技第一生产力和人力资源的重要战略阵地，在人力资源输送、人才资源培养上发力，已经成为支撑生产动能转换、发展方式升级的重要战略任务。

（二）教育教学规律的实然需求

教育是人类文明进步的阶梯，教师是人类灵魂的工程师。"有理想信念、有道德情操、有扎实知识、有仁爱之心"是习近平总书记提出的好老师标准，立德树人，老师既要围绕这个目标来教，还要围绕这个目标来改。教师是课程思政教育教学改革的"主力军"。新时代的教育使命，不但要求教师有专业知识，还要求各个任课教师懂"国之大者"；教师不只是传授知识，还有维护精神家园的重要职责。因此，专业课教师要在课程思政上下更多功夫，既要在自身厚植爱国主义情怀、加强品德修养、增长知识见识、培养奋斗精神、增强综合素质上下功夫，还要做到各门课都守好一段渠、种好责任田。要能够通过以身示范教育引导学生常立志立大志、听党话跟党走、有大爱有小节、有公心爱家庭、讲情怀有情趣、有见识求真理、悟道理明事理、有奋斗敢创新，能为中华民族的伟大复兴贡献青春力量。

教育教学要正确处理好教育发展的主要矛盾。由于社会分工的发展，专业课教学越来越细分，思政课教学和专业课教学之间往往形成"两河水""两张皮"。高校思想政治教育工作要发挥好统领作用，既要遵循思想政治工作规律，着力抓好思想政治课教育教学，又要遵循教书育人规律、遵循学生成长规律，抓好专业课的育人功能因事而化、因时而进、因势而新。习近平总书记对思想政治理论课提出了"八个统一"的要求，即政治性和学理性相统一、价值性和知识性相统一、建设性和批判性相统一、理论性和实践性相统一、统一性和多样性相统一、主导性和主体性相统一、灌输性和启发性相统一、显性教育和隐性教育相统一。要挖掘其他课程和教学方式中蕴含的思想政治教育资源，实现全员全程全方位育人。①"八个统一"的集中论述，从方法论高度指明了专业课程与思政课程、学科思政与思政学科的矛盾处理方法，也为理论与实践、课内与课外、教师与学生、管理与教学、社会与家庭等几类教育矛盾提供了统一的解决方法，为思政课建设与课程思政建设同向同行、协调发展指明了方向。

专业课与综合素养课的教育教学，在教书育人和学生成长规律基础上也有更高要求。传统专业课堂的单一模式，传统"车厢式"的教育套路和"填鸭式"的教学习惯，传统教材体系与社会实际的"两张皮"顽疾，传统学科体系话语权建构的前置性，使得教学内容、形式和效果很难达到预期目标。如果配合以专业实例、价值引领、社会认知和实践体验，则相应会丰富教育对象主体化建设。另外，课堂教学随着时代不断发展、随着网络信息科学技术的发展，课堂教学的工具和业态在不断变化发展，要运用新媒体新技术使工作活起来，推动思想政治工作传统优势同信息技术高度融合，增强时代感和吸引力。学科生态也在不断重构。随着社会经济的发展、知识体系的更替，学科体系也在不断推陈出新。而学科生态的变迁需要创新学术话语体系，努力构建全方位、全领域、全要素的课程思政工作体系。

课程思政从课堂内生、依课程而立，自身也有教育教学发展和改革的

①　参见习近平：《用新时代中国特色社会主义思想铸魂育人　贯彻党的教育方针落实立德树人根本任务》，《人民日报》2019年3月19日。

内在逻辑。课程思政并非是凭空移植、嫁接或简单复制到教育教学过程中来的，也并非一夕之功，而是一个长期同向协力、润物无声的过程。至少有三个层次的问题需要思考：一是如何与其他专业学科共生共存、如何把思政学科与学科思政有机耦合兼容发展起来，这是课程思政建设首先要考虑的问题。"思政课程"与"课程思政"的同向同行理念，预示着思政教育从"小思政"概念走向"大思政"格局，这是脱胎换骨式的重构。重构的要义是在立德树人背景下，以单一的学科思政教育模式，转为课堂主渠道下所有教师的"主力军"作用进行专业课程思政教育的内容设计。二是如何建立学科体系、课程体系、教材体系、管理体系的合力机制。课程思政是新事物，却又是内生于时代要求和学科发展需求的，成长有一个过程，成熟得有一套长期试错的体系。无论是从教学方式还是教学理念，体系化制度化都要经过不断试错。三是如何选准课程思政建设的切入点。问题导向是基本逻辑，矛盾分析是基本路径，大逻辑，小切口，是基本方法。这就要求，思政教育内容要根据高校发展实际和学科专业需要来梳理其知识点含义与表达方式，构建有效的"课程思政"工作体系，找准切入点发力点合力点，找到符合知识、科学、道德以及时代价值之间有效联结的内在基础，在教育教学过程中，通过课程思政把工具化知识和价值化知识的具体载体与途径有机融入专业课、文化基础课、实践课，形成合力。

（三）"三全育人"的必要举措

时代背景和教育教学规律，是专业课程和思政课程同向同行的基础条件。"三全育人"体系构建，是专业课程与思政课程同向同行的制度支撑。因此，从这个意义上说，课程思政教育教学改革，价值所向就是一种新的教育理念、工作体系与制度安排。要做到"坚持显性教育和隐性教育相统一，挖掘其他课程和教学方式中蕴含的思想政治教育资源，实现全员全程全方位育人"，也是对于教育教学规律的科学尊重与价值回归。

　　课程思政首先是一种新的教育理念。从大学生的成长规律看，青少年阶段是人生的"拔节孕穗期"，"要抓住青少年价值观形成和确定的关键时期，引导青少年扣好人生第一粒扣子"①。大学生在学校期间普遍需要经历一个学生参与、学习投入、社会认知以及学生发展的过程。认知层次的螺旋构建、组织行为的正负激励、行动学习的节点衔接，需要把课程思政贯穿于专业课以及综合素养课教学之中，在学生求真理、悟道理、明事理的过程中培植信仰、增长知识、健全人格、丰满情怀、创造人生。要尊重学生的主体地位，启发学生变被动为主动。这就需要从专业课程和综合素养课程的教育教学中挖掘出学科所蕴含的育人理念、学科价值、科学精神以及人文关怀等。2016 年，习近平总书记在全国高校思想政治工作会议上明确提出，高校思想政治教育工作"要坚持把立德树人作为中心环节，把思想政治工作贯穿教育教学全过程，实现全程育人、全方位育人，努力开创我国高等教育事业发展新局面"，强调"思想政治理论课要坚持在改进中加强，提升思想政治教育亲和力和针对性，满足学生成长发展需求和期待，其他各门课都要守好一段渠、种好责任田"。②2017 年 12 月，中共教育部党组印发《高校思想政治工作质量提升工程实施纲要》，提出了"十大育人体系"，其中第一个体系就是课程育人质量提升体系。课程育人质量提升体系对"课程思政"建设进行了专业化的表述，即："推动以'课程思政'为目标的课堂教学改革，梳理各门专业课程所蕴含的思想政治教育元素和所承载的思想政治教育功能，融入课堂教学各环节，实现思想政治教育与知识体系教育的有机统一。"2019 年，中共中央、国务院印发了《中国教育现代化 2035》，提出了教育现代化八个"更加注重"的基本理念，即以德为先、全面发展、面向人人、终身学习、因材施教、知行合一、融

---

① 习近平：《举旗帜聚民心育新人兴文化展形象　更好完成新形势下宣传思想工作使命任务》，《人民日报》2018 年 8 月 23 日。

② 习近平：《把思想政治工作贯穿教育教学全过程　开创我国高等教育新局面》，《人民日报》2016 年 12 月 9 日。

合发展、共建共享。因此，课程思政不是一门新的课程，而是一种全新的课程观，一种时代性的育人理念，不仅是从主体到内容到目标的课堂改革，更是从顶层设计到资源整合到机制保障的高等教育深层次革命，是贯穿于专业课与综合素养课之中的全员全过程全方位的育人体系。

课程思政更是一种工作路径和制度安排。2016 年，中共中央、国务院印发的《关于加强和改进新形势下高校思想政治工作的意见》指出：要加强课堂教学的建设管理，充分挖掘和运用各学科蕴含的思想政治教育资源，要坚持全员全过程全方位育人原则，把思想价值引领贯穿教育教学全过程和各环节。2018 年 9 月，习近平总书记在全国教育大会上系统回答了为谁培养人、培养什么人、怎样培养人这一根本问题，高校必须抓住立德树人的根本任务，建立德智体美劳全面发展的人才培养体系，打造过硬教师队伍。2018 年 10 月，教育部印发《关于加快建设高水平本科教育全面提高人才培养能力的意见》，提出了"新时代高教 40 条"，其中对高校要把思想政治教育贯穿高水平本科教育全过程作了进一步重申，提出高校要围绕全面提高人才培养能力这个核心点，加快形成高水平人才培养体系，提升思政工作质量，强化课程思政和专业思政建设。2019 年 3 月，习近平总书记在学校思想政治理论课教师座谈会强调，要坚持显性教育和隐性教育相统一，挖掘其他课程和教学方式中蕴含的思想政治教育资源，实现全员全方位育人。思想政治理论课是培养一代又一代社会主义建设者和接班人的重要保障，要把思政课作为落实立德树人根本任务的关键课程来抓。2020 年 6 月，教育部颁布了《高等学校课程思政建设指导纲要》（以下简称《纲要》），提出坚持"四个相统一"推进建设，对全面推进课程思政建设明思路、划重点、定制度。《纲要》对课程思政建设重点安排、节点任务、体系目标以及制度保障等进行了明确要求。2020 年教育部的年度工作重点突出"课程思政"建设，明确提出课程思政要充分发挥各类课程的育人功能，深入挖掘各门课程蕴含的思想政治教育内容，促进专业课与思想政治理论课同向同行，实现价值引领、知识教育、能力培养的有机统一。由此可见，从全国高校思想政治工作会议到全国教育大会，再到学校思想政治理论课教师座谈会，在以习近平总书记为核心的党中央关于教育的一系列重要论述中，谈得最多、强调最多的就是在新形势下如何实现立德树人，如何以"课程思政"为切入点推动思想政治教育教学改革，拓宽思政课主渠道，不断探索多渠道多方式的思想政治工作创新模式，实现"三全育人"战略目标，构建"大思政"的教育教学工作格局。由此，构建专业课程与思政课程同向同行的课程思政工作体系与制度安排，是实现"三全育人"的必要举措。

二、农林院校课程思政内涵式发展需要

课程思政本身是改革发展的产物，目标指向是构建新时代专业课程与思政课程同向同行的运行机制。同时，自身也需要在发展中根据时代要求、矛盾规律和农林院校内涵式发展的需求来进行调适。农林院校具有很强的区域性和独立性，学科设置、学生培养以及科研实践和地方农林经济发展紧密相连，农林课程的每门课程都有其独特的学科属性，课程思政建设不能是"大撒把"，而应该是"精准滴灌"。"大思政"格局的建构要重点优化"课程思政"工作路径和制度安排，在处理农林课程的多样性与意识形态的主导性的关系过程中，强化农林课程自身的价值资源与思政素材所承载的育人功能，有针对性地根据"一懂两爱"的工作要求来进行课程思政的制度构建。

（一）农林院校课程思政发展的必然逻辑

党的十八大以来，乡村振兴和扶贫攻坚任务艰巨、使命光荣，高等农林学校教育扶贫、科技扶贫责任在肩，工作任务繁重。同时，高等农业教育在整体社会转型发展过程中的作用也越发明显。农业农村的供给侧改革，也必然引起高等农业教育重塑教育发展范式的改革。农业教育是服务

农业农村高质量发展的重要基石，一头承载着党之大计、国之大计，一头关系着农业农村现代化、国家粮食安全。面向未来，不断提高自身对教育强国、农业强国、美丽中国、健康中国战略目标实现的贡献度，要求农林院校必须主动对接国家战略和区域经济社会发展需求，特别是要紧密对接乡村振兴等国家重大发展战略和现代农业产业转型升级的需求，全面加快对知农爱农新型人才培养的战略谋划和系统布局。

高校肩负着为党育人、为国育才的重要使命，干好这个"主业"是大学之所以称之为大学的根本，决定着农林院校事业发展的价值取向和方向，决定着办好人民满意的中国特色社会主义大学的底气和底色。2019年9月5日，习近平总书记专门在给全国涉农高校的书记校长和专家代表回信，站在打赢脱贫攻坚战、推进乡村全面振兴、实现农业农村现代化的战略高度，对培养知农爱农新型人才提出明确要求。面对这样的新形势、新任务、新要求，农林院校在人才培养的目标定位、路径选择、体系构建等方面亟待给出新的解决方案。因此对农林院校而言，最核心的解决方法就是牢牢把握"中国特色、农业特色"的要求，以习近平新时代中国特色社会主义思想为指导，始终坚持植根中国大地，持续实施课程思政，充分利用所有课程，把握好时代之问、科学之问、发展之问，让教育者先受教育，引导学生全面准确认识我国农业发展现状，引导青年学子主动对接、自觉服务党和国家的重大战略、重大需求。要突出"一二三产业融合"发展需求导向，优化学科专业布局，丰富学科专业内涵，紧盯新一轮科技革命和产业变革前沿，瞄准现代农业高质量发展对人才知识、能力、素质的新需求，全面推进产学研合作育人、合作办学、合作就业、合作发展，全力促进人才培养供给侧和产业需求侧结构要素的全方位融合，培养适应社会需要的应用型、创新型农业人才。要面向未来，农业高等教育要全面构建德智体美劳全面发展人才培养体系，将学生的家国情怀、人文素养、创新精神和实践能力有机统一起来，让学生"学会求知，学会做事，学会共处，学会做人"，让学生掌握自主学习的方法，为未来的终身学习、可持续发展奠定基础，这是农林院校教育的必然逻辑。全面落实立德树人根本任务，农林院校必须聚焦学生德智体美劳全面发展的需求，把思想政治教育贯穿人才培养全过程，全面深化教育的供给侧改革，实施课程思政教育教学改革。不断牢固青年学生为"三农"问题求解、为社会发展献力的使命担当，将立德树人要求贯穿教育教学和人才培养全过程，需要将社会主义核心价值观教育、创造精神、奋斗精神、团结精神、梦想精神等有机融入课堂、融入实践、融入生活，不断涵养"教师有担当教、学生有使命学"的良好育人生态。这就要求我们必须实施课程思政，更新教育教学理念、调整人才培养目标、完善教学课程体系、不断改革教学方式方法和手段，切实引领学生将学农爱农与强农兴农协调起来，将青春梦与中国梦对接起来，培养学生的爱国情怀和社会责任感，进而促使知识和能力发挥更大效用。

农林院校课程思政存在着先天性困难。首先，农林学科体系主要围绕现代农业科学技术的专业知识技术体系和社会生产分工来进行，偏重于基础理论、农林前沿以及实验研究，对课程思政的支撑作用不强。农林院校目前的学科背景、课程特点和科研实习实践的封闭性造成"课程思政"实施内容衔接存在客观上的难题。农林院校课堂与教材建设上注重经验传承和历史积淀，教学目的是通过广度和深度学习掌握自然事物变化性能、趋势规律，思政元素的挖掘上存在着衔接题材少、思政素材单调跟不上技术进步的困难。一般是以介绍前沿科学知识为主，辅助于科学新发现中的科学精神的讲解。直接剪贴复制地在课程中添加思政元素，很容易造成思政教育与专业授课在内容上牵强附会，无法把思政元素真正"无缝隙"地融入到课程教学中，无法达到潜移默化、润物无声的效果。其次，教师的认知偏差和经验局限造成"课程思政"实施效果落地存在难度。农林院校课程安排紧、课程进度紧，专业实习实践任务繁重，专业课教师往往迫于课时和科研实践工作压力，习惯于将大部分精力放在专业知识的讲授上，关注于本课程所涉及的基本概念、规律、方法和专业能力培养，而没有意识到或者无暇顾及本门课程中"课程思政"的融入。作为一种全新的课程观，课程思政在实践过程中尚无现成丰富的经验积累和方法借鉴，这对课程教师的思想水平、专业知识、综合素养等全方位形成挑战。有个别教师将其当作任务完成，尚未形成自觉的意识和行动，也有个别教师仍然片面地认为通过思政教育塑造学生品格、品行、品位，是思想政治理论课教师的职责，是辅导员的任务。最后，评价机制和管理体系滞后造成"课程思政"建设存在难度。农林院校课程长期以来存在与学生的思想政治教育"两张皮"现象，其教学考核注重于专业知识系统、授课方法手段的详细评价，而对知识传授中是否实现价值引导，是否使"课程承载思政"没有监督，考核评价中缺少课程思政的要求。[①] 课程思政的实施多停留在"就课改课"，尚未形成贯穿学科体系、教学体系、教材体系、管理体系的工作体系。

（二）新农科背景下课程思政生态重构的需要

现代农业的发展必然要求通过建设"新农科"提升国家农业智力支撑与智力支持，同时，也要从学科体系、课程体系、教材体系和管理体系上赋予新农科新的内涵。这不是简单的叠屋架楼，而是结构上的优化和质量上的提升，是系统性的学科生态重构、课程体系升级、教材体系优化、管理体系改革。课程思政只有在这个基础上融合发展，才能不落窠臼，获得时代内涵。

农林院校课程思政要符合新农科的发展要求。新农科是一系列的改革，宏观层面上，《安吉共识》提出了立足新农业、新乡村、新农民、新生态的"四个面向"新理念；中观层面上，《北大仓行动》推出深化高等农林教育改革的"八大行动"新举措；微观层面上，《北京指南》提出实施新农科研究与改革实践的"百校千项"新项目。"新农科"发展的价值

---

① 参见孙朝阳：《课程思政教育教学改革探索与实践——以河北农业大学生命科学学院为例》，《河北农业大学学报（社会科学版）》2020 年第 4 期。

指向都是培养知农爱农为农的新型人才，就像习近平总书记强调的，涉农高校要以立德树人为根本。从理论和实践上来看，新农科的"新"体现在以下几方面：首先是对传统学科的生态重构。"新农科"学科专业的设置，将从生产分工、学科交叉、信息条件来对传统农科进行学科生态重构，将农科改造成为适应农业农村现代化发展的学科，主动适应人类社会从工业文明逐步进入信息文明社会对人才需求的转变。其次，新农科要服务新产业、新业态、新发展方式的需要而进行人力资源和专业的匹配。新农科的出现是建立在新经济、新兴产业的基础之上，随着经济的发展，新职业对人才的需求不断发生变化，而课堂和教材作为人才培养和科技发展的载体，必须顺应发展进行创新改革，才能满足社会对人才的需求。新农科建设将重塑农业教育链、拓展农业产业链、提升农业价值链，加快我国由农业大国向农业强国迈进。最后，新农科建设要全面提升农林院校的管理服务体系。向管理要效率、问治理要发展。构建"以立德树人为根本，以强农兴农为己任，拿出更多科技成果，培养更多知农爱农新型人才"①的学校治理体系。

农林院校要以课程思政建设做好新农科改革的试验田。新农科是时代之问、课程思政是时代之答。回答好这一重大时代命题，农林院校要自觉将学科专业管理服务等目标统一于国家经济社会发展的大需求，牢牢把握立德树人这个根本任务，守正创新、稳中求进，统筹推进本科和研究生教育创新发展，努力构建课程思政与思政课程同向同行的教育教学体系，形成更高水平的人才培养体系，培养更多德智体美劳全面发展的知农爱农新型人才。其一，要在课程和教材上求突破。课堂是教育教学的主阵地，是培养人才的主渠道。实施课程思政，把思政教育真正落实到课堂层面，才能实现高等教育立德树人的目标。其二，要在管理服务上求突破。一方面，需要全面修订人才培养方案，不断优化思政课程体系和课程思政内

---

① 习近平：《以立德树人为根本 以强农兴农为己任》，《人民日报》2019年9月7日。

容，广泛开展政策宣讲、支农支教、社会实践等实践育人活动，着力打造系列文化育人品牌；另一方面，需要积极探索可以有效指导教育教学、管理服务、求知求学各方面的课程思政激励新机制，持续创新包括思政课育人、专业基础课程育人、实践育人等在内的工作新模式，全面加强教育教学全过程质量监控，加快形成体现立德树人根本要求的教育环境和制度安排。这种生态重构，本质上从工作路径和制度建设上去进行。与此同时，需要农林院校做好学校层面的顶层设计，教学组织与管理制度进行相应变革，人才培养体系与教育教学体系进行相应调整，构筑课程思政的"大思政"教育生态圈，并把思政课程整合进课程思政的生态圈架构之中。

概而言之，新农科条件下，课程思政既是新农科发展的内在要求，也是新农科发展要进行的制度创新。课程思政也要随着新农科的发展而进行生态重构。因此，课程思政是在落实立德树人根本任务前提下的教育教学理念的改进，是一种全新的新农科教育理念，同时也是"大思政"格局下的思想政治制度安排和工作路径。这种制度安排和工作路径，突出了课程建设的"主阵地"作用，能动员教师这个"主力军"，能发挥支部的"桥头堡"效果，是农林院校做好思想政治工作、促进学科专业发展、提升科研实践水平、优化管理效能、有效服务社会经济发展的有力抓手。

三、廓清农林院校课程思政建设的理论迷思

近年来，以上海的"项链式"教学模式为牵引，全国各地因地制宜、以点带面，课程思政改革普遍开展起来。农林高校也在不断进行实践探索，把课程思政建设作为加强高校"大思政"工作的重要抓手。结合实践，学界慢慢地廓清了课程思政建设的理论迷思。

一些学者从课程思政建设的课程角度来说，提出了"以德为先"的课

程价值论以及"立德""求知"相统一的课程发展观，① 根据课程运行基本逻辑，课程是教育教学的介质，教师和学生是课程运作者，思想政治教育就是课程传递、建构与内化的活动与过程，是师生间对话、沟通、交往的活动与过程。"课程思政"要求根据课程论的基本逻辑，从整体课程出发，既考虑发挥"显性课程"的作用，又强调发挥整个隐性课程的作用。② 高校思想政治工作要围绕"立德树人"的根本任务。有些学者提出从当前高校发展和人才培养的实际情况出发，不断夯实思想政治学科体系建设，同时发挥好其他学科的支撑作用。③ 一些学者从教育教学规律和实际出发研究了课程思政的改革逻辑，比如找出教学与专业衔接中的关键问题④、设计教学融入点⑤、做好供给侧改革⑥、突出教育教学改革5个关键环节⑦、基于学习目标用一致性原则改进教学设计与实施⑧、课程思政的"认识论""价值论""实践论""系统论"四条路径设计⑨ 等。这些研究，很好地阐述了课程思政教育教学改革的理论逻辑，也反映了当前课程思政教育教学改革的实际情况。学界的探索实践综合梳理证明，需要从"高校'课程思政'

---

① 参见高德毅、宗爱东：《课程思政：有效发挥课堂育人主渠道作用的必然选择》，《思想理论教育导刊》2017 年第 1 期。
② 参见陆道坤：《课程思政推行中若干核心问题及解决思路——基于专业课程思政的探讨》，《思想理论教育》2018 年第 3 期。
③ 参见何红娟：《"思政课程"到"课程思政"发展的内在逻辑及建构策略》，《思想政治教育研究》2017 年第 5 期。
④ 参见史巍：《论以"课程思政"实现协同育人的关键点位及有效落实》，《学术论坛》2018 年第 4 期。
⑤ 参见周小花：《"课程思政"教学改革探究——以社会调查和统计课程为例》，《河南教育》2019 年第 12 期。
⑥ 参见陈翔：《做好"课程思政"的供给侧改革》，《学习时报》2020 年 1 月 10 日。
⑦ 参见李国娟：《课程思政建设必须牢牢把握五个关键环节》，《中国高等教育》2017 年第 15 期。
⑧ 参见朱征军、李赛强：《基于一致性原则创新课程思政教学设计》，《中国大学教学》2019 年第 12 期。
⑨ 参见万力：《高校"课程思政"研究与实践的四维综述》，《西昌学院学报》2019 年第 12 期。

这一'育人体系'本身应当具有的系统性和科学性特征"来思考"课程思政"的建设问题①。他们具体的方案是：挖掘好思想政治理论课以外其他各类课程的思政元素，在课堂教学设计中做到"专业突出、思政同步"；通过挖掘各个专业知识的思政元素，将对学生思想意识的培养和塑造贯穿到教与学的全方面和全过程；② 通过专业化的教学体系，运用润物无声的形式将主流价值观教育渗透于专业课和综合素养课的教学过程当中，实现对学生思想意识潜移默化的引导。

总的来说，课程思政建设，要坚持问题导向、目标导向和结果导向，实现工作理念、制度体系和工作路径构建的创新发展。要形成全员、全程、全方位的"课程思政"教育新理念。坚持以习近平新时代中国特色社会主义思想为引领，落实立德树人根本任务，以推进"新农科"教育为导向，形成"三全育人"的课程思政教育理念，继而形成学校有氛围、课堂全覆盖、教师有榜样的生动局面。要构建"思政课、专业课、综合素养课"三位一体的思政育人体系。教育理念的实现需要具体以工作路径和发展格局的方式呈现出来，要结合独特的校园价值、各学科的思政育人资源，特别是课程思政的教学实践，发挥好各学科的结构支撑作用，建设思想政治理论课程群，形成一系列课程思政教育成果。要建立贯通于学科体系、教学体系、教材体系以及管理体系的思想政治工作体系。要形成"顶层设计—实施提升工程—平台建设—有效评价"的体系化模式。要形成"思政学科"与"学科思政"协同发展学科布局，把体现核心价值观的典型思政育人元素融入到课程思政教学设计中，如太行山道路、李保国精神、塞罕坝精神、扶贫攻坚精神等。发挥好各类思政育人工作品牌优势，探索课程与教材体系建设新路径，积累课程思政经验、发现

---

① 参见万力：《高校"课程思政"研究与实践的四维综述》，《西昌学院学报》2019 年第 12 期。

② 参见杨涵：《从"思政课程"到"课程思政"——论上海高校思想政治理论课改革的切入点》，《扬州大学学报（高教研究版）》2018 年第 2 期。

课程思政规律，为农林院校实现价值引领、专业教育和能力培养的有机统一提供实践依据。

第二节　改革的现实依据

课程思政是一种新的教育理念、制度安排和工作路径，实际运行怎么样、未来改革如何做，这是高校思想政治工作者应该思考的课题，也是工作路径和制度安排的必然逻辑。

近年来，为了充分发挥挖掘各类课程的思政元素，发挥各类课程的思政育人功能，培养"一懂两爱新农人"，实现农林教育与思想政治教育深度融合，河北农业大学、西北农林科技大学、福建农林大学等农林院校，紧跟时代步伐，紧贴学科特色，在既往工作的基础上，全面启动了课程思政教育教学改革的探索实践。为更好了解农林院校课程思政建设现状，2020年河北农业大学专门成立课题组，以教师和学生两大主体为对象，先后在西北农林科技大学、中国农业大学、河北农业大学、山东农业大学、河北科技师范学院、华中农业大学、河北工程大学、福建农林大学、北京农学院、河北北方学院、保定职业技术学院等十几所学校进行了课程思政建设现状调查。调查采用问卷调查、座谈会、个别访谈等形式，涉及师生3650人，调研范围涵盖了农林高校的大学、学院、专科全部办学层次，试图能够反映农林院校课程思政建设整体情况。同时，课题组还以电话访谈的形式对北京、天津、上海、湖北部分农林高校课程思政建设情况进行了调研。课题组调研学生人数2500人，涵盖大一、大二、大三、大四和研究生等不同的学习阶段；调研教师人数1150人，涵盖人文社科类、经管类、理工类、农学类、医学类、艺术类等不同的专业类别。通过对调查分析与调研数据进行总结梳理，初步得出结论：第一，党中央、国务院和省委、省政府关于全面推进高等学校课程思政建设的一系列决策部署已经取得了明显的进展，不少农林高校充分挖掘出了专业课程的思政教育元素，涌现出了课程思政典型案例，总结出了课程思政的先进经验和做法。第二，农林高校教师开展课程思政建设的意识开始萌生，但开展课程思政建设的能力仍需提升。第三，农林高校学生对课程思政的理念有了初步了解，同时专业课程中的思想启迪和价值引领仍需加强。有一些实际的情况和问题值得我们进行深入了解，才能更好地为课程思政建设和改革提供思路。

一、农林院校课程思政的发展现状

为适应现代化建设对社会主义建设者和接班人的时代性要求，适应新农科建设对农林人才内涵式发展的现实要求，在学校党委的统筹规划之下，农林院校的课程思政建设成效显著。

(一) 课程思政理念形成广泛共识

习近平总书记强调，要坚持显性教育和隐性教育相统一，挖掘其他课程和教学方式中蕴含的思想政治教育资源，实现全员全程全方位育人[①]。经过调查，农林高校普遍重视显性教育和隐性教育的统一，普遍重视课程思政的建设和发展。就专业教育与思政教育的关系而言，在对教师的抽样调查中，81.55%的教师认为二者"相辅相成，有机融合，同等重要"，15.83%的教师认为"思政教育辅助专业教育"，1.99%的教师认为"二者各成体系，没有关系"（图1）；在对学生的抽样调查中，得到的比例则依次为87.75%、8.91%和2.83%。这表明，农林师生普遍认为课程思政和专业教育都非常重要，都是高校人才培养不可或缺的重要一环，课程思政的理念在师生中已形成广泛共识。

---

① 参见习近平：《用新时代中国特色社会主义思想铸魂育人 贯彻党的教育方针落实立德树人根本任务》，《人民日报》2019年3月19日。

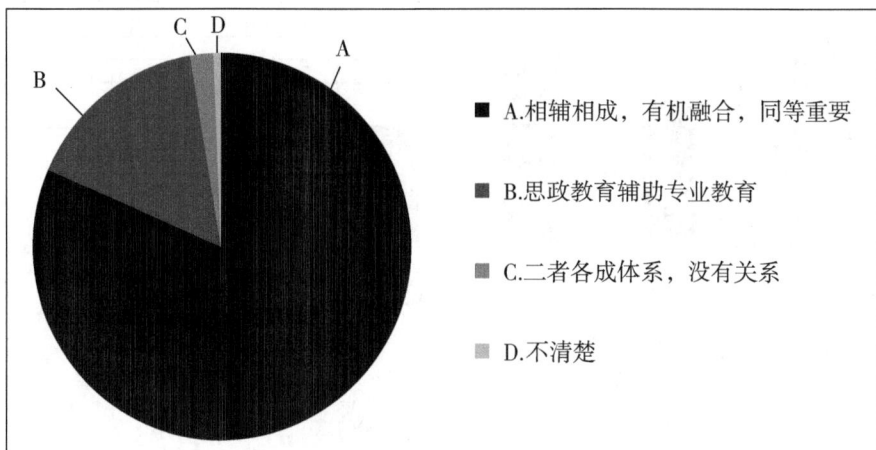

图 1　教师认为专业教育与思政教育的关系

（二）课程思政建设举措扎实有效

"课程思政是立德树人的重要基础。课程的政治属性、思想价值和目的意义是课程思政建设的题中要义。"① 经过调查，农林高校稳步推进课程思政建设，积极总结建设经验，取得了一系列良好效果。在专业课融入思政元素方面，对大学生以"您的专业课老师会在课堂上穿插思想政治教育的内容吗？（比如国内外热点、职业素养、社会公德、历史文化等）"为题的调查中，56.45% 的大学生选择"经常会"，41.52% 的大学生选择"偶尔会"，只有 2.03% 的大学生选择"不会，只讲专业知识"。在高校大学生日常思想政治教育方面，大学生认为学校做得比较突出的依次为"校园主题教育活动"、"思想政治理论课实践教学"、"暑期社会调查和实践活动"、"寝室文化管理"、"其他"，分别占比为 76.47%、66.33%、64.52%、51.19% 和 2.1%（图 2）。由此可以看出，农林高校许多课程开始把包括校园文化、国内外热点、社会公德等在内的思政元素植入专业课程，实现专业课、综合素养课的内涵延伸。

---

① 李素矿：《高校课程思政建设要正确处理四个关系》，2019 年 11 月 19 日，见 http://dangjian.gmw。

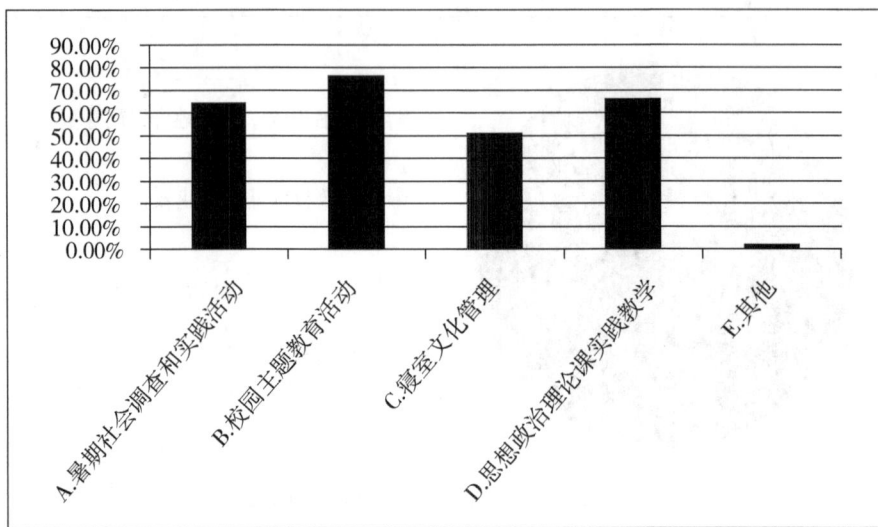

图 2　对于大学生日常思想政治教育，学生认为学校做得比较突出方面

（三）教师开展课程思政实践的使命感持续增强

习近平总书记指出，教师做的是传播知识、传播思想、传播真理的工作，是塑造灵魂、塑造生命、塑造人的工作。教师不能只做传授书本知识的教书匠，而要成为塑造学生品格、品行、品味的"大先生"。[①] 经过调查，农林高校教师开展课程思政建设的意识开始萌生，教师开展课程思政实践的使命感不断增强。就专业课课堂而言，81.34% 的教师认为专业课教师有必要在课堂上讲授思想政治教育内容，因为能够"给予学生积极的思想指导，使学生正确待人处事"（图 3）。就专业课教材而言，88.89% 的教师认为"需要将与专业相关的思政教育资源编写在教材当中"，因为"可以在学习专业知识的同时传递正能量"。这表明，农林高校教师已经普遍开始注意到课程思政的重要性，意识到要把思想政治工作贯穿到教育教学的全过程，对推进专业课、人文综合素养课等与思想政治理论课同向同行、形成协同效应有了较为清醒的认知。

---

① 参见张红霞、孙振：《理工科院校专业课教师教书育人责任落实的现实困境与破解对策》，《思想教育研究》2020 年第 7 期。

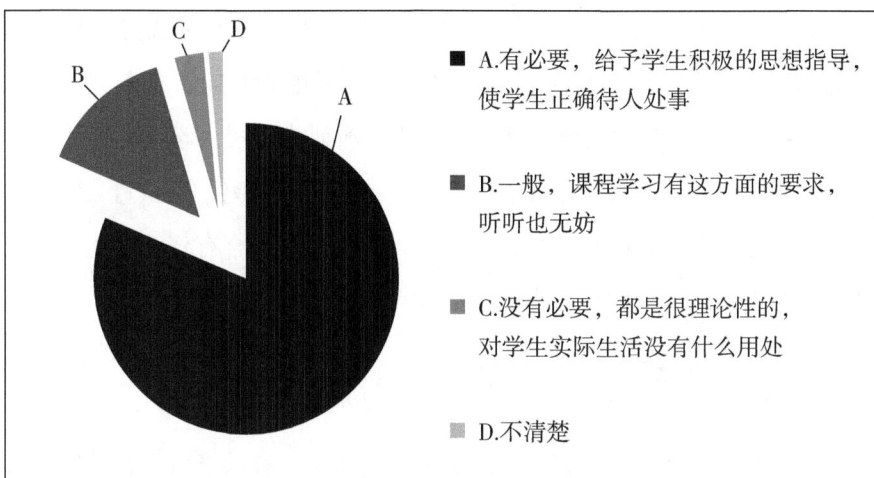

图3 专业课教师对在课堂上讲授思想政治教育内容的认知

(四) 推进人才培养中育人和育才的融合

立德树人是一个密切联系、相辅相成的有机整体。立德树人要以德为先，德才结合，引导学生成为全面发展的合格社会主义建设者和接班人。经过调查，农林高校在推进课程思政建设进程中，发挥专业课教师进行思想政治教育的优势，寓价值观引导于知识传授和能力培养之中，凸显

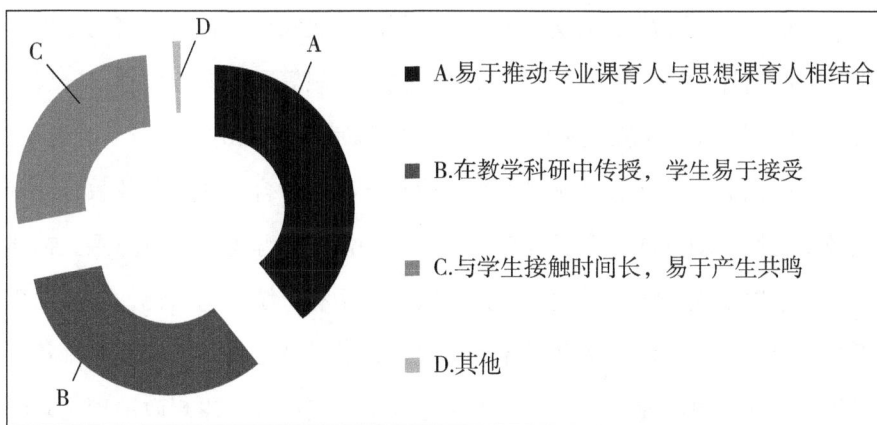

图4 专业课教师对进行思想政治教育优势认知

育人为本，德育为先。在对"专业课教师思想政治教育的优势"这一问题的调查中（多选），92.4%的学生认为"易于推动专业课育人与思想课育人相结合"，77.48%的学生认为"在教学科研中传授，学生易于接受"，63.87%的学生认为"与学生接触时间长，易于产生共鸣"（图4）。这表明，专业课教师开展思想政治教育，推进育人和育才的融合有着天然优势。正是通过课程思政，人才培养中的育人和育才不断融合。

（五）一批课程思政示范典型纷纷涌现

充分发挥课程思政优秀案例的引领示范作用，有助于引导教师们深入挖掘各类专业课程的思想政治元素，创新课程思政教学方法，进而提高课程思政教学改革水平。调查发现，农林高校课程思政典型案例、示范课程、教学标杆、教研项目等纷纷涌现。例如：河北农业大学早在2018年就启动了专业课中引入思政元素进行教育教学改革的探索性实践。三年来，结合学校专业特色，扎实做好课程育人案例编写工作，编辑出版了《课程思政讲义辑要》（一）（二）。《课程思政讲义辑要》（一）收录了117门课程227个案例，约20万字，相关经验做法被光明网、河北日报等媒体报道并刊登了书评；继续组织开展案例编写工作，遴选了77个专业148门课程214篇案例，出版了《课程思政讲义辑要》（二），在实践层面连续迈出了课程思政形成物化成果的坚实步伐。西北农林科技大学将马克思主义、爱国情怀、民族精神、人文关怀、创新思想等融入专业教育，开展了"课程思政"示范课程立项建设工作，目前完成约200门课程示范建设，实现专业全覆盖，促进思政教育与专业教育有效融合，实现思政教育与专业教育良性互动发展，形成具有"西农"特色的课程思政教育体系。福建农林大学以实现思想政治教育和知识教育体系有机统一为目标，强化课程思政和思政课程，连续举办"课程思政"教学设计工作坊，深度挖掘各门课程所蕴含的思政元素，有机融入课堂教学，使课程与思想政治理论课同向同行，实现教学质量和人才培养质量的双提高。南京农业大学拓展课程思政的内容与路径，将通识教育作为课程思政的重要载体，在综合素质教育中体现出价值引领以及新时代新农科人才培养的整体目标，形成了"南农八门课"，即"六类八门十学分"农科通识教育课程体系方案。首批列出 40 门课供结构性选修，其中农业特色通识核心课程 13 门左右，约占供选课的 1/3，建设周期是三年完成。①

二、农林院校课程思政存在的问题

目前，农林院校课程思政建设已经取得了一些成绩，但是就课程思政教育教学体系的长效发展而言，仍然存在着一些问题。对外来说，随着我国经济与社会发展进入新时代，移动互联网和新媒体技术的飞速发展，高校主流意识形态面临各种新挑战。网上信息源头和传播渠道急剧增多，面对当前人们思想活动的独立性、多变性、选择性和差异性明显增强，如何利用马克思主义的立场观点方法应对各种渠道涌入学生和学校的多元文化的冲击，促使青年学子获得正确的价值判断、价值选择，这些已经成了当前高校中亟待解决的问题和难题。对内而言，高校新时代思想政治教育发展要求与原有单一思想政治理论课教学理念不匹配，思想政治理论课的支撑作用发挥不足、专业课和综合素养课的思政元素挖掘不充分、学科思政与思政学科没有形成同频共振、党建引领思想政治教育工作的优势发挥不充分等问题，仍然困扰着农林院校"大思政"格局的建设。如何构建各类课程与思想政治理论课的同向机制，完善"大思政"工作体系，是农林院校落实"三全育人"和贯彻立德树人根本任务的迫切需要。

（一）省、市和农林高校之间尚未建立完善的衔接机制

目前，还有部分省市两级教育部门没有出台操作性文件以及相关支持

---

① 参见刘营军：《农科特色通识教育课程思政的内容与路径》，《中国高等教育》2020 年第 8 期。

项目。近年来，在"课程思政"核心理念的指引下，许多农林高校将知识传授与价值引领相结合，不断深化学校思想政治教育理论课和综合素养课程建设，在"课程思政"建设方面迈出了重要的一步。但仍有 65.62% 的教师虽然对课程思政有一定认识，却不知道如何下手。这就表明课程思政的推进不仅需要各高校统筹安排进行顶层设计，更需要突破单个学校的范畴，在省、地市和农林高校之间建立衔接机制，由省级部门整合各方意见，结合教育部《高等学校课程思政建设指导纲要》制定出符合农林高校课程思政建设的指导性意见，使得课程思政既有教育部的宏观指导，又有各省结合农业地域发展的中观意见，最终保证课程思政在农林高校的微观落实。

（二）农林院校课堂依然存在着专业教育与思政教育"两张皮"现象

大学生是思政课的受众主体，亦是课程思政的受众主体。作为农林院校课程思政的直接感受者与受益者，专业课课堂、公共基础课课堂上课程思政的质量和效果，大学生最有话语权。在对农林院校"当前高校课程思

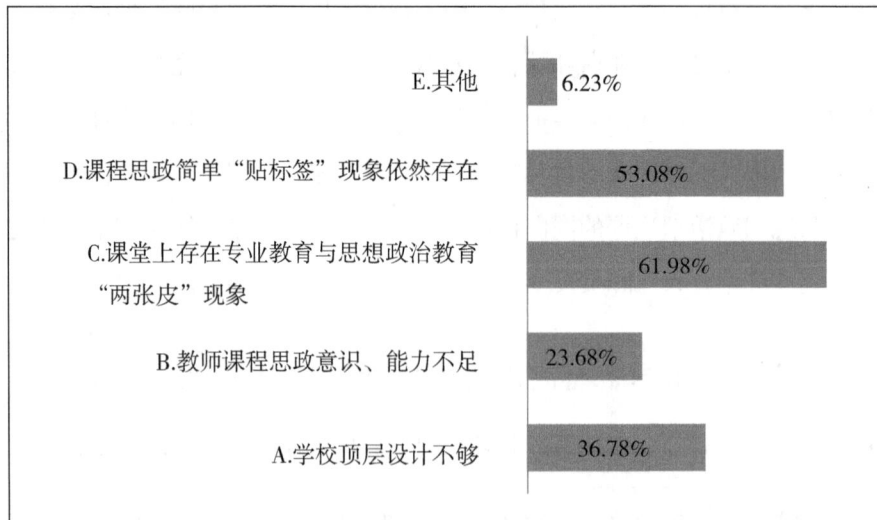

图 5　当前高校课程思政实施过程中存在的不足（多选）

政实施过程中存在的不足"这一问题的调查中，61.98% 的学生认为最突出的不足是"课堂上存在专业教育与思想政治教育'两张皮'现象"（图 5）。这告诉我们必须破解专业教育与思政教育之间的"两张皮"现象，因为只有各门课程"同向同行"，课程思政才能如阳光和空气一般，浸润于农林教育的每一个角落。

（三）一些课程所蕴含的思政元素挖掘力度不够、难度较大

课程思政的重点任务就在于挖掘、发挥各门课程自身所蕴含的思想政治教育元素，并有机融入教学中，使高校各门课程与思想政治理论课同向同行，形成"三全育人"格局。经过调查，88.89% 的教师认为"需要将与专业相关的思政教育资源编写在教材中"，但实际上超过 57% 的教师"偶尔会看到"专业课教材中的思想政治教育元素，说明一些专业课教材中思想政治教育元素挖掘力度不够、挖掘难度较大；81.34% 的教师认为"专业课教师有必要在课堂上讲授思想政治教育内容"，但实际上超过 52% 的专业课教师"偶尔会"在课堂上穿插思想政治教育的内容，说明一些专业课课堂上思想政治教育元素挖掘力度不够、挖掘难度较大。事实上，任何课程都蕴含着丰富的思想政治教育元素，课程本身是价值逻辑和工具逻辑的混合体，是知识体系和价值体系的承载。因此，我们要持续深入挖掘各门课程的思想政治教育元素，善于把理论融入故事当中、用故事来讲明道理、用道理来得到认同，从而引发学生集体共鸣。

（四）教师开展课程思政建设的动力和能力仍需提升

教师是课程的实施者，是教学实践的主体。专业教师开展课程思政的动力强弱、能力大小，专业教师能否适应课程思政的新要求，是农林高校能否构建课程思政新格局的关键。在对"教师认为在当前学校课程思政实施过程中遇到的难点"这一问题的调查中，65.62% 的教师认为最大的难点在于对课程思政"有一定认识，但不知道如何下手"（图 6）。这

反映出教师开展课程思政的实践依然存在现实瓶颈，需要进一步激发教师开展课程思政的动力、提升教师开展课程思政的技能。专业教师不应当只埋头做一个"对很少的东西知道很多、对很多的东西知道很少"的"专家"，不应当对育人抱以"事不关己"的态度，而应该通过持续增强课程思政建设的动力和能力，努力把思想性、理论性、知识性与教学方式上的可接受性有机结合起来。

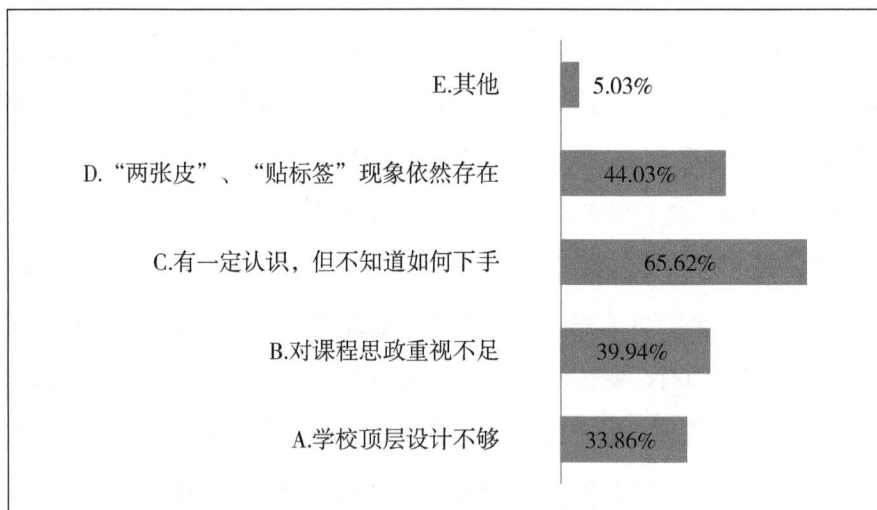

图6　教师认为在当前学校课程思政实施过程中遇到的难点（多选）

第三节　重塑改革制度机制

　　课程思政是一种新的教育理念、制度安排和工作路径。时代是思想之母、问题是行动之基、制度是工作之脉。课程思政改革的时代背景和现实依据，是高校进一步优化课程思政制度建设的基础。在明晰课程思政教育教学改革的理念内涵和存在问题的基础上，实施"顶层设计——提升工程——平台建设——有效评价"的制度化体系化，建立基于组织结构上下协同的引导机制、基于教育主体的教育优势的合作机制、基于重点项目的有效管理的奖励机制、基于考核标准的科学公正的评价机制等，从学科体系、课程体系、教材体系和管理体系上具体细化优化课程思政工作路径，是我们要努力探索的方向和目标。

一、深化制度设计

课程思政建设，是建立贯通于学科体系、课程体系、教材体系和管理体系的具体制度安排。课程思政不是一门新的课程，而是一种全新的课程观，强调将思想政治教育贯穿在思想政治工作的各个环节，涉及思政课程与其他课程的相互配合，涉及理论课堂和第二课堂的有机融合，涉及学科体系、教学体系、教材体系、管理体系的有机统一。要加强顶层设计，要牢牢抓住教师队伍这支"主力军"、课程建设这个"主方向"、课堂教学这个"主渠道"，为课程思政教育教学改革提供良好的制度支撑。

（一）完善省市校衔接机制

课程思政建设是一个系统工程，要真正落地落实、见功见效，必须长效化、常态化，务实有效、久久为功。系统性不仅体现在农林院校内部从培养培训、组织保障到评价考核的完整性，更体现在超越单独农林院校进行全省、地市之间各高校时空局限的协调整合性。因此在教育部《高等学校课程思政建设指导纲要》的指导下，各地应该结合政策要求加强对课程思政建设的贯彻落实，结合实际研究制定课程思政建设工作方案，健全工作机制，加强政策协调配套。如上海市课程思政的实践为农林院校推进课程思政改革经验提供了借鉴。上海按照"统筹布局、分步实施、滚动发展"的思路，出台《上海高校"课程思政"教育教学体系建设专项计划》，高校同时也根据以往经验总结分析了下一步的行动计划，全面推广课程思政建设。这就在省市校级层面上建立起探索构建全员、全方位、全课程的"大思政"教育体系，形成了全系统课程思政建设的整体合力。

（二）夯实支部堡垒作用

课程思政的"主力军"是教师，支部的堡垒作用不可或缺。支部要在学校党委的统领下发挥基层战斗堡垒作用。课程思政不是某一部门或者某一个学院可以单独完成的，必须由学校党委顶层设计、总体协调和统筹推进，才能保证方向正确和执行有力。比如，西北农林科技大学成立的"学校思政课程与课程思政建设工作小组"就在顶层设计方面为课程思政的推进提供了方向保证。党委书记和校长亲自担任组长，主管教学的副校长和主管思政工作的副书记担任副组长，各部处和院系负责人为成员，小组定期开会制定课程思政各阶段工作细则，这就为增强教育者本身的素质提供机制保障，使得思政课教师与专业课教师可以集体备课，研讨教学内容的改革与完善。河北农业大学创造性发挥各级党组织引领作用，通过"抓支部、支部抓、三级书记共同抓"，完成了从学校到学院的课程思政推进工作的整体设计。在学校层面由党委宣传部牵头抓总，教务处、党委组织部全程参与，共同部署；从学院层面，各学院党委探索构建了"学院党委组织实施、各系党支部推动、党支部书记'双带头人'和党员教师先行示范、教师全员参与"的实施路径和推进机制。党支部集中备课和研课，不仅保证高校立德树人方向的正确性，也为实现课程思政全员、全程和全方位的"三全育人"目标提供了可能性，更使得"让教育者先受教育"理念的实现有了整体依托。各学科教师集体备课，以思政教育工作为纽带，从马克思主义理论、专业学科、综合素养学问中获取思想源泉、学术支撑和文化熏陶，互相学习，逐步在教学体系的构建中形成教学共同体。

（三）实施项目化运作

项目化、工程化运作是课程思政建设的有力抓手，有利于充分挖掘各类课程和教学方式中蕴含的思想政治教育资源和条件，构建全面覆盖、类型丰富、层次递进、相互支撑的课程思政体系。中国农业大学连续开设"课程思政启育记"系列专题，由老师们不断探索思政与教学的融合策略，于细微处融入价值引导，在言行中赋予课堂新的活力，并将老师们的育人过程写成故事，给所有教师讲述探索经历，分享实践所得。华中农业大学开设135个涵盖文、理、农、工等学科门类的核心通识课程群，通过专业教育当中的思政元素的"强磁场"，提高学生科学思辨力、语言表达力、团队协作力；构建"教学实习＋思政实践"模式，通过给学生分配"责任田"、参观产业园、体验生产管理，在场景教学中培养学生的奋斗精神、创新意识、动手能力。武汉大学的思政融课"马上见"，就以"互联网＋跨学科＋思政"为项目定位，打通了院内外、校内外、课内外的各类资源，为课程思政建设带来不同层面更深层次的启发和思考。河北农业大学经过两年的实践探索，开展课程思政案例编写工作，打造出了思政案例库。每年设置固定数量的课题项目，用于支撑课程思政研究和建设，以此建立课程思政项目工作体系，模块化、系统化运作课程思政公共平台。建立课程思政研究体系，在学院设立课程思政教学研究中心，搭建课程思政交流平台，鼓励支持教师积极参加全国高校课程思政建设和教学实践研修。开展课程思政立项建设，在高校教育教学改革研究课题中设立课程思政专项，遴选推广课程思政优秀成果，打造具有学校特色的课程思政物化成果等，这些都是项目化建设的题中应有之义。

（四）构筑有效评价体系

课程思政是一种制度安排，需要建立多维度的课程思政建设考核评价体系。要在一流本科专业、一流本科课程的遴选立项、评比和验收中设置课程思政相关指标点。在课程教学大纲、教学日历、教案等重要教学文件审定中考量"知识传授、能力培养和价值引领"同步提升的实现度。要在教师教学质量评价标准中设置"价值引领"相关观测点。在教师年度考核评价、岗位聘用、评优奖励、选拔培训中设置教师参与课程思政建设情况和教学效果考核点，使课程思政成为教师职业发展内在要求。要在教学成果奖、教材奖、教学名师和优秀教学团队等各类成果表彰奖励工作中，突出和提高课程思政要求，加大对课程思政建设优秀成果的支持力度。

要改革评估学习成效，改革单一知识技能评价目标，构建知识技能、情感态度、价值观等相结合的多元评价目标；要改革单一终结性评价方式，构建定量与定性相结合、形成性与结果性相结合的多元评价方式；要改革单一教师评价主体，构建学生自评、互评与教师评价相结合的多元评价主体，形成基于多目标、多方式、多主体的评价体系。促进强化学业过程管理与监测，建立基于大数据分析的学业预警制度，及时预警，精准帮扶。强化质量管理，切实做好教学质量管理，落实落细教学各环节要求和质量标准，保障教学组织有秩序，教学环节不缺失，质量要求不降低；强化任课教师课程教学质量主体责任和基层教学组织监管责任，提高质量意识，确保教学效果和人才培养质量。推动持续改进，构建专业自评、学校评估、第三方评价、毕业生反馈等相结合的评价机制，发挥以评促建、以评促改作用，不断完善人才培养目标和毕业要求、规范人才培养过程、完善质量保障体系、提升软硬件条件，最大限度地保证培养目标与结果的一致性，促进专业人才培养质量持续提升。

（五）拓展合作交流

课程思政的建设需要汇聚优质资源以形成协同效应。作为高校人才培养的创新制度安排，农林院校的课程思政建设亦有着相同的目标指向，这就为加强农林院校之间横向互动和交流提供了价值前提。因此，在纵向层面上，可以建立省级层面的沟通联络机制，可以设立课程思政研究会，建立会员联席机制。在横向层面，可以建立地方或者高校之间的横向交流机制。一方面可通过开设论坛进行定期交流。比如有些高校依托教育部高校思想政治工作创新发展中心，总结全国高校课程思政的先进经验，举办全国高校课程育人高端论坛，邀请专家学者共同探讨课程思政的建设理念和方法。另一方面要通过创建工作平台保持常态化的互动。农林院校校内需要邀请外校思政课教师、专业课教师及相关部门同志围绕课程思政建设进行交流、拓展思路、借鉴经验、开展合作研究。

二、拓宽工作路径

课程思政工作要在制度框架内找准工作切入点。宏观来看，课程思政是面向全部学科专业、全体老师、所有学生，深度融入人才培养全过程、各环节，要贯穿所有学科、专业、教师、课程的教学理念。中观来看，要聚焦新农科人才供给侧和产业需求侧要素的全方位融合，探索"谁来教""教什么""如何教"等关键问题，系统牵动培养模式、课程体系、教学方法、考核方式、实践育人、管理服务等重点领域和环节的改革；要聚焦新农业、新农村、新农民、新生态发展需求，探索服务现代农业高质量发展和乡村振兴的农业院校课程思政教育改革实践新经验。微观来看，具体解决人才培养路径、思政课支撑、课程思政学科建设、教材建设、队伍建设以及资源建设和保障等问题。

（一）优化人才培养体系架构

《高等学校课程思政建设指导纲要》指出，课程思政是人才培养的题中应有之义，更是必备内容。人才培养体系要把课程思政的要求体现出来，实现思想政治教育与专业课程的结构性融合、交叉性创新、协同性育人。对构建高专业人才培养体系的新目标，走好融合发展、多元发展、协同发展之路的新任务，在持续深化课程思政教育改革过程中，建立"五育并举"新机制（思政教育、专业教育、体育教育、美育教育、劳动教育相辅相成、相互促进、相得益彰）和"二融合"新体系（思想政治教育与专业课程结构性融合、交叉性创新、协调推进），是农林院校新一轮课程思政教育教学改革任务中的核心。力争在人才培养体系的高起点上引领课程思政教育教学改革新走向，以课程思政教育教学改革撬动人才培养体系的新跨越。

优化人才培养体系，基本功要做足。要做强专业结构布局，专业课程是课程思政改革的源头活水。根据课程性质分类建设，重点建设和选用一批提高青年学子思想道德修养、科学精神、人文素质、法治思想、国家安全意识和认知能力的通识选修课和学科拓展课，打造一批有特色的体育、美育类课程；根据不同学科专业的特色优势和专业育人目标，"深度挖掘提炼专业知识体系中所蕴含的思想价值和精神内涵，科学合理拓展专业课程的广度、深度和温度，深入梳理专业课教学内容，结合不同课程特点、思维方法和价值理念，从课程所涉学科专业、行业、国家、国际、文化、历史等角度"[1]，深入挖掘课程思政元素，有机融入课程教学；结合专业实践、创新创业实践和社会实践的不同特点，注重学思结合、知行统一，"敢闯会创"，热爱劳动等精神和能力的培养，建设以培养学生综合能力为目标，思想政治教育、专业教育、创新创业教育与社会服务紧密结合的社会实践一流课程。要加强学科交叉融合，推进"四新"建设，运用现代生物技术、信息技术、工程技术等改造提升传统专业；主动布局、积极培育服务新产业、新业态发展和民生急需的新兴专业；整合相近专业，提高专业建设质量，集中力量办好优势特色专业。对接国家战略，适应社会需求，面向学生发展，是做好课程思政改革的社会基础。要依托一流本科专业建设实施方案，加强专业内涵建设，全面落实《普通高等学校本科专业类教学质量国家标准》和成果导向教育（OBE）理念，把课程思政的要求融入进去。将课程思政全面嵌入课程教育学科知识体系之中，将政治性与学理性、价值性与知识性结合起来。需要创新人才培养模式，将思想政治教育与创新创业教育融入人才培养全过程，推进思政教育、专业教育和

---

[1] 于博：《基于协同育人的计算机应用专业"课程思政"实施路径探究》，《电脑知识与技术》2020年第35期。

创新创业教育深度融合，强化学生创新创业思维训练，开展专思创促学、专思创赛学一体的良好局面。推行大类招生、大类培养工作。根据社会对专业人才的需求，明确专业培养目标和毕业要求，加强多学科融合，拓宽通识基础，优化专业课程。深化课程思政、创新创业教育与专业教育融合发展，加强劳动教育和美育教育，构筑全面嵌入"课程思政"的德智体美劳全面发展"五育融合"人才培养体系，从教学环节、学习环节和管理环节等维度打造全面融入"课程思政"的人才培养环节，通过定性分析和定量分析相结合的方法明晰全面蕴含"课程思政"的人才培养考核评价标准，完善人才培养方案动态调整机制，最终形成课程思政下的卓有成效的学科人才培养体系。

（二）完善思政教育支撑

课程思政建设，专业课、综合素养课程是基础，思政课是支撑。思政课与课程思政，共同构成一流思政教育体系。首先是要建设好思政课，从理论课程方面要打造升级版思政课，通过"关键少数"带动"最大多数"，强化育人主渠道作用的发挥。要坚持把思想政治理论课作为落实立德树人根本任务的关键课程，大力推进马克思主义学院和思想政治理论课建设，全面推动习近平新时代中国特色社会主义思想进教材、进课堂、进学生头脑。深化思想政治理论课改革创新，开展一流思想政治理论课程建设，创建思政课教学名师工作室，设立思政课程建设教学研究专项，打造思想政治理论课示范课堂，不断增强思想政治理论课的思想性、理论性和亲和力、针对性，提升学生的获得感。配齐建强思政课专职教师队伍，建设专职为主、专兼结合、数量充足、素质优良的思政课教师队伍。其次是建立思政课教师联系点制度。建立思政课教师与院系、支部以及班级联系制度。课程思政建设，思政课教师要参与到专业人才培养方案修订、课程思政集体备课、三会一课、党团日活动等中来。建立思政课教师联系学院、联系班级制度。围绕意识形态、形势政策、理论热点等内容加强对辅导员的理论学习辅导。思政课教师要针对专业课教师的日常政治学习，围绕政治认同、家国情怀、文化素养、宪法法治意识、道德修养等重点优化课程思政内容，加强中华优秀传统文化共同学习，深入开展宪法法治教育学习，深化职业理想和职业道德教育共同研讨，推进习近平新时代中国特色社会主义思想进教材进课堂进头脑。

（三）深化课程体系改革

课程思政要兼顾课程本身的价值逻辑和工具逻辑。在课程的建设标准上要突出课程的价值性，拓展课程的育人维度，重塑课程的结构体系。在课程结构体系上要做好整体设计与安排，实现思政课程、专业课程、通识课程、实践类课程、拓展类课程的有机融合，优化基础课程与专业课程、理论课程与实践课程之间的比例设置。课程思政课程体系的深入推进也离不开各级各类课程的实践性变革。就思政课而言，从理论课程方面要打造升级版思政课，通过"关键少数"带动"最大多数"，强化育人主渠道作用的发挥；从实践课程方面要结合专业课程实践推动思政课实践教学的创新性发展，通过"实践活动"深化"理想信念"，增强育人的现实性表达。除了充分发挥思政课在课程思政教育教学改革中的关键作用之外，还要针对农林院校的传统优势加强特色课程建设以增强育人效果。针对农林院校的传统专业优势可以开设"大国三农"系列课程，不同于一般的通识课程、意识形态课程、农林专业课程，为帮助学生树立"大国三农"情怀，建立自我价值与国家发展之间的内在联系；另外针对农林院校实践性突出的学科特色，可以强化创新创业教育，强化学生的创新观念和创业思维，帮助学生成为国家现代化尤其是农业现代化所需要的农林新才。除此之外，课程思政课程建设还需要通过系统化构建课程体系实现高质量人才培养目标的有效途径，加强示范性课程建设，形成"点—线—面"示范性课程思政教学体系，以"点"引"线"、以"线"带"面"实现包括公共基础课程、专业教育课程、实践类课程在内的全部课程的"革命"。与此同时，课程思政课程建设要顺应互联网的发展趋势，运用"互联网＋教育"思维方式，在课程的设计、课程的开展、课程的反思等方面，实现"互联网"、"课程"与"思政"的内在融合，达到立德树人的根本目标。

（四）推动课程思政教材体系建设

作为教育教学内容的重要载体，教材体系建设是教育教学改革的具体落实和集中呈现，同样也是课程思政视域下高校思想政治工作体系的重要环节。"学科体系建设上不去，教材体系就上不去；反过来，教材体系上不去，学科体系就没有后劲……要抓好教材体系建设，形成适应中国特色社会主义发展要求、立足国际学术前沿、门类齐全的哲学社会科学教材体系"[①]。那么加强课程思政教材体系建设，就必须强化教材工作体制，建立特色的教材体系，规范教材应用。

就教材工作体制而言，首先要明确政治站位，坚持中国特色社会主义发展方向，秉承教材建设为人才培养服务的初衷，因时而进、因势而新。其次要通过加强教材研发的专业教师队伍建设，加强教材资源库建设，健全教材建设工作的体制机制，来更好地服务教学活动。最后还要遵循教材自身的发展规律，明确课程思政教材中的思政元素从何而来，明确课程思政教材中的思政元素如何进入教材。

就特色教材体系而言，要把握教材"适应中国特色社会主义发展要求"的政治性和方向性原则，把握思政元素合理融入教材的契合性原则，把握依据学科发展的新内容和德育发展的新趋势不断完善教材体系的时代性原则。基于这些原则实行分类实施的方法，通过挖掘思政元素丰富各学科门类的专业教材体系，强化哲学社会科学类教材建设，深化自然科学类教材分类建设；通过出版课程思政专门性教材、农林类课程思政专门性教材等

---

① 《习近平谈治国理政》第二卷，外文出版社 2017 年版，第 345—346 页。

揭示和体现课程思政教育教学规律。在加强教材建设的过程中，要重视实证研究与思辨研究的统一，通过加强实证研究推进课程思政教材建设。除此之外，要通过教学体系倒逼教材体系的优化来提升教材品质，将理论回归到具体的场景和具体的实际中，帮助学生完成场景转化，将学生的个人视角上升到社会视角和国家视角，帮助学生完成视野转化；还要顺应"互联网 +"的时代潮流，充分运用"现场"教材和数字教材，通过拓展教材形式促进教材体系品质提升。

就规范教材应用来说，首先要强化编审，高校要强化对教材的编写工作，强化对教材的审查工作，充分发挥教育部门赋予自身的管理责任，从教材的编审选用、教案课件的编写等方面将课程思政建设落实到位。其次要实行内部控制，借助课程思政教材建设的契机，切实发挥有效的审核作用，要注重平衡教师自主性与学校规划性、教育公共性与市场逐利性、真理客观性与立场政治性之间的关系。最后要形成保障，加强教材编写、申报、选用等各个环节的制度规范，做到规则明确、职责分明；针对教材的使用情况，引入教师和学生评价机制，设置教材准入门槛和清退机制；依托学校的网络中心、信息技术学院或者慕课平台建立相应的数字教材制作、审查、推广机制，充分利用大数据技术建立教材信息库和教学案例资源库，推动教材享受到"互联网 +"所带来的技术红利。

（五）建立课程思政学科体系

一般认为，学科包含两层含义：一是知识体系，二是学术制度。定位到高等教育之中，学科不仅是科研的平台，而且是教学的平台、育人的平台，是知识体系聚合成专业、学术规范发展为制度、科研教学育人融为一体的平台。作为高校发展的生命线，学科建设是引领高校各项工作的龙头，是衡量高校办学质量的重要标准。当前，我国农林院校基本形成以农林类学科为特色、多学科协调发展的格局。新时代农林院校推进课程思政教育教学的学科建设，一方面要将课程思政深度嵌入以"新农科"为代表的各类学科的建设和发展之中，形成学科处处有思政、学科处处讲育人的良好局面；另一方面要在此基础上，进一步加强课程思政学科内涵建设，完善课程思政知识体系，规范课程思政学术制度，推动形成课程思政一般性学科规范。制定学科发展质量标准，就要秉持成果导向的设计理念，全面落实OBE理念，以产出为导向，明确想让大学生达成的最终目标，并以此为起点来反推，进行反向学科发展质量标准设计，把最终目标作为标准来铺排、设计学科的发展。从目标、举措、规范（结果）的逻辑顺序来分析，制定课程思政学科发展质量标准，要制定课程思政学科目标；要做好课程育人学科要求、创新课程考核方式方法、健全课程教育学科管理；要完善课程教育学科规范。

农林院校对课程思政的教学内容设计、教材开发、教学评估等缺乏科学规划与系统设计，思政学科与学科思政建设步调不统一、涉农学科思政元素挖掘不充分、专业教师思政能力素养有待提升、课程思政局限于单门课程讲授而缺乏学科生态设计等问题普遍存在。"新农科"实践中，如何把育人向度从农林学科、专业、课程中发掘出来，形成圈层效应，实现农林教育与思想政治教育深度融合，为"大国三农"提供好智力支撑，是迫在眉睫的任务。根据《高等学校课程思政建设指导纲要》《普通高等学校本科专业类教学质量国家标准》要求，需要组织修订人才培养方案，完善人才培养目标和毕业要求，将课程思政落实到教学目标设计、课程大纲修订、教材编审选用、教案课件编写等各方面，贯穿于课堂讲授、科研实践、实习实训、课题论文等各环节。

农林院校立德树人的根本目标决定了各类课程的设置都要坚持价值塑造、知识传授和能力培养的"三位一体"，而实际上各类课程与思政元素的天然黏合度差异很大，因此在学校统筹推进思政元素有效挖掘的基础上，课程思政建设要稳步推进、循序渐进，不能急于求成。第一阶段，要进行一个"点"的建设，在全校建设几个具有标杆性质的示范课程。示范课程要求教师思想政治素质过硬、专业能力突出、教学水平高超，能够将思政元素与专业课程完美融合在一起，让学生在日学而不察、日用而不觉的课程学习中，完成世界观的科学转型，这是课程思政示范建设成功的关键，也是学生能否认同课程思政理念的"首因效应"。第二阶段，要进行一条"线"的建设，由各学院精选精育一门课程，探索不同学科开展课程思政的关键要素，依据自身的专业特点，解决本学科贯彻课程思政理念的难点问题。第三阶段，要进行一个"面"的建设，也就是将学院培育的课程发展为全校的优秀课程。这样"点—线—面"的循序发展，不仅符合课程建设的规律，增强了课程思政建设的实效性，也使得课程思政的理念深入人心。另外，在课程思政示范课程的建设过程中，还应该重视思政课专职教师的作用，结合新闻时政、理论要点等开设课程思政专题课程，让课程思政建设紧紧把握时代脉搏，讲好中国故事。基于此，学校还可以通过建设课程思政名师工作室、开展课程思政专项培训、开展课程思政教学设计竞赛等方式推动课程思政课程体系的建设。

要健全课程思政研究体系。需要农林院校教务处设立课程思政科，统筹推进全校课程思政建设与研究工作，每年遴选校级课程思政教学研究示范中心、课程思政教学名师、优秀教学团队，设立思想政治教育改革研究项目；广泛开展经验交流、课程观摩、宣传推广等活动，示范引领课程思政教育教学改革工作。各教学单位建立课程思政教学研究中心，依托基层教学组织广泛开展课程思政教学研究，充分发掘课程思政元素，准确把握课程思政内容，创新教学方式方法，推进课程思政全面、有机融入课程教学；加强对课程思政建设的政策、途径、条件、资源的探索，以及对课程思政实施中重点、难点、前瞻性问题的研究，形成课程思政改革典型案例和特色做法，培育可复制可推广的课程思政研究成果；组织各级各类教学名师、师德标兵、模范教师、一流课程负责人等带头开展课程思政建设，打造课程思政名师和优秀教学团队，建设课程思政示范课程和优质课程。

（六）提升课程思政教学队伍水平

教学队伍建设是课程思政建设的重要一环，农林院校应该从管理服务部门、基层党组织和专业教师三个层面入手，通过建立完善相关规章制度，有效推动课程思政建设的持续发展。充分发挥基层党组织的战斗堡垒作用和党员的先锋模范作用，通过在党小组开展集体学习、集体备课、集体观摩、集体辅导等活动，将党小组打造成教师开展课程思政建设的交流、工作平台。可以从打造专业课教师领军团队和提升专业课教师整体建设能力两个方面入手，选出一批课程思政教学名师和优秀教学团队进行重点支持和培养，发挥榜样示范带动作用。建设校级课程思政教学研究示范中心，遴选校级课程思政教学名师和优秀教学团队，推出校级课程思政示范课程和优质课程。

专业课教师课程思政能力建设是重要环节。首先要增强教师思政育人意识，结合教师党支部建设、师德师风建设、教职工专业技能培训与思想政治理论学习，开展"课程门门有思政，教师人人讲育人"等系列研讨活动，组织开展课程思政示范课观摩活动，形成基层党委牵头、全体教师参与的良好局面。发挥思政课教师学科优势，通过思政课教师与专业课教师团队对接，对专业教师开展课程思政建设进行指导，形成协同育人的良好机制。举办课程思政专题培训，充分运用入职培训、专题讲座、教研活动、集体备课等手段，深入开展课程思政建设互动交流、观摩研讨、学习借鉴等活动，使广大教师能够通过课堂教学、网络互动、实践教学等途径，把价值引领、知识传授和能力培养融入到每一门课程的教学全过程。鼓励支持教师积极参加全国高校课程思政建设和教学实践研修，提升教师队伍的思想政治素质和教育教学水平。每学年举办一次课程思政专题教学竞赛，充分发挥以赛促教作用，促进教师广泛参与课程思政建设。在教师能力培养方面，离不开专业课教师与思政课教师的"强合作"，合作主要体现在两个课堂当中。在第一课堂，要将人文社科资深教授、专业课教师、思政课教师、学生辅导员甚至学生都组织起来，开展联合备课、集体备课，这是推动不同院系、不同专业积极探索完善课程思政教学体系的重要环节；在第二课堂，要让思政课教师和专业课教师合作带领学生开展实践活动，和学生一起调研国情、服务社会，这不仅保证了社会实践的方向性和科学性，而且也在师生一起生活的过程中，达到了"亲其师"而"信其道"的实践教育效果。

（七）统筹课程思政资源建设

课程思政需要挖掘独特的资源条件。在教学设计中找到课程思政本身所特有的各类要素，如课程中挖掘思政元素、建设课程思政案例、搭建课程思政的各类平台等。因此，要挖掘独特的思政元素，构建内容丰富、结构合理的课程思政案例库，扩列教学设计表等教学环节文件材料，搭建各类教学平台，提升教学支撑条件。需要加强学科专业融合，加大科研实验室、科技开发平台、科研推广基地（场站）等校内外科技基础设施和科研平台向本科生开放力度，支持学生通过科研兴趣小组、预约设计性实验等形式开展学习和研究。改善实践教学条件，优化专业实验资源，开放共享教学实验室，加强专业实验室建设。整合农林院校校内外基地资源，完善产学合作协同育人机制，推进产教融合、校企合作，促进教学基地建设。提高信息化水平，积极推动互联网、大数据、人工智能、虚拟现实等信息技术在专业教学中的应用，围绕在线教学、翻转课堂等教学模式，强化教学设计、课堂组织与现代教育技术深度融合，开展学习、培训与研讨，提高教师信息化教学水平。加强教学资源信息化建设，有效收集、整合数字教学资源。积极对接网络教学平台、移动教学平台，建设线上线下混合式等课程，开发虚拟仿真实验项目，推动课程思政跟随资源条件走深走实。

（八）加强课程思政保障机制

保障体系是课程思政健康有序进行的保证。知农爱农、强农兴农，党和国家对涉农人才的期待越高，就意味着对农林院校的培养质量要求越来越高。高校必须从完善质量标准体系、加强过程质量监控、健全质量评价机制等多个维度考量，加快完善保障体系，全力提高保障水平。加强组织领导，要普遍成立党委书记和校长任组长的课程思政建设领导小组，统筹推进全校课程思政建设工作。教务处牵头课程思政工作的具体实施。相关部门各司其职、协同合作，切实保障经费、资源等的投入，服务课程思政教学改革工作。各教学单位落实党政负责人是课程思政建设第一责任人、基层教学组织负责人是课程思政建设直接责任人职责，统筹推进本单位课程思政建设。学校整体形成党委统一领导、党政齐抓共管、教学管理部门牵头、相关部门联动、各教学单位落实推进的课程思政建设新局面，确保课程思政教育教学改革落到实处。

优化课程思政引领动力、教师队伍的激励动力、课程改革的推进动力。对课程思政的推进力、牵引力进行规范化、体系化建设，突出示范引领，面向不同学院、不同学科专业、不同类型课程，持续深入抓典型、树标杆、推经验。总结凝练不同层次农业院校课程思政建设的典型经验和优秀做法，在课程建设、教材建设、教学改革、学科推进等方面强化课程思政建设成果，推进课程思政优秀教师宣讲，开设课程思政示范公开课。发挥校园网、官方微信、校报等多媒体宣传作用，加强课程思政宣传，推广优秀案例和成果，营造良好的课程思政育人氛围。分析研判教师关于课程思政教学改革与激励政策等需求，进而形成课程思政教师激励机制建议方案。立足教学组织基础，对教学与学习方式改革推进、教改项目与激励措施、引导保障等方面提出合理化建议，使课程思政教育教学顶层设计与教师激励机制得以在课程改革层面有效落实。围绕教学运行过程监督、教师主体能力监督以及过程追踪三方面内容，建立课程思政教学运行过程监督机制。建立基础性评价、过程中评价和终极性评价，引入几种典型的反馈评价方法，构建课程思政评价与考核标准，形成农林高校多层次、多要素分析的课程思政有效性评价体系。在此基础上，要强化工作考核，高校定期对课程思政工作实施情况进行综合考评，将课程思政建设成效纳入单位绩效考核、基层党建述职评议考核和教师党支部党建考核，把课程思政建设成果作为学科专业评估、课程评估等的首要因素和重要监测指标，使课程思政建设全要素可查可督，及时宣传表彰、督促整改。

第二章　课程思政教育教学体系改革的相关概念和理论基础

理论是行动的先导。课程思政教育教学改革的深入发展和有效推进需要科学理论的积极引导。也就是说，课程思政教育教学改革的研究不仅要在实践中不断探索，也应该在理论上开展学理分析、探讨学理逻辑，应该从理论上厘清课程思政所涉及相关概念的内在关系，明确课程思政教育教学体系改革的生成逻辑。

第一节　教育教学体系改革的相关概念

课程思政教育教学体系改革涉及诸多既有所不同又相互影响的概念，这要从理论上认识清楚课程思政的内在逻辑，从而为教育教学体系改革的具体实践提供学理支撑。实际上，课程思政作为高校思想政治工作的创新举措已经受到了学界的广泛关注，研究成果也日趋丰富。就农林院校而言，为推进课程思政的深化发展，首先需要厘清"思政课程"与"课程思政"之间的关系，同时也需要针对农林院校的特殊性探讨"三全育人"与"三位一体"育人结构的关系，探讨"新农科"与"全方位"思政体系的关系。

一、"思政课程"与"课程思政"

新时代新形势下，农林院校要坚持贯彻落实"坚持显性教育和隐性教育相统一"[①]的要求，办好思想政治理论课的同时推动各类课程协同育人，就要围绕立德树人根本任务，在传统思想政治理论课基础上，把思政课程与课程思政教育教学相统一，挖掘、发挥其他各类课程所蕴含的价值引领、信念教育等功能，把思想政治教育有机融入教育教学、贯穿人才培养全过程，实现专业教育和思政教育互相融合、育人和育才互相统一，实现各类课程和思想政治理论课的协同发力。

基于当前学术理论界一致理解和认识，本书中所指的"思政课程"是高校内的思想政治理论课程。思政理论课程的主要功能是传播马克思主义理论和党的创新理论，注重理论阐释与社会关切的互动，让马克思主义说中国话、说时代话，不断增强理论观照现实的能力。"课程思政"包含了"课程"和"思政"两个关键词语，可以理解为通过专业知识体系和实践技能的教育教学内容，把"政治认同、家国情怀、文化素养、宪法法治意识、道德修养等重点不断优化进内容供给"[②]，实现树人与育才结合是一种教育理念、工作路径和制度安排。

思政课程与课程思政的有机结合，就是指以构建"三全育人"格局的形式，使专业课程与思想政治理论课同向同行，形成协同效应，将思想政治教育有机融入各类课程教学之中，在探寻课程知识点和立德树人根本目标的契合点中，承载着浓浓的家国情怀、责任担当、法治意识、奋斗精神、职业道德、仁爱思想等众多思政元素，在发挥着专业教育功能的同时，引导学生树立正确的人生观价值观，塑造学生品格、品行、品位，实

---

①　习近平：《用新时代中国特色社会主义思想铸魂育人　贯彻党的教育方针落实立德树人根本任务》，《人民日报》2019 年 3 月 19 日。

②　聂迎娉、傅安洲：《意义世界视域下课程思政的价值旨归与根本遵循》，《大学教育科学》2020 年第 1 期。

现立德与树人、育人与育才的有机结合、辩证统一。也可以理解为，以马克思主义基本理论观点方法为指导，将思政课程与课程思政两方面功能相互配合协调，从而将高校思想政治教育融入课程教学的全过程，形成全方位、立体化的多层次课程教育教学体系。

思政课程的教育教学方式主要是通过课堂的主渠道、覆盖农业院校全部专业、面向在校全部学生，能够对我国的大政方针有更加深刻的理解。面对其课程特点，需要推进教学形式创新，积极推广案例式、探究式、体验式、互动式、专题式、分众式教学形式，善于运用学生喜闻乐见的话语方式，使理论更接地气，让基本原理变成身边道理，不断提高思政课的亲和力、感染力和针对性、实效性。"课程思政"涉及农业院校所有专业，没有统一要求和形式，需要考虑每个专业的特色、各门课程的实际，去探索、去实践、去适应，特别需要提升教师课程思政建设的意识和能力，引导广大教师有针对性地进行课程思政教学设计，合理嵌入育人要素到教学中去，让思政之"盐"融于课程之"水"，做到润物无声。

因此，农业院校做好思政课程和课程思政的具体工作，需要将两者有机结合起来，实现交叉融和、互补互通，通过目标追求一致、教育教学效果互补、教育教学方式接近，形成学校思想政治教育同向同行的课程生态重构共同体，构建高校"思政课程"与"课程思政"同向同行局面，这也是落实全员参与育人、形成协同效应的必然要求，从而实现培育时代新人相互促进、相辅相成、相得益彰。

二、"三全育人"与"三位一体"

课程思政主张要发挥课堂教学的主渠道，主张各级各类课程都能够发挥其内在的育人功能。这实际上就突破了将思想政治教育仅仅局限于思想政治理论课的传统观念，而将发挥思想政治工作"主渠道"作用的承载主体扩展为全部的课堂教学，促使各类课程有效贯彻价值塑造、能力培养、知识传授三位一体的教育教学目标。教学目标的实现离不开教育教学活动的开展，课程思政的深入发展是要建构具有大格局的思想政治工作体系，整体推进农业院校全员育人、全过程育人、全方位育人这个"三全育人"的格局，这也就为"三位一体"教学目标的最终实现提供了现实切入点。

（一）"三全育人"的相关概念

立德树人是全方位的，必须因事而化、因时而进、因势而新不断完善思政教育体系，必须按照思想政治工作的规律、教书育人的要求、学生成长的需求，传承好办法、创新老办法、实践新办法，以改革创新精神不断探索高校"课程思政"教育教学改革，全面推进全员、全方位育人的落地落细落实。通过整合各类思政育人要素，把思想政治工作融入教学、科研、管理、服务中，贯穿教育教学全过程各环节，协同建好全社会共同支撑的农林院校育人工作"大思政"格局。教育部会同中组部、中宣部等，以开展"三全育人"系统改革为切入口，大力推动高校建设"大思政"工作综合体系。要深刻认识到，实施"三全育人"就要破除多年来惯性思维形成的思想政治教育和专业知识传授之间相互隔绝的"孤岛效应"，促使思政课程和课程思政同向同行、互相配合，建设形成思政育人的大格局，是新时代中国高等教育必须要实现的一个重要目标，也是农林院校面对的一项重要政治任务。

"课程思政"是建构"三全育人"落地的重要抓手。课程思政教育教学改革要求必须落实立德树人根本任务，坚持德智体美劳并举，探索构建实践水平人才培养体系，切实加速教育理念的转变，不断转变创新思路，加快内涵式发展为核心的综合改革，构建形成课程思政和思政课程同向同行的"三全育人"大格局。一是农林院校要完善"三全育人"课程教育教学方式的创新，满足知识经济和国家发展对人才的需要。在农林院校各类课程中，需体现新时代新农科人才培养的目标，能够将社会主义核心价值观量化成可观测、可操作的具体指标融入到教学过程中，引导青年学子增强"四个意识"、坚定"四个自信",起到了润物细无声的作用。二是农林院校要完善"三全育人"人才培养方式的创新,提升强农兴农的责任感。进一步发挥农科课程推动学校建设特色大学作用,大力提炼专业课程中的德育内涵、思政元素以及育人目标,加强院校层面的整体顶层设计规划,以思想政治理论课程为思想指导,以课堂教育教学改革为主渠道,专业教师带领学生共同实践获益,在学校各类平台资源下将各门课程融入思政元素,发挥圈层效应,形成系统性的、渐进性的,从参与到认同进而自觉地进行行为认同的课程思政教育教学改革实践进程。

　　农林院校要建设形成"三全育人"整体工作体系,必须坚持提高"三全育人"落地、落实的针对性与实效性。最重要的是,探索实践"课程思政"保证了"三全育人"从现实层面的贯彻落实。学校推动"课程思政"教育教学实施的全过程:一方面不仅包括顶层设计还包括具体措施加强顶层设计,在学校党委的统筹部署下,"形成包括学科体系、教学体系、教材体系、管理体系在内的全方位课程思政工作体系"①。另一方面要健全运行机制,保证课程思政的有效运行。重点是建立基于组织结构的上下协同的引导机制、基于教育主体的教育优势的合作机制、基于重点项目的有效管理的奖励机制、基于考核标准的科学公正的评价机制等。除此之外,构建"课程思政"教学内容体系。通过在农林院校推进"课程思政"的实践探索,不仅能够形成全员、全程、全方位的"课程思政"教育新理念,同时"思政课、专业课、综合素养课"三位一体的思政育人体系也得以形成,由在教学体系、管理体系、教材体系以及学科体系共同组成思想政治工作体系也得以构建,从而在院校构建了体系化模式,即由上到下的"顶层设计、平台支撑、保障支撑、有效评价",从而有利于实现农林院校培养"一懂两爱新农人"的时代使命。

---

① 孙朝阳:《课程思政教育教学改革探索与实践——以河北农业大学生命科学学院为例》,《河北农业大学学报(社会科学版)》2020年第4期。

(二)"三位一体"的相关概念

全国高校思想政治工作会议召开以后,按照党中央关于加强高校思想政治工作、推进课程思政建设等方面的最新要求部署,高校积极推动习近平总书记系列重要讲话精神的贯彻落实与实践实施。以上海市高校为代表的课程思政教育教学改革整体试点实施,推进高校思想政治理论示范课程、综合素养课程和专业课程的课程思政建设开展实施,探索整体建成思想政治理论课程、综合素养课程和专业教育课程有机相融的课程思政教育体系,形成以思想政治理论课、综合素养课程、专业教育课程多层次互补的课程思政育人圈层效应,将思政教育融入课程教学全过程,促使各类课程有效贯彻落实价值塑造、能力培养、知识传授三位一体的教育教学目标。

对于高校三位一体的教育教学目标,国内专家有着不同的诠释。上海市教育委员会副主任高德毅提出:"要牢牢把握思想政治理论课在思想政治教育中的核心课程地位,同时充分发挥其他所有课程的育人价值,强化思想政治理论课价值教育使命,凸显综合素养课程价值引领功能,注重专业课程价值渗透作用,构建思想政治理论课、综合素养课程、专业课程三位一体的高校思想政治教育课程体系"①。中国人民大学教授张雷声认为,要在马克思主义理论教育中贯彻立德树人任务,把创新教学方法和改革教学内容协同配合,从而达到知行与知德融合以及方法和目标统一。北京大学孙熙国教授认为,要推动高校思想政治工作创新,必须用好课堂教学这个主渠道,而要用好这个主渠道,高校思想政治工作者必须种好自家田地、练好自家内功、打造课程体系、关注生活实践、引领时代未来。②

目前,教育部发布的《高等学校课程思政建设指导纲要》中明确提出:

---

① 吴楠:《构建三位一体的思政教学体系》,《中国社会科学报》2017 年 2 月 22 日。
② 参见王习胜:《坚持在改进中加强》,《中国教育报》2017 年 3 月 4 日。

落实立德树人根本任务，必须将价值塑造、知识传授和能力培养三者融为一体、不可割裂。全面推进课程思政建设，就是要寓价值观引导于知识传授和能力培养之中，帮助学生塑造正确的世界观、人生观、价值观，这是人才培养的应有之义，更是必备内容。这段文字精确阐述了高等学校人才培养中价值、知识和能力三个核心要义相互间的构成，深刻分析了课程思政基础含义。这是最新的官方和权威对"三位一体"的相关概念准确诠释。结合课程思政的推进和"三位一体"教育理念的落实，大家也深刻意识到，在高等教育落实立德树人根本任务中，价值塑造的作用要高于能力培养和知识传授。要把价值引领作为培养学习的重心，在能力培养和知识传授中将价值塑造潜移默化的融入，在各类课程中深入挖掘思政要义，实现如盐化水、如春在花，使育人效果落地落实。思政元素要润物无声渗入每门课程的课堂教学中，在教学大纲设计与课堂教学过程中，有意识无痕迹地融入价值引导。

三、"新农科"与"全方位"思想政治体系

为满足国家现代化尤其是农业现代化发展对于人才的需求，农林院校在推进"新农科"建设的过程中愈发注重以人才培养质量为核心的内涵式发展。农业现代化所需要的人才不是单向度的人才，而是符合主流价值观念期待的、具有较高综合素养和创新能力的知农爱农、强农兴农的新型农林人才。这就需要突破传统的农业教育重技能培养轻价值引导的局限，构建"全方位"的思想政治工作体系，推动农林人才成为农业现代化发展可靠的接班人和建设者。

（一）以"新农科"推进"大思政"工作格局的需要

人工智能的时代正在到来，且正深刻影响并重塑着人类的生产生活。中国特色社会主义进入新时代，农业发展和农业技术人才培养面临着更高

的要求和挑战，高等教育也面临新形势、新任务和新要求。随着我国高等教育的跨越式发展，高等教育在社会发展中的地位作用、高等教育自身的发展阶段、类型结构以及在世界高等教育中的坐标、今后发展竞争的舞台等都发生了深刻变化。面对百年未有之大变局，面对奔腾而至的新科技革命和产业变革，面对普及化阶段高等教育的新变化，中国高等教育必须超前识变、积极应变、主动求变。2018年，中央文件提出高等教育要发展新工科、新医科、新农科、新文科，全面提升高校服务经济社会发展能力。2019年，教育部提出要深化高等教育内涵式发展，明确提出要推进一流本科教育建设，全面实施"六卓越一拔尖"计划2.0，开展本科专业三级认证，建设新工科、新医科、新农科、新文科示范性本科专业，引领带动高校优化专业结构、促进专业建设质量提升，推动形成高水平人才培养体系。

从高等农林教育来看，实施乡村振兴战略、加快生态文明建设和农业产业转型升级都为高等农林教育、高等农林院校的发展、创新提供了机遇和挑战。2019年6月，全国50余所涉农高校的140余位党委书记、校长和知名专家齐聚浙江安吉，发布了《安吉共识——中国新农科建设宣言》，提出了新农科建设的"四大使命、四个面向、三条路径、二大贡献"。2019年9月，习近平总书记回信，对涉农高校办学方向提出要求，对广大师生予以勉励和期望。9月19日，全国50余所涉农高校的校领导和专家代表齐聚黑龙江，深入学习贯彻习近平总书记给全国涉农高校书记校长和专家代表重要回信精神，共商如何深化新时代高等农林教育改革，描绘出新农科建设"北大仓行动"路线图。2019年12月，新农科建设北京指南工作研讨会在北京召开，启动一批新农科建设研究与实践项目，发出新农科建设的"开工令"。

"新农科"建设核心举措中明确提出，开展新型人才培养行动，通过"一个贯穿、五个示范"，坚持思政课程与课程思政同向同行，把思想政治教育贯穿人才培养全过程，切实发挥好思政课程和课程思政育人功能。实施课程改革，让课程理念新起来，树立以"学生为中心、产出导向、持续改进"的课程建设新理念；让教材精起来，开发农林精品教材资源，体现科学性、前沿性；让课堂活起来，解决好讲好课、教与学、创新性批判性思维培养的问题；让学生忙起来，加强学生课堂内外、线上线下、非标准化、综合性等评价；让管理严起来，严格教授授课、课程准入、考试纪律、课程质量评估；让效果实起来，实实在在提高课程教育质量；让课程优起来，坚决淘汰"水课"，着力打造"金课"，全面取消"清考"，提高农林课程的"两性一度"（高阶性、创新性、挑战度）。

这些以培养新型农林人才为培养目标的"新农科"教育与国家"推进其他课程与思想政治理论课同向同行、形成协同效应"的思想政治工作理念，以"课程承载思政"、将"思政寓于课程"，完成全员、全程、全方位育人的思政创新要求紧密相连。可见，"新农科"教育的培养目标和"三全育人"的教育理念，在农林院校实现立德树人的根本方向上达到了合目的性的价值统一，而"课程思政"则为实现这一"价值统一"提供了现实切入点。

（二）"新农科"融入"全方位"思政体系构建的必要

高校思想政治工作以立德树人为其价值本原。在具体的教育教学过程中，思想政治工作教育目的实现是全校上下共同努力协同发展的结果，而这些力量之间又相互影响，在不断地矛盾运动中所形成的整体，也自然构成了思想政治工作体系。思想政治工作体系运行的有序性、科学性直接影响着高校思政工作价值能否实现，影响着高校能否完成引人以大道、启人以大智的育才造士的根本任务。

在农林院校课程思政实施过程中，就有老师提出，以前就坚持开展品德教育，注重课上课外两个"课堂"教育，注重专业教师的言传身教，那么"课程思政"提出之后，怎么看待这个问题？可以这样理解，在全国高校思政会议之前，多年来农林院校的教师实际上都在自己的课程上育人。

在高校思政会议之后，习近平总书记强调所有的课堂都是育人的主渠道，教师的育人、课程的育人不再是零散的，而是系统的，不能再是无意识的行为，而是要变成教师自觉的行为，要变成有组织的行为，由学校统筹部署组织安排。课程思政将课程的教育性提升到思政教育制度的高度，表明课程教学的首要目标是正确世界观、人生观和价值观的养成。老师在课程实施过程中，要按照课程思政的新要求，在传授知识的同时，用正确的育人观来处理教材，将具有时代感的正能量内容引入课堂，授业的同时注重传道，把知识传授、能力培养与价值引领有机融合，引导学生成人成才。所以，课程思政不是指的高校增开一门课，更不是增设的一项活动，而是要构建全部课程组成的育人体系，是将思想政治教育融入高等教育教学改革的各个环节、全过程，实现立德树人目标，达到润物无声目的。可以把"课程思政"理解为：以立德树人为根本任务，将公共课程、专业课程和实践课程与思想政治理论课同向同行，构建"全方位"课程思政体系，形成全方位协同育人效应的一种教育理念。

高校作为人才培养的主阵地，只有坚定贯彻党的教育方针，坚持社会主义大学办学方向，遵循教育为人民服务、为中国共产党治国理政服务、为巩固和发展中国特色社会主义制度服务、为改革开放和社会主义现代化建设服务的基本要求，才能承担起培养担当民族复兴大任的时代新人的历史使命和时代责任。[①] 课程思政推进过程中，必然需要在教学体系、教材体系、管理体系以及学科体系之中贯穿思想政治教育，在课堂讲授知识的同时，引导青年学子把掌握的知识和技能转化为道德和品行，坚持立德树人理念，把青年个人发展融入社会进步与国家发展的大环境，以学生为本培育时代新人，帮助学生解答思想困惑和价值需求，引导学生爱党爱国爱人民，树立为祖国奋斗的决心，从而实现个人奋斗目标与价值追求。因此，开展课程思政建设是新时代的教育使命，是确保思政工作贯穿人才培

---

① 参见陈显冰：《浅谈课程思政下高职全面育人之路——以〈注塑成型工艺与模具设计课程〉为例》，《科技视界》2021 年第 36 期。

养全过程的必然要求，也是学校高质量发展的内在要求。"课程思政"改变了高校思想政治工作毕其功于"思政课程"一役的理念，使其他课程也成为思想政治教育的有效载体，开启了把思政工作贯穿于人才培养全过程的科学实践，是对高校立德树人目标的现实回应和具体阐释，也为打通高校育人"最后一公里"提供了基础保障。

随着农业现代化的推进，迫切需要新农科涉及的科学教育与思政人文教育的交融，而"课程思政"就是两者体系搭建的桥梁，使两者相互融合。两种体系的交融协作，都需要农林院校在今后"课程思政"建设推进工作中认真加以研究、探索和尝试，从而树立"课程思政"立德树人整体育人观，构建形成新农科背景下"全方位"思政体系，汇聚形成思想政治教育磅礴的合力。

第二节　教育教学体系改革的理论基础

农业院校"课程思政"实施过程中，需要坚持从农业现代化发展要求和学校发展实际情况出发，需要把握农林教育"课程思政"教育教学改革的发展规律，需要依据农业院校"课程思政"具体实施现状，进而实现"课程思政"的整体发展建设目标。与"思政课程"不同的是，课程思政绝对不是一门新的课程，而是一种"大思政"格局下的全新课程概念，一种新时代下"三全育人"背景下的育人理念，它强调将思想政治教育融入课程教学与改革的各个环节，使得受教育对象通过关系与意义的联结，所观察和探索到的未知不仅仅局限在专业知识，也能建立起知识与学习、工作、生活等多维度的交融关系，使高校真正实现润物无声的"三全育人"。而"课程思政"在各学科专业教师、各部门管理人员、各层次受教育对象中的认同程度和在教育教学中的贯彻程度直接影响着"培养什么样的人"的问题。所以，研究"课程思政"需要真正厘清教育教学体系与改革之间的标准，需要经过不同层次学校实践教学及不断完善改进，以实现"新农科"教育对农林院校内涵式发展的要求为实践方向，分析困境原因、提出解决思路，从而实现在更高层次上的理念支撑，实现对以"课程思政"为核心的教育理念的广泛认同。

因此，现实中研究"课程思政"的实现路径和方法，需要研究教育教学体系改革的相关理论，为其提供必需的基础支撑。农林院校"课程思政"的建设与实施，是以立德树人为根本、以强农兴农为己任，培养更多知农爱农新型人才，所以本书主要从以下几个方面来分析有关理论基础。

一、马克思主义关于人的全面发展理论

马克思主义是我们党的指导思想，是全社会意识形态领域理论统领，是全党和全国各族人民团结奋斗的共同思想基础。马克思将实现全人类的解放作为自己的目标而不懈奋斗，当前我们党对马克思主义在意识形态领域指导地位作出制度化规定，并上升到根本制度的高度。人的全面发展需要教育，大学生的全面发展同样需要思政教育，农林院校课程思政目标是提高大学生的道德水准和政治自觉，培养创新型、复合型和应用型卓越农林新才。马克思主义是随着时代和历史条件的变化而不断变化、随着社会实践的发展而不断发展的，具有与时俱进的理论品质，因此要用不断发展着的马克思主义理论指导"课程思政"的建设。马克思强调教育"就是生产劳动同智育和体育相结合，它不仅是提高社会生产的一种方法，而且是造就社会全面发展的人的唯一方法"[①]。可以看出，马克思主义与"课程思政"实施目标两者之间的契合性，使得农林院校课程思政开展可充分借鉴马克思主义关于人的全面发展相关理论，也可以说，其为我们农林院校课

---

① 《马克思恩格斯选集》第 2 卷，人民出版社 2012 年版，第 230 页。

程思政实践提供了坚实的理论支撑。

　　马克思在《关于费尔巴哈的提纲》中批判了费尔巴哈关于人的本质的错误看法，提出了马克思主义关于人的本质的基本观点。他指出："人的本质不是单个人所固有的抽象物，在其现实性上，它是一切社会关系的总和。"① 人除了具有自然属性，还具有现实属性，人的本质不是先天的，而是后天的；不是抽象的，而是具体的；不是不变的，而是随着社会关系的变化发生相应变化的，不断地改进完善的；在人的社会关系建立过程中，人们还将自身的实践活动和凝练的思想反作用到社会的发展过程。农林院校"课程思政"实施的目的在于，以文化人、以德育人，真正做到从"教"走向"育"，遵循思想政治教育教学规律、学生成长规律，将直接经验传授与间接经验学习相统一。

　　马克思主义关于人的全面发展理论中指出，作为个体而言，"人"主要指具有独立思想、独立个体的人，"人在各方面的全面发展，物质生活和精神生活的全面而协调的发展，世界观、人生观、价值观的全面发展，身体素质和心理素质的全面发展，人格、智力、能力等全面发展，实现人类社会的全面发展需要每个单独个体的全面发展"②，但个体的发展必须以社会的发展为推进，离不开在社会中的学习、教育和同化。马克思曾表示："已经得到满足的第一个需要本身、满足需要的活动和已经获得的为满足需要而用的工具又引起新的需要。"③ 个体在处于一定社会关系中的需求，转而促进社会不断向前发展，实现个体和社会需求双向促进。而农林院校"课程思政"实施就是针对大学生开展的创新思政教育，聚焦新农科人才培养的新需求。因此，要以马克思关于人的全面发展理论为基础，坚持以学生为中心，与时俱进，增强教育方式、载体形式等层面的灵活性，

---

① 《马克思恩格斯选集》第 1 卷，人民出版社 2012 年版，第 139 页。

② 肖湘珍：《在全面建设小康社会中推进人的全面发展》，《西南民族大学学报（人文社科版）》2004 年第 1 期。

③ 《马克思恩格斯选集》第 1 卷，人民出版社 2012 年版，第 159 页。

实现人的全面发展，使得大学生能够主动地追求健康积极的世界观、人生观、价值观。

马克思主义关于人的全面发展理论与农林院校"课程思政"工作之间具有内在一致性，两者都是以实现人的全面发展为目标。课程思政以人的全面发展为价值导向，通过系统的教育教学改革引导学生肩负起兴农报国使命、为实现农业农村现代化矢志奋斗的决心，也反映了马克思主义关于人的全面发展理论在农业教育实践中被赋予的新时代特质。

当前人的发展问题日益突出，随着信息网络日新月异，多元的价值取向大量涌进高校，大学生的价值观念受到各种文化思潮的猛烈冲击。我国高校坚持以马克思主义为指导，全面贯彻党的教育方针，在大学生的素质培养过程中，必然要切实将人的解放与全面发展理念落实到位，真正促进大学生自身的不断发展。而"课程思政"将思想政治教育与专业课程的结构性融合、交叉性创新、协同性育人，把育人向度从农林学科、专业、课程中发掘出来，形成圈层效应，实现农林教育与思想政治教育深度融合，其在推进教育教学改革目标取向上，是和马克思主义关于人的全面发展思想上相统一的，其本质上具有相同的价值追求。特别是 2020 年底召开的党的十九届五中全会强调，促进人的全面发展和社会全面进步，建设高质量教育体系，为中国特色教育发展提供了党的创新理论的支撑。总之，以马克思主义关于人的全面发展理论为基础，对青年学子进行"课程思政"教育有其现实必要性和必然性，也构成了"课程思政"发展的理论基础和价值支撑。同时，立足新时代挑战，农林教育如何与时俱进推进大学生的思想教育工作，如何以现实中个体的全面发展来丰富马克思主义关于人的全面发展理论新的时代内涵，也将得以探索实践。

二、中国共产党的青年思想政治教育思想

中国共产党历来重视青年的思想政治教育，重视在"拔节孕穗期"精

心培育青年的价值取向和思想观念，这无疑为新时代党委统筹领导高校课程思政建设提供了历史和现实的合理性。

（一）共产党青年思想政治教育历史进程

青年是祖国的未来，是我们民族的希望，青年兴则国家兴，青年强则国家强。青年这个群体是整个国家中最具青春活力的力量，也是思想政治教育最重要的对象，坚持以青年成人成才教育是立德树人任务的核心目标。自中国共产党成立之初，就高度重视青年思想政治教育思想，关怀、关心和关爱广大青年。无论是战争年代，还是新中国成立初期，抑或是改革开放以来，中国共产党不断引导推动青年思政教育因时而进、因势而新、与时偕行。

马克思主义青年观教育及其在中国的发展，是中国共产党的青年思想政治教育理论产生的背景。马克思号召青年选择最能为人类福利而劳动的职业。恩格斯提出："教育可使年轻人很快就能够熟悉整个生产系统……因此，教育会使他们摆脱现代这种分工为每个人造成的片面性。这样一来，根据共产主义原则组织起来的社会，将使自己的成员能够全面地发挥他们各方面的才能，而同时各个不同的阶级也就必然消失。"[1] 马克思主义传入中国以后，马克思主义青年观教育也在我国广泛传播并落地生根、开花结果。

在延安时期，中国共产党就高度重视青年群体，结合抗战实际对青年进行思想政治教育，引导广大青年坚定正确的政治方向和理想信念。毛泽东在《正确处理人民内部矛盾的问题》中指出："不论是知识分子，还是青年学生，都应该努力学习。除了学习专业之外，在思想上要有所进步，政治上也要有所进步……没有正确的政治观点，就等于没有灵魂。"[2] 新中国成立后，毛泽东始终关心青年发展成长，他将青年一代比作"八九点钟

[1]　《马克思恩格斯全集》第4卷，人民出版社1958年版，第370—371页。
[2]　《毛泽东文集》第七卷，人民出版社1999年版，第226页。

的太阳",并强调广大青年的未来就是中国的将来。

邓小平将青年的思想政治教育作为立德树人教育中的关键要素,对青年一代始终寄予殷切的期望。邓小平提出:"教育全国人民做到有理想、有道德、有文化、有纪律。"① 因此,成为"四有"新人一直是几十年来中国广大青年的人生标杆,社会和学校也以培养"四有"新人为教育目标,不断落实"三个面向"的教育战略。

江泽民对于培养青年学生成长成才提出了新的拳拳期望。他对广大青年提出"五个成为"的希望和要求:"成为理想远大、热爱祖国的人;成为追求真理、勇于创新的人;成为德才兼备、全面发展的人;成为视野开阔、胸怀宽广的人;成为知行统一、脚踏实地的人。"②

胡锦涛指出:"坚持以人为本,在教育工作中的最集中体现就是育人为本、德育为先。德是做人的根本,只有树立崇高理想和远大志向,从小打牢思想道德基础,学习才有动力,前进才有方向,成才才有保障。"③ 这为青少年思想政治教育指明了方向。这是党的十六大以来,党中央就思想道德建设和大学生思想政治教育作出的具体部署。

青少年时期是三观树立的关键时期,也是培育和践行社会主义核心价值观的重要阶段。要坚持让社会主义核心价值观走进青年内心,形成行为自觉,进而培养担当民族复兴大任的时代新人。70 多年来,党和国家高度重视青年群体价值观、道德观的塑造,注重对青年的培养和教育,为青年提供了广阔的发展空间。当代青年学生是党的事业的可靠接班人,是中国特色社会主义现代化建设的主力军,习近平总书记点评"95 后"青年学子说:"每一代青年都有自己的际遇。现在高校学生大多是'九五后',再过两年,新世纪出生的青少年也将走近高校校园。他们朝气蓬勃、好学上进、视野

---

① 《邓小平文选》第三卷,人民出版社 1993 年版,第 110 页。

② 江泽民:《在庆祝清华大学建校 90 周年大会上的讲话》,《人民日报》2001 年 4 月 30 日。

③ 胡锦涛:《在全国教育工作会议上的讲话》,2010 年 7 月 13 日,见 http://www.moe.gov.cn/jyb_xwfb/gzdt_gzdt/gaoceng/201009/t20100909_97450.html。

宽广、开放自信，是可爱、可信、可为的一代。"① 历届中国共产党主要领导人始终将青年视为推动改革发展、社会进步的重要力量，都曾多次强调过青年思想政治教育的重要意义，并提出具体期望，这也对农林院校实施开展"课程思政"提出了更高的要求。

（二）习近平总书记关于新时代青年思想政治教育的重要论述

高校"课程思政"的实施必须贯彻党中央的教育方针，以习近平新时代中国特色社会主义思想为行动指南，坚持把理想信念教育放在高等教育育人首位，抓好马克思主义理论教育，不断增强广大学生对中国特色社会主义的政治认同、思想认同、理论认同、情感认同，坚定"四个自信"，大力培育和践行社会主义核心价值观，帮助学生扣好人生的"第一粒扣子"。

党的十八大以来，习近平总书记和党中央十分重视青年工作、关心青年学子的成长，多次对高校立德树人工作和学生成长成才提出殷切期盼和要求。党的十八大报告首次将"立德树人"确立为教育的根本任务，党的十九大报告进一步提出"落实立德树人根本任务"。2018 年习近平总书记在同北大师生座谈时强调："要把立德树人的成效作为检验学校一切工作的根本标准。"② 在全国教育大会上，习近平总书记就教育的改革发展提出了"九个坚持"，其中，第一个坚持是"坚持党对教育事业的全面领导"，第二个坚持就是"坚持把立德树人作为根本任务"。习近平总书记关于新时代青年思想政治教育的重要论述，为我们做好新时代立德树人工作，抓好学校的课程主渠道，实施"课程思政"指明了方向、提供了根本遵循。

1. 理想信念教育是习近平总书记关于新时代青年思想政治教育的重要论述的核心

习近平总书记不止一次对青年树立远大理想提出殷切期望。2013 年，

① 《习近平关于青少年和共青团工作论述摘编》，中央文献出版社 2017 年版，第 8—9 页。
② 习近平：《在北京大学师生座谈会上的讲话》，《人民日报》2018 年 5 月 3 日。

习近平总书记在给华中农大"本禹志愿服务队"回信中写道:"青年一代有理想、有担当,国家就有前途,民族就有希望。"①2015年,习近平总书记在致全国青联、全国学联代表大会贺信中,勉励广大青年志存高远、德才并重、情理兼修、勇于开拓。2016年,习近平总书记视察中国科大时,对青年大学生所提出的做"六有"大学生,首先就是做有理想、有追求的大学生。2017年,他在中国政法大学考察时告诫大家,立志是一切开始的前提,青年要立志做大事,不要立志做大官。2018年,面对北大学子,习近平总书记再次强调,要立鸿鹄志,做到理想坚定,信念执着。大学生实现理想的正确路径又是什么呢?这些重要论述,饱含着习近平总书记对青年学生走好人生道路的谆谆教诲和殷切期盼。

2.练就过硬本领是习近平总书记关于新时代青年思想政治教育的重要论述的前提

习近平总书记指出,学习是成长进步的阶梯,实践是提高本领的途径。青年人正处于学习的黄金时期,应该把学习作为首要任务,作为一种责任、一种精神追求、一种生活方式,树立梦想从学习开始、事业靠本领成就的观念,让勤奋学习成为青春远航的动力,让增长本领成为青春搏击的能量。习近平总书记讲:"大学阶段,'恰同学少年,风华正茂',有老师指点,有同学切磋,有浩瀚的书籍引路,可以心无旁骛求知问学。此时不努力,更待何时?"②他强调"学习就必须求真学问,求真理、悟道理、明事理,不能满足于碎片化的信息、快餐化的知识"。他强调学到的东西,不能停留在书本上,不能只装在脑袋里,而应该落实到行动上,做到知行合一、以知促行、以行求知。习近平总书记希望广大青年要珍惜大好学习时光,求真学问,练真本领,更好为国争光、为民造福。这些寄语,体现了总书记对青年学生成长路径规律的深刻把握,为成长成才指明了正确方向。

---

① 《勉励青年志愿者以青春梦想用实际行动 为实现中国梦作出新的更大贡献——习近平给华中农业大学"本禹志愿服务队"回信》,《人民日报》2013年12月6日。

② 《习近平谈治国理政》,外文出版社2014年版,第172页。

3.锤炼高尚品格是习近平总书记关于新时代青年思想政治教育的重要论述的主要抓手

"国无德不兴,人无德不立。"习近平总书记曾在多个场合教诲大学生要勤学苦练、修德修身、明辨是非、笃实笃行,"扣好人生的第一粒扣子"。他指出:"青年是引风气之先的社会力量。一个民族的文明素养很大程度上体现在青年一代的道德水准和精神风貌上。"①"广大青年要把正确的道德认知、自觉的道德养成、积极的道德实践紧密结合起来,自觉树立和践行社会主义核心价值观。"②他强调:修德,既要立意高远,又要立足平实。"要立志报效祖国、服务人民,这是大德,养大德者方可成大业。同时,还得从做好小事、管好小节开始起步,'见善则迁,有过则改',踏踏实实修好公德、私德,学会劳动、学会勤俭,学会感恩、学会助人,学会谦让、学会宽容,学会自省、学会自律。"③他还强调,"带头学雷锋,积极参加志愿服务,主动承担社会责任,热诚关爱他人,多做扶贫济困、扶弱助残的实事好事,以实际行动促进社会进步。"④

4.践行担当教育是习近平总书记关于新时代青年思想政治教育的重要论述的落脚点

青年学子如何度过宝贵的青年时光,习近平总书记给出了答案,他指出:"人的一生只有一次青春。现在,青春是用来奋斗的;将来,青春是用来回忆的。"⑤"无数人生成功的事实表明,青年时代,选择吃苦也就选择了收获,选择奉献也就选择了高尚。"⑥习近平总书记讲,"我在党的十九大报告中提出了我国发展的战略安排,这就是:到 2020 年全面建成小康社会,到 2035 年基本实现社会主义现代化,到本世纪中叶把我国建成富

① 《习近平谈治国理政》,外文出版社 2014 年版,第 52 页。
② 《习近平谈治国理政》,外文出版社 2014 年版,第 52 页。
③ 《习近平谈治国理政》,外文出版社 2014 年版,第 173 页。
④ 《习近平谈治国理政》,外文出版社 2014 年版,第 53 页。
⑤ 《习近平谈治国理政》,外文出版社 2014 年版,第 54 页。
⑥ 《习近平谈治国理政》,外文出版社 2014 年版,第 54 页。

强民主文明和谐美丽的社会主义现代化强国。广大青年生逢其时，也重任在肩。我说过，中华民族伟大复兴，绝不是轻轻松松、敲锣打鼓就能实现的，我们必须准备付出更为艰巨、更为艰苦的努力。"[①]"我衷心希望每一个青年都成为社会主义建设者和接班人，不辱时代使命，不负人民期望。"[②] 广大青年要"牢记'空谈误国、实干兴邦'，立足本职、埋头苦干，从自身做起，从点滴做起"[③]。"用勤劳的双手、一流的业绩成就属于自己的人生精彩"。[④] 这些朴实的话语寄托了习近平总书记殷殷的希望和嘱托，又为广大青年奋勇投身新时代、接力建功中国梦指明了前进方向、注入了强大动力。

开展好农林院校"课程思政"就应始终坚持马克思主义，学懂弄通做实习近平新时代中国特色社会主义思想，切实把习近平总书记关于新时代青年思想政治教育的重要论述应用于"课程思政"实施全过程，以指导实践，推动工作，全面提升课程思政建设水平。

三、高等教育教学中的潜在课程理论

课程思政主张在思政课之外，其他各类课程要以隐性的方式承担价值塑造和观念引领的使命，力求实现显性教育与隐性教育在意识形态传播方面的有机统一。高校教育教学体系的改革需要遵循高等教育发展的内在规律，潜在课程是在高等教育环节中相对于显性课程而言的课程展现形式，在促进学生道德完善、凝聚学生思想共识方面有着不可替代的重要作用，这种作用为高校课程思政的开展提供了理论依据。

---

① 习近平：《在北京大学师生座谈会上的讲话》，人民出版社 2018 年版，第 2 页。
② 习近平：《在北京大学师生座谈会上的讲话》，人民出版社 2018 年版，第 11 页。
③ 《习近平谈治国理政》，外文出版社 2014 年版，第 52 页。
④ 《习近平谈治国理政》，外文出版社 2014 年版，第 52 页。

（一）潜在课程理论的定义

20 世纪 30 年代，教育学家杜威提出"附带学习"和"同时学习"的概念，其中"同时学习"实质上就是"态度"与"喜好"，使得学习传统知识的同时还能获得符合社会价值的信念、态度，这就是潜在课程理论的雏形。20 世纪 60 年代，国外专家研究发现，学生的学习结果受多个因素影响，其中包括教师指导、教学内容以及学校的制度文化、集体活动、校风校纪等非教学活动。1968 年，美国学者杰克逊在《班级的生活》中第一次提出潜在课程这个理论概念，表示学生们在学校里一方面获得了阅读、写作、算术等文化知识，另一方面获得了态度、动机、价值观等心理的成长。后一个方面的内容是通过非学术渠道间接地传递渗透给学生们，这种文化意识的"非正式"传递被称为隐性课程。20 世纪 80 年代，潜在课程理论相关研究书籍、论文、文献等被翻译引进到国内。

目前，对于潜在课程这一概念，国内外的学者们有着不同的看法。国外专家杰克逊认为，学生在读、写、算或其他学术课程上的进步并没有完全说明学校教育的结果，学生从学校生活的经验中获得了态度、动机、价值和其他心理状态的成长比学校主要任务之教学更具有影响力。胡森认为，潜在课程是那些在课程教学和学校正常方面不明确的地方，但这个部分又是不可或缺的。埃里克认为，潜在课程这一概念是指学校教育的非学术结果，这些结果不但重要而且系统发生，但未明示于各级公立学校的教育理论或原理之中。

国内专家陈旭远认为，潜在课程仅限于学校内通过无意识和非计划性影响学生，对于学生的影响具有隐蔽性，影响不限于知识方面，而是情感、意志和个性方面的。① 唐晓杰认为，潜在课程是学校各级社会关系结

---

① 参见陈旭远：《试论潜在课程的概念和结构》，《教育理论与实践》1994 年第 1 期。

构以及学校正规课程有意或无意地传递给学生的价值、态度、信仰等非学术性的知识。① 吴也显认为，那些伴随着正规教学内容而随机出现的、对学生起到潜移默化式教育影响的那部分内容，通常包括渗透在课程、教材、教学活动、学校的规则制度、行为准则、制度文化、教师文化、学生文化、班级文化和寝室文化等，学生在良好的学校环境、氛围以及学风的影响下，得到正面的影响和促进。②

按照《国际教育百科全书》对潜在课程理论的定义，是指形成学生非正式学习的各种因素，如师生关系、班级不同、课堂规则、教学程序、隐喻性教材内容、学生性别差异和课堂奖励方式等。在学校课程手册中，这些要素并没有明确界定要求，它们被视为一种无组织的、隐喻的、没有形成规律的学校生活体验的隐性课程，但这部分经验性的隐性课程往往有效地影响着学生。③

（二）高等教育学中的潜在课程

在我国高等教育中，普遍认为潜在课程与显性课程同时发生，显性课程以直接显示的方式表现出来，比如说，教学大纲、教学内容、课堂教学等；潜在课程以间接、内隐的方式表现出来，比如说，高等教育的学校制度、高等教育的国际化专业化、行政监督、课堂教室设置与课程的安排、学校校风教风、环境设施等。潜在课程与显性课程的状态不是一成不变的，而是相互作用相互转化的。显性课程和潜在课程是一种互补关系、递进关系、转换关系。在高校的教学活动实施过程中，学校课程由显性到隐性的逐渐演变，使用领域愈来愈扩大，在显性课程的实施往往很多时候是伴随着潜在课程，潜在课程通过润物细无声的设计与实施，也会转化成显

---

① 参见唐晓杰：《西方"隐蔽"课程研究的探析》，《华东师范大学学报（教育科学版）》1988 年第 2 期。
② 参见吴也显：《学校课程和文化传播》，《课程·教材·教法》1991 年第 3 期。
③ 参见冉亦：《浅谈潜在课程》，《青年与社会》2019 年第 18 期。

性课程。显性课程构成了知识传授的体系，潜在课程潜移默化地影响着学生的情感与意识，二者相互作用，使学生得到全面的发展。"隐蔽课程与显露课程、正规课程与非正规课程是依据课程的不同属性对课程所作的分类。"[①] 它们之间最和谐的关系是相互融合交叉的，促进正式课程的发展。隐性课程使用不当，会对显性课程产生反面影响，也可能破坏正式课程。

还有部分专家，在对高等教育学中的潜在课程研究时，把重点放到了"潜在"观念的分析中，从大学校园文化表征和意识形态工作入手，通过微观层面，分析高等教育中教学、教师、学生种种行为，分析出高教制度、社会风气等潜移默化对高等教育系统的影响，上升到对教育实践改革的深层次挖掘，这种研究同样对我国高等教育教学改革和发展有着深刻的启发作用。

（三）潜在课程和课程思政的关联

综合以上观点和论述，对学术界高等教育学中的潜在课程理论，我们可以归纳出这样的综论，潜在课程就是明显具有隐蔽性的标志，对学生的品德心智等产生影响，是教师、学校风气、教学管理等在非正式的课程中对学生进行的理想信念方面的意识形态教育。这些明显的特性与"课程思政"的理念正好完全相符，进行"课程思政"建设要着力把立德树人任务融入到思想教育、文化知识传授和社会实践育人全过程，落实到教育教学和管理服务各环节，把思想政治教育有机融入教育教学、贯穿人才培养全过程，实现专业教育和思政教育相融合、育人和育才相统一。高校进行"课程思政"建设的重点是通过开展课程思政专项培训、建设课程思政名师工作室、遴选课程思政教学名师和优秀教学团队等具体措施，着力提升教师课程思政建设的意识与能力，引导广大教师有针对性地进行课程思政教学设计，合理嵌入育人要素，把价值观生动运用

---

① 郑金洲：《隐蔽课程概念寻绎》，《教育科研》1995 年第 8 期。

到潜在的思想政治教育课程教学中去，让思政之"盐"融于课程之"水"，做到润物无声。

高校的"课程思政"建设将思想政治教育的隐性课程进行充分发掘，围绕政治认同、家国情怀、文化底蕴、法治思想、道德情操等重点不断优化课程思政内容供给，通过课堂这一立德树人的主要阵地，通过课程这一立德树人的主要载体，通过隐性课程达到高等教育立德树人的教育目标。按照以上内容的综合判断及逻辑分析，可以明确看出潜在课程理论为高等教育课程思政的探索实施提供了理论层面的重要支撑。

第三节 课程思政教育教学体系改革的基本理念

教育部党组于 2017 年出台《高校思想政治工作质量提升工程实施纲要》，明确提出大力推动以"课程思政"为目标的教学改革，梳理各门专业课程所蕴含的思想政治教育元素和所承载的思想政治教育功能，融入课堂教学各环节，实现思想政治教育与知识体系教育的有机统一，2020 年教育部的工作重点也突出了"课程思政"建设。"课程思政"成为高校思政育人的重要理念、工作路径和制度安排，要体现到高校全新的课堂教学设计和教学模式改革全过程。在具体实施的过程中要遵循好以下三个相统一的原则。

一、专业教育与价值引导相统一

课堂是立德树人的主要阵地，课程是立德树人的主要载体。"课程思政"是当前落实高等教育立德树人根本任务和根本举措，是一项长期性综合性改革创新工程。农业院校思政课和每门专业课程有着独特的学科背景和知识结构，有着专门的教学内容和教学设计。虽然思政课作为落实立德树人根本任务的关键课程，和其他课程在内容和形式上存在差异，但两者都与培养青年学子成才与成人教育目标相统一，在培养担当民族复兴大任的时代新人目标上完全一致。因此可以这样表述，农业院校所有课程的教学目标都为了实现专业教育与价值引导相统一。

（一）专业教育与价值引导在教学活动中不可分割

知识是社会中人们在认识世界和改造世界的基础上，凝练而成的文化结晶，它把人类文明的发展过程通过客观存在的形式明确展现出来。价值则体现了客体对主体的需求，体现了主体对客体的认知与把握。课程思政建设涉及培养什么人、怎样培养人和为谁培养人这个教育的核心问题，是新时代农林教育开展教育教学改革的必经之路，也是思政工作的一场创新思想。就宏观而言，从学校合力育人的逻辑出发，高校人才培养环节主要包括"教"（教师）、"学"（学生）、"管"（学校）三个方面。通过"课程思政"全面融入"教"、"学"、"管"，致力于实现"教"（上施下效的教学活动）与"育"（"专业人"与"人文人"的复合培养）的辩证统一。在全面融入"课程思政"的教学环节中，要重点考察课程教学如何在教学目标设置上实现政治性与学理性的统一、如何在教学内容布局上实现知识性与价值性的统一、如何在隐性德育过程中实现建设性（价值引领）与批判性（批判错误思潮）的统一等内容。在全面融入"课程思政"的学习环节时，要遵循人的全面发展的内在规律以及由"教书"到"育人"的实践逻辑，从教育客体主体化的视角出发，研究如何将"课程思政"全面融入大学生的课堂学习、自主学习等环节，尤其是注重对融入"课程思政"的大学生学习积极性、主动性的研究，以期实现育学于无形、润物细无声。在全面融入"课程思政"的管理环节里，要沿着"课程思政"显性和隐性双重融入教学管理环节的思路，研究如何从更新教学管理理念、改革教学管理机构、完善教学管理制度、创新教学管理方法、塑造教学管理文化等方面实现双重融入，最终实现以"管"促"课程思政"下的"教"与"学"。这就使得知识和价值在"课程思政"实施教育教学活动中，必然不能割裂分开进行，要推进课程思政与思政课程建设同向同行，凸显教育教学价值引领，要有效实现各门课程的专业教育与价值引领融合。

而且从本质上说，教育活动是人类把自己认为有价值的知识传递给下一代的过程。在教育教学活动中，专业教育使用的文字知识材料，全部都是传授者按照自身觉得有用的要求，一代又一代精心挑选、反复筛选出的，带有传授主体明显的主观性。因此，专业教育与价值引导是不可分割的。我国古代社会，儒家的教育思想一直占统治地位，儒家的教育目的也就自然而然成为社会的教育目的。孔子的"学而优则仕"和孟子的"明人伦"二者结合成为学校教育的目的。孔子提出，由平民培养德才兼备的从政君子来改良社会。这条培养人才的路线，就是孔子的教育目的，被孔子的学生子夏表述为"学而优则仕"。因此，从历史和现实的角度看，从教育的规律来说，任何国家和社会都是把教育作为维护政治统治和社会稳定的基础和必然手段，从而在教育教学活动中实现专业教育与价值引导的统一。我国是中国共产党领导的社会主义国家，这一社会特质必然决定了中国的教育活动要牢牢抓住全面提高具有政治认同的人才的素质能力这个核心点，着力把立德树人内化到学校建设和管理各领域、各方面、各环节。所以，农林院校要始终成为培养德智体美劳全面发展的社会主义事业建设者和接班人的坚强阵地。以上这些规律，充分说明了教育过程中知识性与价值性不可分割的关系，教育活动中必然要把握"往哪里走"这一方向，紧抓"为谁服务"这一根本，走好"怎么办学"这一道路，解决好"培养什么人"的目标问题，解决好"怎样培养人"的过程问题，解决好"为谁培养人"的落脚点问题。

"课程思政理念既是立足于我国教育实践发展探索得出的课程教育教

学改革，亦是对课程育人价值的中国化诠释与反思。"①牢牢掌握意识形态工作主动权，让知识在塑造价值观中发挥作用，以文化人、以德育人，真正做到从"教"走向"育"。要培养德智体美劳全面发展的社会主义建设者和接班人，就必须将育才与育人相结合，坚持德育为先，将专业教育与价值引导相统一，形成更高水平的人才培养体系，这是思政课程的关键任务，也是所有课程的职责所在。

（二）寓价值观引导于知识传授之中

对农业院校来说，不同专业不同学科的教师，所讲授的知识、研究的领域、教学方式虽然各有差异，但是教书育人的目的是相同的。只有把知识教育同价值观教育、能力教育结合起来，把思想引导和价值观塑造融入到每一门课的教学之中，才能让学生在获取知识的同时受到思想上的启迪。教育价值性与知识性相统一的特点，使得"课程思政"要把思想政治教育价值性与知识性结合起来，寓价值观引导于知识传授之中。只有这样，我们的教师们才称得上是引领塑造年轻学子品格、品行、品位的"大先生"，而不是只会传授书本知识的教书匠。每一位教师的天地也不再只限于三尺讲台，每一位灵魂的工程师都肩负起塑造灵魂、塑造生命、塑造人的使命。

"课程思政"是将价值观的塑造放到专业知识中，着眼将"思政寓于课程"的"课程思政"理念出发，阐明"课程思政"如何在人才培养的实践环节上打破价值教育与知识教育的断裂，如何在"授业"中实现"传道"。韩愈在《师说》中提出，"师者，所以传道授业解惑也"，把"传道"放在第一位，在他看来"道"比"术"更重要，师者要做到以道驭术。对于学生而言，在接受知识传授之外，要把价值观引导转化为改造客观世界和主观世界的思想武器，转化为学生内在人格的塑造形成，从而培

---

① 杨国斌、龙明忠：《课程思政的价值与建设方向》，《中国高等教育》2019 年第 23 期。

养青年学子拥有高尚的人格、丰富的学识以及必备的能力。具体是指，从学校专业知识中挖掘特色传统文化、专业历史底蕴，体现社会制度变革、描述党和国家取得成就，通过党史中思政资源、激发大家家国情怀，将社会主义的核心价值观量化成可观测、可操作的具体指标融入到教学过程中。比如，农业院校在讲授《森林培育学》课程造林树种选择章节时，可从"绿水青山就是金山银山"作为切入点，通过讲述塞罕坝几代人护卫京津，不畏严寒，坚守坝上的生动故事，引导学生在学习"适地适树"专业知识的同时，体会老一辈塞罕坝林业工作者的奋斗精神，诠释"绿水青山就是金山银山"的生态理念。在讲授《数字农业技术》全球定位系统及其应用章节时，可讲述全球卫星导航系统的发展历史和特点，引入我国自主研发的北斗卫星导航系统的迅速发展及重要意义的案例，使学生看到国家科技的快速发展并引以为豪，激发学生独立自主的精神和创新能力，肩负起科技强国的使命和责任。课堂上，学生们收获的是知识和思想，同其他知识和专业技能共同建构起知识体系，老师们收获的是情怀和精神。

实现价值教育与知识教育的结合，寓价值观于知识教育之中，一方面，要将教学与育人相结合，用教学改革回应意识形态的要求，用各类课程的价值观作引导，帮助学生建构世界观、人生观和价值观。另一方面，尝试探索出"课程思政"与高校人才培养深度融合的路径，包括构筑全面嵌入"课程思政"的人才培养体系、打造全面融入"课程思政"的人才培养环节以及明晰全面蕴含"课程思政"的考核评价标准，从学理上总结出"课程思政"融入高校人才培养路径的一般规律。

二、显性教育与隐性教育相统一

高校系统推进"课程思政"建设工作和思想政治理论课改革，改进其路径、方法，有助于推动用习近平新时代中国特色社会主义思想来铸魂育人，有助于牢牢掌握意识形态话语权和主导权。这既是加强高校思想政治理论课建设的实际需要，更是各类课程培养中国特色社会主义事业合格建设者和可靠接班人的切实需要。思想政治理论课是落实立德树人根本任务的关键课程，是一种具体课程，它属于显性教育。"课程思政"则是指除思想政治理论课之外，全部的专业课程、素养课程、实践课程，都需要发挥其育人功能的新理念，它属于隐性教育。探索在新时代背景下建立思想政治理论课显性教育与各类课程同向同行的隐性课堂统一理念，共同构成思政教育渗透课堂教学全过程，实现协同育人。

其他课程与思想政治理论课同向同行的"大思政"格局，对思想政治理论课的"主渠道作用"和"课程思政"隐性教育都提出更高要求。要充分利用好课堂教育教学主渠道，包括思想政治理论课堂和专业课程、素养课程、实践课程。学界关于思想政治教育理论课进行了丰富的学理阐释，强调思想政治理论课是高校立德树人的主渠道，学者们对于其意义、原则、内容、形式、路径进行了卓有成效的探索。曾狄、李渊博根据高校"马克思主义基本原理概论"课程中世界观和方法论教育的课程特点，强调"三进"要建立在"不忘初心"、"人民中心"和"领导核心"三个思想原则上。[①] 孟庆义、侯典芹认为要从《形势与政策》课程的现实性出发，在"新"、"旧"知识和国内国际形势的比较中促进中国特色社会主义理论体系的"三进"。[②] 吴爱萍从对学生的思想引领和学生的自我构建方面阐述了如何以"毛泽东思想和中国特色社会主义理论体系概论"推动"三进"。[③] 可以说，目前的研究都依据不同的课程特点，发挥着思政课的主渠道作用，这为本书研究提供了宝贵的经验。

---

① 参见曾狄、李渊博：《"马克思主义基本原理概论"课推动习近平新时代中国特色社会主义思想"三进"应讲清楚的三个思想原则》，《思想理论教育导刊》2018 年第 9 期。

② 参见孟庆义、侯典芹：《〈形势与政策〉与中国特色社会主义理论体系"三进"》，《湖北社会科学》2014 年第 7 期。

③ 参见吴爱萍：《推进习近平新时代中国特色社会主义思想"三进"的思考——以"概论"课为例》，《学校党建与思想教育》2018 年第 3 期。

隐性教育是间接地、润物无声地使受教育者接受教育，达到"有理想、有本领、有担当"的时代新人培育目的。仅依靠思想政治理论课的教育教学，并不能把思想政治工作融入、贯穿教育教学全过程各环节，需要挖掘各门课程中的思政元素，实施课堂质量提升，强化专业课堂与思政课堂的同向同行。在高校教育系统当中，专业课堂以其理论的专业性和知识的技能性，成就了各专业学生的学科归属。因而若能在专业课堂加入价值引领的元素，将会产生集思想教育与知识传授相统一且事半功倍的育人效果，实现与思政课堂世界观引领的同向效果。每门课程都有其独特的学科属性，但所有课程都蕴藏着价值观的育人元素。要整理校园文化和专业课程的育人元素，将大学特质精神和校园文化等融入专业课堂，同时要处理好高校课程的多样性与意识形态的主导性之间的关系，挖掘专业课程自身的价值资源，强化专业课堂的思政素材所承载的育人功能，实现专业课堂与思政课堂的同向同行，在价值引领中构建学生的知识体系。

坚持显性教育和隐性教育相结合，是推进习近平新时代中国特色社会主义思想武装大学生头脑的重要举措，是高校进行思想政治理论课改革的迫切需要，同时也是新时代培养社会主义建设者和可靠接班人的现实要求。高校"思政课程"和"课程思政"工作的重要性决定了需要完善教育教学课程体系并且发挥实效性。要在教育教学改革中，继承发扬显性教育的优秀做法，加强隐性教育实践探索，在制度上、思想上和具体实践中，共同推进这二者走向互补、统一、交融。

三、理论教育与实践教育相统一

农林院校开展好"课程思政"工作，是党和人民的一项重要事业。要把思想政治工作贯穿教育教学全过程，推进其他课程与思想政治理论课同向同行、形成协同效应。这些重要理论创新，对新时代思政育人提出了更高的要求，指出了明确的方向。同时，随着各级各部门实践育人工作意见等相关文件的发布，我国对高校实践育人的目标也越来越明确。但在高校思政教育领域，实践育人工作依然处于探索阶段。一方面，各高校实践育人工作水平参差不齐，"灌输式"、"填鸭式"的思政教育模式和理念依然存在，实践育人的质量和成效有待提高；另一方面，高校思政教育教学改革研究重理论轻实践，导致其实践教育的体系探索实施面临着一定困难。

探索农林院校"课程思政"坚持理论教育与实践教育相统一，是马克思主义认识论的根本要求。理论教育与实践教育相统一，源于马克思主义内在地解释世界与改造世界的根本功能，也是"课程思政"的根本要求，体现在课程思政教育教学体系改革的全过程各环节。马克思主义本身特性就是理论与实践相统一的发展，"课程思政"是传承马克思主义的具体措施，必然要逐步深化对课程思政的理论认识，形成生动实践，结出可喜硕果。习近平总书记多次强调，学习党的创新理论要做到学思用贯通，知信行统一。马克思主义认识论指出，实践是检验真理的唯一标准。实践环节既是对理论认识的验证，又反过来强化理论，两者相辅相成。鉴于此，"课程思政"实施既要借助具体理论，又要推进其工作过程的系统性。本书就是以构建可行的新时代农林院校课程思政教育教学体系为研究对象，通过分析、研究"大思政"背景下高校课程思政育人的理论、特点、规律，直面现实问题，根据高校课程思政实践育人的载体和特色，针对当前存在的问题和不足，围绕"立德树人"根本任务，把理论和实践相结合，构建各类课程与思想政治理论课的同向同行、理论和实践相结合"大思政"视野下的高校课程思政教育教学新模式，真正把学生价值引领工作落细落小落实。

农林院校"课程思政"坚持理论教育与实践教育相统一，是构筑全面嵌入"课程思政"的人才培养体系现实需求。从国内研究现状来看，以高校"课程思政"实践育人为研究主题的论文著作并不多。研究人员的主要关注点多集中在理论问题，涉及对"课程思政"的概念界定和具体价值，包括研究对象、基本概念范畴、内容架构等，研究内容涉及讨论高校思政教育实践育人基本的理论研究视角，包括全员育人的观念、问题、模式、价值等。研究不足在简单阐述、论述居多，真实客观的实证研究较少，可示范、可引领、可推广的指导操作的成果不多；研究程度不深，没有形成以"大思政"格局为核心的体系。一般而言，一种理念引领下的人才培养路径包括设计、实施、反馈三个层次。"课程思政"融入高校人才培养的路径，要努力破解"孤岛式"的思想政治工作局面，从实践上实现课程教学与思政教育协同育人。而全面嵌入"课程思政"的人才培养体系是"课程思政"融入高校人才培养的宏观指导和实践前提。要研究并总结全面嵌入"课程思政"的学科体系、教学体系、教材体系、管理体系，同时注意与传统意义上的学科体系、教学体系、教材体系、管理体系进行对比研究，致力于突出全面嵌入"课程思政"的体系创新，形成融通合力，构筑"大思政"格局下的"课程思政"人才培养大体系。

农林院校"课程思政"坚持理论教育与实践教育相统一，要完善"课程思政"建设平台，完成由知识体系向价值体系的现实转化。通过"课程思政"使习近平新时代中国特色社会主义思想不管是"进教材"还是"进课堂"，最终都是为了进学生头脑。可以说，依托"课程思政"发挥课堂的主渠道，依托思政元素发挥专业课堂的隐性育人功能，理论就能够以其彻底性说服人。同时，理论是用来指导实践的，只有在实践中完成理论的检验和更新，才能内化成自己的思维方式和价值规范，才能将知识体系转化为自己的价值体系，也才能够使精神力量转变成物质力量。因此，要开辟实践活动的第二课堂，依托课程思政名师工作站、学生志愿服务队、技能训练、就业创业等平台，从理论依托的纵向维度阐述实践教育的理论指导和理念引领，实现学生由知识体系向价值体系的现实转化。

第四节 课程思政教育教学体系
改革的层次分析评价

"课程思政"作为一种教育理念、工作路径和制度安排，是构建各类专业课程与思想政治理论课程同向机制的必然选择。在课程思政建设实践中，高校应从目标、制度与要素出发，对政治性指标进行层次分析来设计课程思政切入点，从课程、教材、学科、党支部、队伍、资源、保障、监督等关键因子出发不断推进课程思政教育教学改革。

准确把握"课程思政"工作体系的切入点，是构建"课程思政"教育教学体系改革的关键所在。课程思政作为新时代高等教育的育人理念，需要作为一项制度和系统过程进行分析评价。"而如何找到这个系统工程的不同层次的突破口，找到切入点，是统筹考虑和整体推进的前提。"[①] 本书从探索课程思政教育教学改革评价体系现实意义的角度，选择了层次分析法（简称 AHP），即一种定性与定量结合的建立数学模型的方案排序比较方法，使用层次分析法的技术支撑，构建教育理念、工作路径以及制度安排三个组成的课程思政教育教学改革优化评价体系模型，从宏观层面实现从点到面的相关性指标的评价与排序，从微观角度在目标、准则和要素层面一目了然建立各执行元素间层次梳理与模型建构，进一步把握各要素的职责作用，为今后课程思政教育教学改革提供专业性、层次性、数学性的可量化参考。

层次分析法在 20 世纪 70 年代中期由美国运筹学家托马斯·塞蒂正式提出。层次分析法是一种将与决策总是有关的元素分解成目标、准则、方案等层次，在此基础之上进行定性和定量分析的决策方法，是多属性、多指标的综合评价方法，广泛应用于与决策相关的各个领域，适合于具有分

---

① 孙朝阳：《层次分析与改革实践：课程思政切入点设计的三个维度》，《河北大学学报（哲学社会科学版）》2020 年第 6 期。

层交错评价指标的目标系统，而且目标值又难以定量描述的决策问题，也是当前评价方法研究的主流方向①。课程育人的层次分析需要对课程教育教学所涉及的各环节关键因子进行找寻，然后在研究路径上对关键因子进行分层。然而在实际操作过程中，受到学校实际、教育政策、办学层次、学科特点等不同层面因素左右，课程思政教育教学体系有效性评价的影响因素多、层级权重值繁琐。当前学界进行课程思政教育教学体系研究对象关键要素主要集中在制度层面②、政策要求③、学校实际④、保障措施等关键环节因子。本书结合农业院校"课程思政"建设实施现状，把"党支部"因子添加到制度层次上，实际操作中解决本问题是以课程、教材、学科、支部、队伍建设等诸多因素为突破口。由于课程思政育人的多样和复杂，所以本书主要设置课程教育教学过程中相应考核评价所涉及的育人因素，不再单独设立方案层，不同层次学校根据实际情况改变可变量的因子，从而形成不同学校的判断矩阵，完成课程育人目标、制度与要素之间的实效评价。

一、目标层：优化务实有效的课程育人体系

本书中基于层次分析法的课程思政教育教学体系优化建构模型是由三个层次组成的。按照层次分析法要求，构建不同层次与实际研究项目复杂性密切相关，由于不同学校可量化变量因子不同，本书中搭建了四级量化

---

① 参见苏小菱、洪昀：《基于层次分析评价模型的课程思政有效性评价探索》，《教育教学论坛》2020 年第 22 期。

② 参见史巍：《论以"课程思政"实现协同育人的关键点位及有效落实》，《学术论坛》2018 年第 4 期。

③ 参见周小花：《"课程思政"教学改革探究——以社会调查和统计课程为例》，《河南教育》2019 年第 12 期。

④ 参见吕春艳：《供给侧改革视角下高校思想政治教育改革的路径探索》，《广西教育学院学报》2017 年第 3 期。

指标，第四级指标可改变替换，因此没有进行决策矩阵的计算，也就没有勾勒出最后的方案层。各不同农林院校可按照自身情况设置第四级指标，带入模型进行方案层计算。同时由于课程思政准则层关键因子太多，本书将准则层做了进一步下设，设置了子准则层。

习近平总书记强调："人才培养体系涉及学科体系、教学体系、教材体系、管理体系等，而贯通其中的是思想政治工作体系。"[①]因此，课程思政是新时代的一项教育理念和制度要求，需要明确评价维度与要素，需要从思政教学和学科、教材使用、工作队伍建设及管理体系入手，需要从工作机制与制度安排等层面引导课程思政教育教学改革方向。所以本书模型的目标层是，优化务实有效的课程育人体系，得到科学严密的课程育人评价结果，使得思政课程与课程思政同向同行。

在设立目标层时，就要考虑怎样在教育教学各环节融入思政工作，怎样把各学科思政元素发掘出来，怎样通过基层党支部发挥堡垒作用，怎样发挥思政课教师理论优势，加强对专业教师进行意识形态、形势政策、理论热点等内容学习辅导。教育部发布的《高等学校课程思政建设指导纲要》明确了课程思政建设的目标要求和内容重点，提出了加强课程思政建设组织实施和条件保障[②]。以上这些内容都将以准则层存在，都对农林院校课程思政建设推进提出了更为具体的目标和任务。

二、准则层：理念、路径、制度中关键因子指标

教育部在《关于加快构建高校思想政治工作体系的意见》中提出要贯通学科体系、教学体系、教材体系和管理体系，其中特别强调"办好思想政治理论课"、"全面推进所有学科课程思政建设"、"打造高素质思想政治

---

① 习近平：《在北京大学师生座谈会上的讲话》，人民出版社 2018 年版，第 10 页。
② 参见孙朝阳：《层次分析与改革实践：课程思政切入点设计的三个维度》，《河北大学学报（哲学社会科学版）》2020 年第 6 期。

工作和党务工作队伍"、"加强基层党的建设"和"强化工作协同保障"，这几条重要要求从主要载体、渠道和保障上为"课程思政"找到了精准的发力点①。而通过对文献的回顾，我们发现，学术界对"课程思政"进行了大量的理论和实证研究，为进一步深入研究打下了基础。然而，学术界关于高校"课程思政"层次分析的研究尤其是从总结普遍经验的角度研究"课程思政"教育教学体系改革质量评价的很少。

"课程思政"建设的主渠道为课程，也是进行层次分析的关键载体。结合课程思政教育教学特点和实践需要，高校人才培养环节主要包括"教"（教师教学理念）、"学"（工作实施路径）、"管"（学校制度）三个方面，通过"课程思政"全面融入"教"、"学"、"管"各个环节各个方面。所以，课程思政实施要以专业课程和综合素养课为主，探讨如何在教学目标设置上实现政治性与学理性的统一、如何在教学内容布局上实现知识性与价值性的统一、如何实现在理论教育与实践教育上的统一。因此本书将准则层设定为教学理念、工作路径、制度三个维度。

沿着以"课程承载思政"、将"思政寓于课程"的"课程思政"的理念出发，阐明"课程思政"如何在人才培养的实践环节上打破价值教育与知识教育的断裂，如何在"授业"中实现"传道"，这就要求我们要研究如何将"课程思政"全面融入专业课程和综合素养课各环节，同时需要注意的是综合素养课不仅包括通识知识的传播，还要涵纳实践技能的提升。这就要求有意而无痕地把思政元素全面融入"课程思政"的教学环节，实现教育润物细无声的教育目的。如何在教学理念、工作路径、制度三个维度下构筑全面嵌入"课程思政"的人才培养体系，就需要研究"课程思政"的学科体系、教学体系、教材体系、管理体系，在嵌入"课程思政"的人才培养体系框架下全面梳理学科体系、教学体系、教材体系、管理体系，致力于破除各个微观体系的分化，形成融通合力，构筑"大思政"格局下

---

① 参见孙朝阳：《层次分析与改革实践：课程思政切入点设计的三个维度》，《河北大学学报（哲学社会科学版）》2020 年第 6 期。

的"课程思政"人才培养"大体系"。制度安排是人才培养路径的重要保障，同时基于"'课程思政'融入农林院校人才培养"是一个复杂的过程，其育人成效亦是多方合力作用结果的现实考量，面向"教""学""管"等不同主体探讨可操作的量化评价指标，研究定性与定量相融合的"课程思政"育人评价标准。因此课程思政教育教学改革体系中影响因素较多，也就造成了本书中三个准则层对应的子准则层内容较多。教学理念准则层下面构建专业教育与价值引导相统一的理念、显性教育与隐形教育相统一的理念、理论教育与实践教育相统一的理念三个子准则层；工作路径准则层下面构建课程建设、教材建设、学科建设三个子准则层；制度安排准则层下面构建保障制度、监督制度、评价制度三个子准则层。

三、要素层：依据农林院校实际可替换的量化指标

新时代农林院校课程思政教育教学体系的第一个重点是构筑包括学科体系、教学体系、教材体系与管理体系在内的全面嵌入"课程思政"的人才培养体系。这一重点不仅需要将"课程思政"嵌入各个具体体系，而且强调各个具体体系的融通，形成人才培养体系的复合结构。这也是"课程思政"融入高校人才培养路径的顶层设计。从体系的整体架构上来描述，课程、教材、学科、队伍、党支部等关键要素的设计，决定着"课程思政"全面融入"教""学""管"学校人才培养的具体环节。无论是教学、学习还是管理环节，"课程思政"的融入方式、融入程度以及融入成效都非常重要，直接关系到最终的实施效果。因此，依据农林院校实际可替换的量化指标（关键要素）是研究"课程思政"融入高校人才培养的实践路径的关键所在，必须予以充分重视。

课程建设是关键。以"立德树人"为根本指向，坚持马克思主义教育观为指导，遵循思想政治教育的内在规律，坚持理论与实践相统一的原则，对"课程思政"融入高校人才培养方案进行设计，使得"课程思政"

融入所有课程，力求实现知识传授、价值塑造和能力培养三者合一的教学目标。在实际实施中，需要通过优化课程结构、开设特色类课程、示范性课程建设来量化，充分发挥课程建设作用加强主流意识形态引导，培育社会主义核心价值观，推进高校课堂教学价值教育和知识教育协同发展、隐性教育和显性教育同向同行。因此在本书层次分析模型课程建设的核心部分，遵循可设计、可量化的思路，设置了优化课程结构、开设特色类课程、示范性课程建设三级指标准则层模型，就全面嵌入"课程思政"的人才培养环节（路径）展开系统研究。

教材建设和学科建设是主要抓手。推进课程思政教育教学改革同时需要规范的教材体系建设。课程思政教材建设要遵循青年学子的认知水平，要坚持政治站位，坚持正确的价值追求和理想信念，体现学术创新，实现知识传授、能力培养与价值引领的有机统一，进而以教材建设开拓教师视野，提高教师水平和能力。可见，教材建设实现创新性和高质量，是教学改革的重要环节。教材建设和学科建设紧密相连。课程思政教育教学改革应该在课程建设具体实施，通过教材建设传递教学理念和思路，使得在学科建设中发展。"学科体系建设上不去，教材体系就上不去；反过来，教材体系上不去，学科体系就没有后劲……要抓好教材体系建设，形成适应中国特色社会主义发展要求、立足国际学术前沿、门类齐全的哲学社会科学教材体系"。[①] 课程思政根据不同学科特点挖掘育人元素，用课程思政建设进程来推动学科建设向前沿发展，学科建设又反过来支撑课程思政建设发展，两者相辅相成、互为一体。本书在课程、学科、教材建设中设置了教材编写、完善人才培养方案、制定学科发展质量标准、强化学科支撑这些三级指标准则层模型。

保障制度、监督制度和评价制度是课程思政教育教学改革路径的重要组成部分，也是进一步优化人才培养体系的重要手段。本书遵循课程思政

---

① 《习近平谈治国理政》第二卷，外文出版社 2017 年版，第 345—346 页。

制度安排的内在规律，按照明确评价标准列出自准则层下保障制度、监督制度和评价制度三个二级指标。二级指标下有队伍培养、党支部、资源建设、监督管理机制、评价考核情况等三级指标。教师是课程思政建设的主要力量。习近平总书记指出："要引导教师把教书育人和自我修养结合起来，做到以德立身、以德立学、以德施教"。[①]"课程思政"实施中，农林院校所有教师作为直接实施者和参与者，应该在每节课的教学内容提炼出思政元素。这就需要学校通过评选课程思政名师、推选教师进修、开展课程思政培训、开设名师工作站等措施，来提升教师认识，培养教师能力。这其中，要发挥党支部的引领作用。首先，党支部必须要把好政治关，发挥好战斗堡垒作用，通过组织教师集体备课，开展支部会议讨论课程思政、组织编写课程思政案例等形式，坚持让有信仰的人讲信仰，让教育者先受教育。其次，要严把教师入口关，注重新进教师的政治品质和业务能力考核；建立健全培训体系，通过岗前培训、课程轮训、校外研修等措施，着力提升教师教学能力和水平。学校要通过实行监督管理机制，制定评价与考核标准、运用教学质量评价体系，来监督评价课程思政体系，总结学校"课程思政"育人工作中的经验和不足。

四、基于层次分析法的课程思政教育教学体系优化

根据上面章节分析的课程思政教育教学体系优化模型的构建意义和农业院校体系建设的现状，本书基于层次分析法对课程思政教育教学体系进行了建模优化，针对准则层设计了理念、路径、制度三个维度。在准则层中下设二级指标，形成子准则层，子准则层下又提取了四级可量化指标来对课程思政教育教学体系优化，对课程思政的各个环节给出了量化评价，实现了课程思政教育教学改革实施过程的优化评价。

---

① 习近平：《在北京大学师生座谈会上的讲话》，人民出版社 2018 年版，第 9 页。

（一）课程思政教育教学体系优化的结构模型

本书提出的课程思政教育教学体系优化模型将从理念、路径、制度三个维度设计了分层评价指标。在目标层、准则层和子准则层以及第四级可量化指标层，建立优化层次模型过程中，通过网络问卷、个别访谈、田野调查等途径对各校"课程思政"育人的实践进行多角度、全方位的分析研究，参考了众多不同层次农林院校课程思政教育教学的实施过程数据。不同农林院校可根据本校实际情况，对四级可量化指标进行不同的修改，并进行初始权重分配，对课程思政教育教学体系中的指标进行量化、优化和验证，因此本书没有进一步建立方案层。各学校可根据自己学校情况，带入四级可量化指标，构建判断矩阵，得出课程思政教育教学体系方案层相

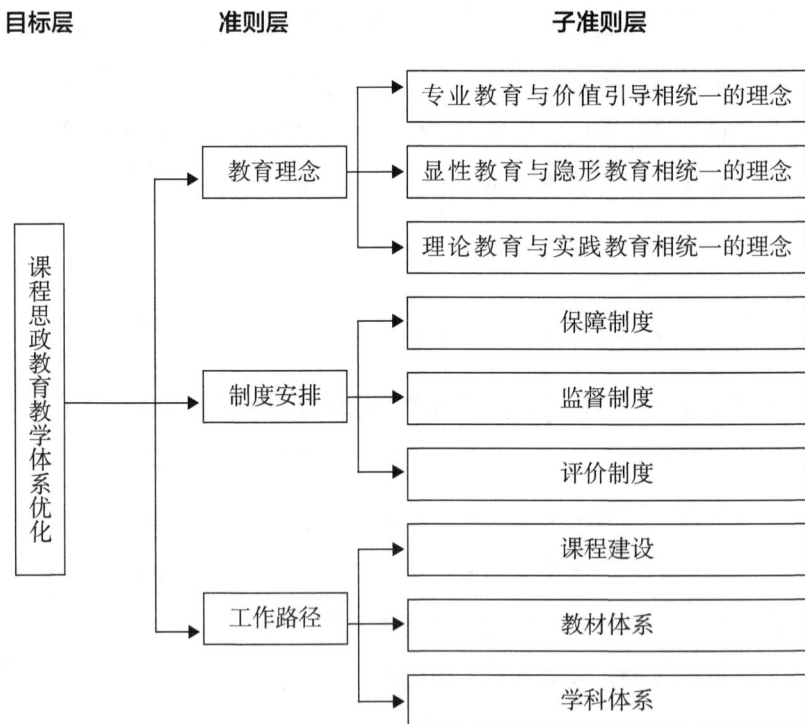

图1　课程思政教育教学体系评价层级模型

对权重，从而获得完整的、有效的、多维度的优化评估数据。上面图 1 所示为本书构建的课程思政教育教学体系评价层级的基本结构。

（二）构建适用于课程思政教育教学体系优化的评价指标

1.教育理念层面的重点评价指标

教育理念准则层的评价指标分析，是课程思政教育教学体系过程中的指导环节。教育理念的认可、贯彻和落实是学校顺利开展课程思政教育教学改革的根本保证。教育理念层面的评价指标主要从专业教育与价值引导相统一、显性教育与隐形教育相统一、理论教育与实践教育相统一三个角度进行了设计，通过农业院校课程思政教育教学改革现状获取具体指标值。各层级评价指标如下表所示。

表 1　教育理念准则层评价指标体系

一级指标	二级指标	三级指标	四级可量化指标
教育理念	专业教育与价值引导相统一的理念	教学理念	课程思政案例编写数量
			单位学时使用思政元素点数量
	显性教育与隐形教育相统一的理念	教学理念	每门课中思政元素隐形点数量
	理论教育与实践教育相统一的理念	育人理念	学生专业技能比赛参与率
			学生专业技能比赛获奖率
			平时成绩占比
			专业实践课程学时数

2.制度安排层面的评价指标分析

制度安排准则层的评价指标分析，是确保课程思政教育教学体系优化的关键。该部分的评价指标分析主要从保障制度、监督制度、评价制度三个子准则层设置了具体指标，并下设四级可量化指标。制度安排准则层评价指标如下表所示。

表 2　制度安排准则层评价指标体系

一级指标	二级指标	三级指标	四级可量化指标
制度	保障制度	队伍培养	是否评选课程思政名师
			教师进修人次
			年度课程思政培训数量
			名师工作室数量
		党支部	党小组年度讨论课程思政会议数量
			党小组组织编写案例课程数量
		资源建设	课程思政案例编写数量
			是否搭建课程教学平台
			开设课程思政专项课题数量
	监督制度	监督管理机制	课程思政监督管理机制是否运行
	评价制度	评价考核情况	是否制定评价与考核标准
			是否使用教学质量评价体系

3. 工作路径层面的评价指标分析

工作路径准则层的评价指标分析，是课程思政教育教学体系优化中的主体层面，该部分的评价指标分析从课程建设、教材建设、学科建设三个子准则层进行了构建，下面设置了优化课程结构、教材编写、完善人才培养方案等三级量化指标。工作路径评价指标如下表所示。

表 3　工作路径准则层指标体系

一级指标	二级指标	三级指标	四级可量化指标
路径	课程建设	优化课程结构	基础课程与专业课程比例
			理论课程与实践课程比例

续表

一级指标	二级指标	三级指标	四级可量化指标
路径	课程建设	开设特色类课程	特色类课程数量
			创新创业类实践课程数量
		示范性课程建设	一流课程数量
			课程思政示范课开设数量
	教材体系	教材编写	编写省部级规划教材数量
			编写国家级规划教材数量
			教材获奖数量
	学科体系	完善人才培养方案	教育部课程思政建设指导纲要出台后是否修订人才培养方案
		制定学科发展质量标准	是否制定课程思政学科目标
		强化学科支撑作用	进行交叉学科融合的课程数量

第三章　课程思政教育教学的课程建设

　　课程作为教育教学活动得以完成的重要介质，是高校人才培养体系最基本的单元和最基础的载体，影响着高校立德树人目标的实现。课程之于教育教学的重要地位，使得课程思政建设成为提升高校教学水平和实现立德树人目标的重要支撑。为切实提升立德树人成效，优化人才培养效能，教育部发布《高等学校课程思政建设指导纲要》，明确提出高校思想政治工作建设要抓住课程建设这个"主战场"。这就从高校思政建设方法论的战略高度，明确要求将思政理念和思政元素合理嵌入高校全部课程以及教学全部场景，实现思想政治教育在高校课程的全覆盖。

第一节　优化课程体系

　　一般而言，优化高校课程体系是增强高校人才培养效能的重要因素。而体系之所以能够成为体系，就在于它是各个环节、各个层次、各个方面的有效性融合。课程体系是包括课程观念、课程目标、课程内容与方式、课程结构等在内的综合系统，直接影响着学生知识体系、能力体系和素质体系的建构。另外，优化课程体系背后的逻辑是对于学科体系、教学体系、育人体系的重新审视和有效梳理，是对于教学活动和课堂活动的实践反思和有效调整。课程体系是否呈现最优化的状态直接关系到教学活动能否有效开展以及教学活动有效开展所形成的育人效果能否得以保障。因此，优化课程体系是课程建设的重要基础，也是课程思政教育教学改革的题中应有之义。

一、更新课程理念

课程思政是高校通过课程来实现育人目标整体观念和系统工作制度安排，它贯穿于课程体系建设的始终。从理论逻辑上讲，课程思政不仅仅是一种指向高校全课程育人的系统性课程观，同时也是以课程建设为媒介，在主体维度上发挥全员合力、在时间维度上实现全过程育人、在空间维度上实现全方位育人的思想政治工作格局。换言之，就课程思政对于课程建设的理念改革要求而言，课程建设和体系优化是系统性课程观与"三全育人"思政观的有机融合。

（一）课程建设指向整体课程观

课程思政的课程建设指向整体课程观，强调的是在立德树人目标实现过程中高校课程的全覆盖。课程思政不依赖于某一门课程，也不依赖于某一类课程，它指向的是高校开设的所有课程，是对于高校课程建设的整体性思路和系统性观念。目前的研究表明，课程思政并不是重新增加一门课程，更不是额外添加一种活动，而是主张实现思想政治教育在教育教学各环节的合理融入，于常态化专业教育和通识教育之中达到育人功能。课程思政主张各类课程包括通识课、专业课、实践课等，都要承担起育人使命，要将思政育人、德性之教基于课程特点融入到教学活动之中，"守好一段渠、种好责任田"。需要注意的是，课程思政对所有课程的全覆盖，以及育人理念在各个阶段的总贯穿，并不意味着课程思政要无差别、同等化地应用于各门各类课程。众所周知，学科体系设置的专业化和学科责任分割的精细化使得思政场域在专业课程教育教学活动中严重缺失，而专业课又是学生学习的主要方面，这就使得拓展高校思想政治工作途径、强化专业课程的育人功能成为课程思政建设的现实驱动。但是各类课程所包含的育人元素也形态各异，对于价值塑造的能力也不尽相同，因此各类课程在推进课程思政建设过程中应该有主次之分，而不应该是同质化、统一化的过程。

（二）课程建设指向"三全育人"思政观

课程思政的课程建设是贯穿于全员、全方位和全过程的"大思政"格局。课程思政作为一种理念，不同于以往仅仅通过思政课引领学生价值取向、实现育人效果的"孤岛"局面，主张各级各类课程的协同育人。这种观念一方面涉及课程体系内部思政课程与其他课程互相配合和相互联动。要发挥思政课的主渠道和主阵地作用，实现思政课程、专业课程和其他同时课程的同向同行，要帮助各类课程教师改变以往单纯进行知识传授的教学活动方式，打破"育人仅是思政课责任"的传统观念，将知识传授与价值引领相结合。另一方面也涉及高校课程育人与其他育人途径的联动效应。课程思政的具体实施是各职能部门、各育人主体全员参与的过程，是增强高校思想政治工作系统性成效的过程。需要注意的是，"大思政"格局并非将"思政"泛化，并非将所有课程"思政化"，不是在专业课程、通识课程等其他课程之中加上思政课的教学内容和理论内容，而是"在方向上旗帜鲜明，方法上润物无声"①，也就是说在坚持正确方向、保证专业教学水平的基础上，在尊重课程发展规律、学科专业逻辑的前提下，实现思政资源和思政元素的合理嵌入、有机融合。

二、完善课程标准

课程标准是涵盖课程性质、课程目标、课程内容乃至落实建议等方面

---

① 宋学勤：《课程思政拓展新时代思政建设空间》，《中国教育报》2020年11月12日。

在内的教学指导性文件，反映的是国家对于学生学习成长结果的期望。课程思政作为一种理念，是通过设置科学的课程标准来推动教学活动展开的。尤其对农科院校来说，将思政育人寓于知识教育之中，培养符合社会主义接班人要求的时代"新农人"，不仅是新农科教育的逻辑起点，也是高等教育的内在旨归。

（一）突出课程的价值标准

课程思政强调的是课程本身的育人价值，要发挥课程本身蕴含的育人元素，使得课程学习不仅仅局限于知识的掌握和概念的习得，也是进行知识迁移的思维运演能力和进行知识运用的实践运转能力，更是通过思维的独立判断和实践的反复验证而形成对社会发展方向的内心信念和价值认同。因此无论是专业课程的讲授还是通识课程的普及，都要以更加长远的视角去审视课程这一教学环节的发生过程和其背后的育人使命。

农林院校的育人目标要遵循"为谁培养人"逻辑起点。就课程思政的实践方式而言，它是以构建科学的课程体系为依托创新思想政治工作的新模式和新方法，要解决的是"培养人"的问题。"培养人"的实践作为一种指向育人的对象性活动，是教育者与受教育者主体性表达的过程，其内在的价值逻辑是"为谁培养人"和"培养什么人"的根本问题。课程思政依托于课程内在蕴含的价值元素，为农林院校的课程体系建设提供了有利的价值支撑。农林院校的课程体系建设要围绕"为谁培养人"的价值目标，满足国家发展对于农林人才的客观需要，要摒弃"价值中立"的抽象观念，培养社会主义建设可靠的接班人和建设者，培养新时代农业发展需要的新型农业人才。

农林院校的课程建设要坚持正确的意识形态立场。农林院校课程思政的实施是在新农科改革和新时代高校思想政治教育内涵式发展的综合作用之下，对思想政治工作的理念思路创新和方法模式创新。创新不能偏离课程建设自身的价值遵循，在课程建设与教学活动中，要坚持正确的价值立场和政治方向。也就是说相较于从某一个问题或者某一门课的角度完善课程体系，课程思政更加强调在调整设计课程方案和组织实施教学活动的过程中，立足于培养新时代农林新才，立足于推进中国特色社会主义的伟大实践，立足于树立中国特色社会主义共同理想，立足于中华民族伟大复兴的时代使命，在方向原则上把好"政治关"。但是课程的"思政味儿"不代表所有课程的每一个知识点、每一次活动、每一个问题都在讲意识形态，而是从原则和方向上为课程建设提供更高的站位、更深的关怀、更新的思维和更广的视野。

（二）拓展课程的育人维度

新时代农林院校加强课程思政改革是与农林院校贯彻新农科发展理念内在契合的，两者共同指向培养社会发展需要的人才，尤其是新时代的农林新才。农林新才所具备的人才素质并不是一个抽象的概念，习近平总书记强调："培养社会发展所需要的人，说具体了，就是培养社会发展、知识积累、文化传承、国家存续、制度运行所要求的人。"[①] 这不仅从宏观维度指明了课程思政的努力方向，也从微观维度将课程思政对于人才培养的具体要求落到了实处，使得课程建设有了实施抓手。

其一，要培养学生的思想道德涵养。高等教育旨在立德树人，"树人"指向所立之"德"。高等教育承担的使命不仅仅是专业知识的传承，也是思想品德的涵养，大学生处于各方面能力尚未成熟但趋于成熟的阶段，其学识、人格、信仰亦处在臻于完善的过程之中。他们的人生价值与意义需要在不断地反思过程中得以"解蔽"，而不仅仅是滞留于概念层面。所谓反思是哲学上的批判性思维，是独立思考的判断能力，而这种判断力是在主体追求真理的过程中，不断对已有知识体系进行逻辑重组，对新知识进行消化吸收，从而形成的亚里士多德所说的"理智的德性"和"道德的德

---

① 习近平：《在北京大学师生座谈会上的讲话》，人民出版社 2018 年版，第 5 页。

性"——这两者都指向人的道德涵养。而这种基于理性思考的良善、带有确定性知识体系和在不断社会化过程中所形成的思维能力，集合于主体一身就成为个体求知、向善的前提条件。

其二，要培养学生的社会认同。课程思政不仅仅在于帮助学生树立符合社会发展方向的情感和道德，也需要帮助学生解决个体与群体之间的关系问题，实现小我与大我的协调，帮助学生实现从个体走向共同体，从种族归属、社会认同走向个人与国家的协调，这就需要作为学习主体的学生从不同的学科、课程进行分门别类的学习。同时，也需要学科、课程和专业在逐渐精细化发展的过程中不能把学生局限于狭窄的单纯的"专业学习"，更需要关注学科的内在价值意蕴，培养学生成为更具情怀和视野的高素质的"人"。学生对于国家和社会的认同是在解决"时代性问题"的过程中逐渐增强的，那么如何运用新的理论解释时代性困惑、解决时代性难题也是思政课程之外的其他课程同样应该承担的时代使命。

其三，要培养学生的精神境界。课程思政主张课程建设与教学活动不仅仅停留在知识方面，而要上升到善和美的层面。学科门类的不同、研究内容的差异使得课程所包含的育人资源和所彰显的育人效果也有所不同，但不可否认的是，各学科门类内在价值目标是一致的。

三、重塑课程结构

课程结构指向的是课程目标向教育成果的转化，影响着课程的具体实施，力求实现显性课程与隐性课程、学科课程与活动课程、分科课程与综合课程、必修课程与选修课程的均衡配置、综合发展和有效选择。可以说教育教学改革能否成功，与合理的课程结构紧密相关。课程思政不仅仅是一种理念，也是一种原则，更是一种方法与制度，可以说课程思政为高校课程结构的重塑与调整提供了新的方法论视角。在课程思政理念之下，高校尤其是农林院校课程之间的主次关系如何协调，层次关系如何搭建，课时学分比例如何分配都会从结构层面影响课程建设的推进。而课程体系的结构性重塑是一项具有系统性的整体工作，从纵向发展来看要注意不同阶段课程之间的必要重复和有序衔接，从横向发展来看要注意显性课程与隐性课程的有效交叉和价值同构。总之就是要做好整体设计与安排，实现思政课程、专业课程、通识课程、实践类课程、拓展类课程的有机融合，优化基础课程与专业课程、理论课程与实践课程之间的比例设置，构建"紧密结合、同向同行"的育人格局。

从学习行为发生角度看课程结构重塑过程中的衔接与反复。受教育者的成长学习是一个纵向发展的过程，是从低年级的感性认知发展为高年级理性理解的过程，在不同的成长阶段有不同的学习内容，学生习得知识的过程是一个对于知识体系反复理解的过程，是对知识体系从简单到复杂的系统性内在重构。课程思政的推进需要遵循学生知识习得的阶段性规律，学生成长的阶段性又与以不断深化的知识体系为基础的课程建设的同一性与延续性紧密相关。因此，遵循学生知识习得规律和知识体系自身发展逻辑，就要处理好课程之间的有效衔接和必要反复。课程思政涉及思政课程与其他课程的相互融合，而无论是思政课程还是其他课程，其实施开设都是一个循序渐进的过程，是从"是什么"到"为什么"和"怎么做"的逐渐深入。以农林院校爱国主义教育为例，低年级阶段侧重于将"爱国主义"作为朴素情感和行为规范的教育，同时逐渐通过几代高校农人奉献国家的直接经验、鲜活案例增强学生的感性认识，最后在高年级阶段分析这种实践活动背后的理论逻辑，从而形成对于"爱国主义"的理性理解，帮助学生建构起个体与国家发展之间的关系，将"爱国主义"的理性智慧蕴含在肩负新时代农业发展使命的具体实践之中，成为新时代的农林新才。

从课程呈现方式的角度看课程结构重塑过程中的交叉与融合。按照课程思政课程建设的呈现方式，高校意识形态的课程体系建设分为显性课程和隐性课程。高校思想政治理论课以显性课程的方式承担着意识形态教育的主要责任，其他课程从隐性课程的角度也肩负着育人的使命。换言之，思政课侧重理论建构的意识形态教育，其他课程侧重价值取向上的意识形态教育，两种课程在不同领域通过对育人目标的不同阐释共同作用于受教育者，使得受教育者对同一主题的不同内容形成交叉性理解。而就受教育者而言，无论是显性的意识形态教育还是隐形的价值取向引领，都不是主题上的简单重复，而是在内容延展的过程中形成多维度、交叉性的理性认知。对于学生来说，多维度理解知识内容会形成对于知识体系的交叉性认知，也会相应地产生对于理论、概念的创新性理解和知识性迁移，这就是个体逻辑演绎和形成的过程，是学生自主建构知识体系的过程。①

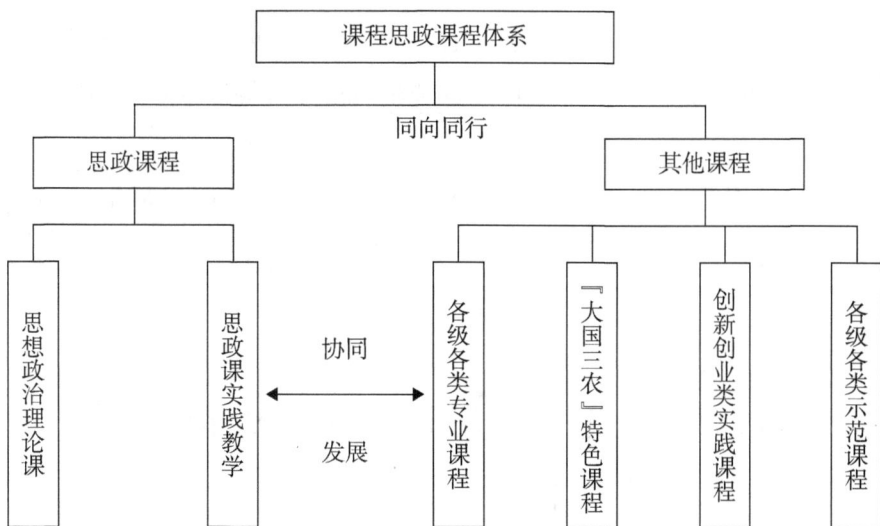

图1 课程思政课程体系框架图

总之，课程体系建设是课程思政教育教学改革推进课程建设的着力点，根据课程思政教育教学的课程建设内容，可以明确课程体系的框架（图1），并且基于该框架，将课程思政课程体系建构为三个层次：一级指标、二级指标和建设内容。其中二级指标是一级指标的着力点，建设内容

---

① 参见周增为：《从课程与教学维度思考思政课一体化建设》，《中国高等教育》2020年第1期。

是二级指标的最终目的。

表 1　课程思政课程体系建设具体内容

一级指标	二级指标	建设内容
思政课程	思想政治理论课	继续发挥思政课课堂"主渠道"作用，打造"2.0 版"思政课
	思政课实践教学	将思政课实践教学与专业课实习、实验结合起来，协同发展
其他课程	各级各类专业课程	将思政元素融入专业课程，将思政实践教学与专业实践活动结合起来
	"大国三农"特色课程	将思政元素融入通识课程
	创新创业类实践课程	将思政元素融入实践类课程
	各级各类示范课程	建设"点—线—面"示范性课程思政教学体系，并且运用"互联网＋教育"思维赋能课程与思政深度融合

第二节　发挥思想政治课主渠道作用

"课程思政"概念在出现伊始，就与"思政课程"存在着天然的联系，目前学界已经对两者进行了充足的学理分析，都认为"课程思政"建设始终无法取代"思政课程"。就讲授的内容和知识的选择而言，"思政课程"中的"思政"突出的是理论引领，要将马克思主义基本原理、中国特色社会主义理论体系，尤其是习近平新时代中国特色社会主义思想核心内容的概念内涵、学理结构、实践要求等以理论引领的方式传授给学生。而"课程思政"中的"思政"突出的是价值引领，是将传统思想政治教育的理论内容，包括马克思主义基本原理及其中国化的实践发展、社会主义核心价值观等与具体的学科教学相结合，将前面所述转化为爱国主义情怀、主流价值观念、社会主体责任、法治观念、文化自信等价值元素，融入到学科建设方案、人才培养目标、专业发展规划中。也就是说，课程思政主张将培养"高素质人才"的抽象概念落实为具体的有人文关怀和价值情感的教学内容，从而在教育实践中从单纯强调"知识教育"转化为实现"知识传授""能力培养"与"价值引领"的有效统一，实现"显性教育"与"隐形教育"的有效融合，实现"理论研究"与"实践探索"的有效转化，实现"统筹推进"与"分类施策"的有效结合。对于农林院校而言，推进课程思政建设不能忽视思政课程的主渠道作用，也就是说思政课程的作用不能削弱，只能加强。那么如何发挥思政课程的作用，实现主流意识形态教育在所有课程的全覆盖，实现核心价值观对农林院校大学生的价值引领，培养新时代的新农人，就成为课程思政建设推进过程中思政课建设的新的实践命题。思政课按照基本的教学方式可以分为理论教学与实践教学两个方面，课程思政理念的提出为思政课的理论课堂教育教学创新和实践教学改革都提供了时代契机。

一、抓住"关键少数"打造农林院校"2.0 版"思想政治理论课

思政课的对象是人、关键是思、重点是政、载体是课。作为高校实现高校立德树人目标的关键课程，思政课程是高校推进课程思政建设的前提。就目前农林院校课程思政的建设而言，大多依据农林院校农业学科传统、务实的办学特色、农林学科师资力量等优势，在包括涉农院系在内的不同的院系和专业之中将课程思政的理念和新农科的育人目标落到了具体的实际工作之中，教育教学改革成效初显。但是学生群体的复杂性使得高校在推进课程思政建设过程中，特别是在主渠道思政课方面的教育教学改革中必须考虑到不同学生群体的差异性，因为即使是农林院校也有农科之

外的文管类、理工类、艺术类专业学生群体，他们的思想政治背景也并不完全相同。换言之，在普遍的课程思政建设实施过程中，需要关注到部分学生对于马克思主义理论学科前沿的理论需求和对于中国特色社会主义实践的现实关注。思政课"大中小"一体化建设的现实与其他全新的专业课程相比，学生的思想政治基础并不是"零"且也不尽相同。出于学生的学习环境和自身成长差异，思政课教育教学改革必须秉承"因材施教"的原则，针对学生中的"关键少数"，包括入党积极分子、学生党员、优秀学生骨干等，打造"2.0 版"的思政课。

　　"2.0 版"思政课指的是在课程思政建设过程中思政课建设的升级版。就其"升级"的教育目标而言，它所培养的不仅是有专业知识能力的专业人才，也是具备政治涵养和领导组织能力的社会主义接班人，是新时代的农林新才。第一，就其"升级"的受众群体而言，基于自身的成长发展规划和能力提升需求，他们对于学校实践活动的参与积极性、对于关乎社会发展的时政问题的关注程度，都与普通同学有所差异，这就使得他们在面对目前针对全校学生开展的思政课教学内容会呈现出"不解渴"的状态，因此需要开展高层次和延展性的"2.0 版"思政课。例如在《中国近现代史纲要》课程教学过程中，"关键少数"意图了解的不仅仅是中国近代史和中国现代史，更需要了解"四史"即党史、新中国史、改革开放史和社会主义发展史，也需要了解中国古代史和世界发展历史，因此需要将现行的思政课进行升级以满足部分学生对于理论的高层次需求，提升农林院校部分学生的人文素养。第二，就其"升级"的教育者而言，课程的建设不仅仅是要满足学生对于理论的需求，而且要有意识地为学科的长期发展和专业的后备军培养贡献力量。也就是说农林院校的教育者要顺应"课程思政"的发展趋势，不仅面向全体学生开展意识形态教育，也需要在包括涉农专业的学生群体中发现和培养马克思主义理论学科后继者。第三，就其"升级"的呈现形式而言，学生中的"关键少数"会形成同辈群体的重要影响力，无论是在传统的第一课堂还是实践的第二课堂，抑或是网络课堂，"关键少数"都会形成较为明显的优秀示范和组织领导，带动和影响着其他学生的自我教育，提升农林院校所有学生的人文素养和政治涵养，这是农林学科专业课程和其他非思政课程并不具备的教学效果。

实际上，"2.0 版"思政课并不需要另起炉灶，可以依托于共青团中央于 2007 年发起的"青年马克思主义者培养工程"，对大学生骨干、共青团干部和青年知识分子等进行更高层次的思想政治教育。以河北农业大学为例，2020 年学校为实现以史鉴今、资政育人而推动"四史"教育，依托"青马工程"学生骨干培训班，针对学校所有专业的学生骨干开设党史课程暨《中共党史专题》课程，通过《〈毛泽东年谱〉导读》《新时代与我国社会主要矛盾的转变》《延安整风与实事求是路线》《古田会议与党的建设》等十三个专题的教师理论讲授和两次学生实践汇报，实现了对于学生群体中"关键少数"的高层次理论灌输和价值引领，也形成了"关键少数"对于其他学生同辈引领的现实效应。

二、结合专业课程实践活动实现思政课实践教学创新性发展

课程思政主张思政课程与其他课程的同向同行，那么思政课程与专业课程的有机融合就成为课程思政建设的有力抓手。

（一）思政课实践教学与专业课程实践活动的内在联系

于思政课本身而言，按照基本的教学方式可以分为理论教学与实践教学两个方面。值得关注的是，思政课的理论教学内容与农林院校学科发展和专业设置的重点领域有内在的契合性，同时思政课实践教学的实践指向形式与农林院校学生重实践、重试验、重操作的教学特点也具有着内在的逻辑共通性。一方面，农林院校涉农学科的专业领域涉及城乡一体化、作

物种植、生态环境保护、林业整体发展、动物养殖、生物技术、食品安全与加工、农业经济发展等一系列政治、经济、生态等多维度的微观问题，这本身也是高校思政课教学内容的重要组成部分。另一方面，农林院校与其他院校的最大区别在于农林学科本科生需要依托课堂学习的专业知识体系深入农林基层开展实习活动，进行实地考察和现场试验，这与高校思政课实践教学的实践向度有着内在的逻辑一致性。

除此之外，农林院校本科生与研究生是国家未来多年农林发展和生态保护乃至生态文明建设的生力军，他们所具备的包括知识视野、人文情怀、精神素养在内的思想政治理论水平的高低直接影响着"两步走"战略安排和"两个一百年"奋斗目标的如期实现。也就是说引领学生将所学所知、所想所思应用于社会发展所遇的时代性问题，尤其是农林发展领域与生态文明建设领域的社会现实问题，不仅适应了新农科教育对于农林新才的理论思维、实践能力、创新素养的期待，符合了新时代农林院校教育教学改革的发展趋势，也进一步激发了农林专业学生对于思政课的学习积极性。因此，农林院校需要重视实践教学环节，在深化理论学习与强化实践教学的过程中，从知识传授与能力培养的角度推进课程思政的建设，在所有课程中融入思想政治教育，同时运用理论与实践相结合的理念，积极引导学生关注国情民情，关注时代发展，形成知农爱农为农的价值观念。

（二）农林院校思政课程建设还存在亟待解决的问题

农林院校思想政治工作成效卓著，在整体统筹方面有学校领导的高度重视，在微观实施层面有相关部门的合作配合和积极参与，比如实施教师能力提升工程、推进教学方法改革、结合农林特色组织社会实践等。但是这并不能否认农林院校思政课的发展还有需要改革的问题。

一是农林院校的思政课建设环境。从历史上看，农林院校作为行业类院校，要培养具备农林基础知识的高、精、专的应用型人才，教学过程呈现出重视应用型科学技术教育和实用性专业技能的特点，学生也更倾向于能够产生实际效益并带来实际收益的技能性学习，同时农林学科实习周期长、实验任务重也导致学生对于思政课的学习观念有待改善。这就使得一些农林院校人文社会科学类的学科专业呈现出较为"尴尬"的局面，在校内有限资源竞争中处于"弱势"而成为边缘学科，无论是在师资结构还是科研成果方面，无论是在课程建设层次中还是学科发展规划里，都与传统农林类学科的发展势头和发展潜力差距较大。

二是农林院校思政课教师的队伍结构有待改进。人才引进是高校师资力量补充的重要方面，而农林高校因其地理位置、科研平台、学校类别、人才待遇等方面缺乏天然的吸引力，同时在学科发展的倾斜力度、教师发展的未来规划、专业发展的整体氛围等方面又不具备有效的影响力，呈现出人才引进受阻的局面，这在很大程度上导致了教师队伍的不合理状况。一方面教师学历层次有待提升，博士学历占比仍然有待加强；另一方面师生配比有待完善，教师数量与学生规模之间的不协调，使得班级容量较大教学效果受到影响。两方面的不合理使得思政课教师因为繁重的教学任务而无法保证科学研究和自我提升的充足时间。

三是农林院校思政课实践教学与农林特色实践活动并未实现有机融合。鉴于农林院校的目前思政环境和教师队伍的客观情况，鉴于学生数量较大与社会接纳能力有限的客观矛盾，思政课实践教学的独自开展具有一定的难度，若能和农林院校传统的特色实践活动相结合，联系农林基层开展思政实践，就能够最大限度地实现能力培养与价值引领的内在统一，这也是农林院校课程思政建设的题中应有之义。

（三）深化农林院校实践教学以推进课程思政建设

农林院校重实践、重应用的特点与思政课培养学生分析解决问题能力的实践导向，是内在统一的，这为思政课程融入专业课程提供了前提支撑。思政课程实践教学与农林学科的专业实践是相辅相成的关系：一方面农林院校农林学科的雄厚力量和科研优势，为思政课实践教学提供了技术支撑，保证着专业知识对于实践问题的实际应用。另一方面思政课教学元素润物无声地融入专业课程，也拓展了农林专业学生的知识视野，引导着学生从具体问题研究的微观层面上升为从系统、多维、客观看待研究对象的宏观层面，加强学生对于社会发展的整体性认识。因此在思政课实践教学与专业课程实践活动的结合中，可以从以下几个方面入手。

1.要突出农林院校的学科专业优势

农林院校的实习外业活动扎根基层，服务基层，思政课实践教学可以根据理论教学内容和专题，结合农林院校的重点学科分布情况，制定实践教学计划。同时在教师划分实践教学模块之后，学生可以根据兴趣或者本专业实习活动，选择不同的实践方向，确定实践主题，开展实践活动。需要注意的是教师在实践活动过程中的作用发挥，主要体现在于活动之前进行组织规划、于活动之中开展有效引领、于活动之后进行总结升华。同时，教师要依托现实问题引导学生以解决实际问题为导向，结合自身的专业知识和调研任务，通过志愿服务、宣讲调研、实地测评等方式深化对基层经济发展的理解，深化对于国家发展战略规划的认知。

2.要加强生态文明建设的教育教学

生态文明建设是"五位一体"总体布局的重要战略，也是高校思政课理论教学内容的重要内容。中国的现代化是人与自然和谐共生的现代化，需要我们尊重自然、顺应自然、保护自然，建设美丽中国。农林院校的生态学、林学、土地资源管理等都与生态文明直接相关。生态文明建设的相关实践活动成为思政实践和专业实践的重点内容，需要从生态文明价值观的角度增强农林人才的社会参与责任。因此，专业课程与思政课程可以通过集体备课的方式探索生态文明建设的课程实践模式，比如通过参观学习、户外实践等体验方式增强学生基于专业知识的理性的生态保护观念；通过问卷发放、田野调查等调研方式，进行数据的收集和实验的分析，进而强化学生对于生态保护进行科学研究的能力；通过理论宣讲、政策讲解的传播方式增强学生对于生态文明建设理论的内化吸收，强化对于马克思主义中国化理论最新成果的现实感知。

3.要加强实践教学的基地建设

农林院校依据学科优势和实践经验，产学研实践资源相当丰富，包括各部门联合共建的实验基地、研究中心、科技园、饲养场、林场等，这些资源能够有效缓解思政课实践教学实施难度大、经费紧张、师资队伍匮乏等问题。这既实现了教学资源的充分利用，也为思政课实践教学的开展提供了广阔的空间。因此可以采取就近实践的原则，增强思政课与实验基地的双向互动，建设实践教学基地，保障思政课实践教学的长期稳定推进。以河北农业大学为例，学校与保定市人民政府签署农业科技创新战略合作协议，以五大发展理念为引领，以推进农业科技创新为重点，以共同打造引领全国现代农业发展示范区为目标，全面启动了现代农业创新示范基地创建活动。两者共同致力于推动建设一批具有保定特色，能够显著发挥示范引领、辐射带动作用的国家级现代农业创新示范样板基地，开创市校合作新典范，打造了"太行山农业创新驿站"。驿站模式现已入选全球减贫案例，它不仅实现了农民增收、农业增产，也成为思政课实践教学的典型案例，激励更多农大人的接续创新。

第三节　开设特色类课程

中国的现代化同样也是农业的现代化，现代化的核心在于科技，在于人才。民族要复兴农业也必须兴旺，建设美丽中国农村也必须美丽，国家富强农民也必须富裕。农林院校属于行业特色型高校，在与一般院校共同承担立德树人的使命之外，还需要为国家现代化提供源源不断的农林人才。农林院校作为培养农业人才的主阵地，应该适应农业农村发展的现代化新方向，顺应乡村振兴战略实施的新趋势，把握新时代中国特色社会主义的新背景，明确新农科建设理念的新要求，落实为新时代培养农林新才的根本任务。课程是高校人才培养任务落地生根的重要媒介，农林院校不同于其他一般高校的时代使命，使得农林院校必须建构起具有农林特色的关于人才培养的课程体系，为农业的现代化提供坚实的人才保障。

一、建设"大国三农"特色课程

就课程的开发与管理而言，"大国三农"特色课程属于"校本课程"，满足的是农林院校对于人才培养的特色要求。不同于思想政治理论课的"国家课程"性质，"大国三农"特色课程没有国家统一使用的教学大纲，也没有全国范围通用的教材，也不属于教育部直接管理监督的范畴，但是能够立足于院校本身的特色和院校驻地的地区特色，调动师生的参与积极性，实现立德树人的目标。就课程内容与目标而言，"大国三农"特色课程属于"通识课程"，强调的是知识的系统性、广博性、综合性，培养的是学生的社会责任感和健全的人格。"通识课程旨在培养具备核心共同知识的、有教养的、健全的人，及关注学生学习和生活、立志于情感的整体发展预期……是在与知识碎片化和职业化抗衡中突破学科藩篱、寻求知识宽度，追求人文与科学、语言和艺术均衡发展的教育。"[①] 通识教育主张通与专、统筹与分类、知识与价值的统一，这在教育目标上与课程理念不谋而合。另外就农科院校的通识课程而言，与一般院校也有不同。培养农林新才是新农科建设的核心，农林新才的培养质量是关系到新农科建设成功与否的关键。中国的现代化需要农业的现代化，而现代化的农业本身就是一项复杂的工程，随着时代的进步又具有发展系统性和学科交叉性的特点，这就使得具有单一知识结构的农林学科专业人才，需要增强通融识见的能力，以全球化的视野有效应对农业生产、生态文明等现实问题以及其他农业农村发展中的"时代性问题"。简而言之，在新时代农林院校课程

---

① 刘营军：《农科特色通识教育课程思政的内容与路径》，《中国高等教育》2020 年第 8 期。

思政建设过程中，通识教育打破了单科培养人才的困境，主张的是知识体系的贯通，培养的是农林人才应对未来社会变革所需的能力。

（一）"大国三农"特色课程的内在合理性

"大国三农"作为农林院校通过通识课程推进课程思政建设的重要抓手，是"大国战略""三农""通识课程"的统一，课程本身具有着内在的内容合理性。

第一，"大国三农"特色课程不同于一般的通识课程，强调的是"大国战略"视角下的农林院校特色通识课程。大国战略强调的是引导学生强化国家意识，树立大国心态，与国家共前途，与民族共命运，将个人前途与国家发展相结合，在大国奔涌之中找到自己的定位。

第二，"大国三农"特色课程也不同于一般的意识形态课程。目前为止高校意识形态课程一般指的就是高校思想政治理论课，以课程的方式承担着灌输和传播主流意识形态的功能，而高校思政课教师队伍的专业背景一般都是马克思主义理论相关学科，这与农林学科之间的天然差异，使得思政课教师在面对农林类学生关于学科范围内社会发展相关问题时，需要具备高度灵活的、系统综合的问题分析能力，解决农林学生对于"大国三农"发展的现实困惑，促使学生超越对于国家发展的朴素情感和情绪体验，形成对于主流意识形态的理性认知和价值认同。

第三，"大国三农"特色课程也不同于"三农"类专业课程。"大国三农"属于通识课程，但并没有被排除在专修领域之外，而是帮助学生基于能力提升和素质培养的目标，从整体上理解学科之间以及学科内部各组成部分的相互关联，形成交叉性的跨学科思维，并将其升华为学科经验。[①] 也就是说，"大国三农"通识课程是让学生进入农林学科的深度学习之前，通过类似于"大国三农"的农林院校特色通识课程，对于农业文明的存续与

① 参见董维春、姜璐、张炜：《面向新农科的农业特色通识核心课程体系构建——以南京农业大学为例》，《中国农业教育》2020 年第 5 期。

发展、农业资源的使用与保护、农业在人类社会前进过程中的伦理作用和现实支撑等方面，有较为"通"和"博"的认识，并且逐步形成从宏观角度分析问题的能力。这类课程帮助学生以跨学科的综合视角来理解世界，从而克服了当前农林教育实用主义的弊端，为学生开展专业的深度学习提供了更广阔的视野、更综合的方法和更多元的思维。

（二）"大国三农"特色课程的案例借鉴

农林院校肩负着为中国现代化尤其是农业现代化培养农业人才的重要使命，这就使得农业通识课程必须兼具育人功能，在专业知识传授之外也要承担着传承农业文明伦理和实现价值引领的社会功能。因此，将"大国三农"情怀融入课程思政建设，建设兼具价值引导功能的特色通识课程，培养更多的知农爱农强农兴农的农林新才，是农林院校实现立德树人目标的必然选择。

以中国农业大学为例，为培养学生的政治国家认同、民族文化自信、公民人格素养，增强农林学生身处中国特色社会主义新时代的国家荣誉感和民族使命感，中国农业大学依据新农科建设的核心理念和中国特色社会主义发展的时代要求，依托通识课程建设的平台，主张院士、教授、名师回归课堂，开设了以全校学生为学习对象的19门"大国三农"系列课程。比如"纵观三农史""农学世界探究""农业现代化"等来凸显农林类专业学生与国家农业现代化发展之间的关系，强化"大国三农"情怀和农业现代化教育。按照相关数据统计，中国农业大学学生选修该系列课程的人数已经超过一万两千人次，其中"舌尖上的历史与文化""当代中国的农业、农村与农民"等几门相关课程已经从线下课程拓展成为线上课程，这不仅推进了"大国三农"教育的资源共享，也促进了"大国三农"的教育效果。①

---

① 参见林万龙、何志魏、崔情情、汪建华：《高等农林院校课程思政建设的机制创新与路径探究》，《中国农业教育》2020年第4期。

　　以南京农业大学为例，基于新农科教育对于高等农林院校和外部环境的适应，学校力主在知识维度实现对于文理学科的跨越，在能力维度锻炼融会贯通的批判性思维，在素质维度形成全球开拓的思维视野，构建了"六类八门十学分"的农业特色通识教育核心课程体系。南京农业大学的"南农八门课"是依托于"文学艺术""历史研究""社会分析""哲学方法""科学探索""外国文化"为基础所形成的八门课程，需要学生修满十个学分。实际上，通识教育并不是模块的简单拼凑，也并不仅仅局限于知识的传递，而是在内部构成的几个模块之间进行逻辑的主动构建，实现各模块学科、专业之间共同价值的凝练升华，帮助学生养成超越某个学科、某个领域之外的共同价值与思维方式，从而有效应对不断变化的农业现代化的客观环境。南京农大这样的方式突破了农业学科课程体系设计过程中的"同质化"难题，以"通才至本，专才至深"的实施路径，实现了通识课程与思政课程、专业课程综合作用的发挥，共同构筑起了新农科建设需要的新型农业人才培养体系。①

二、打造创新创业类实践课程

　　创新创业教育是近年来高等教育非常重视的教育方向，已经逐步上升为国家教育战略的高度。创新驱动战略需要大量具备创新思维、创新能力、创业实践素质的复合型人才和应用型人才，这就对高等教育改革提出了时代性要求。为适应国家现代化尤其是农业现代化的发展需要，农林院校在"新农科"的改革实践中也愈发重视以人才质量提升为核心的内涵式发展，而人才质量不仅仅体现在理论知识的掌握程度，也依托于其推动社会发展的创新思维和能力，依托于其从理论到实践的现实转化能力。实际上农林人才与其他人才的最大区别在于要在基层的农林实践中不断开拓创

① 参见董维春、姜璐、张炜：《面向新农科的农业特色通识核心课程体系构建——以南京农业大学为例》，《中国农业教育》2020年第5期。

新，体现新时代知识分子的使命担当。因此，无论是新时代的时代背景还是新农科的实践要求，创新观念和创业思维都是当前大学生尤其是承担着国家农业现代化历史使命的农林人才的必备素质。

（一）创新创业课程教育的现实迷思

自 2015 年李克强总理号召"大众创业、万众创新"提倡全社会支持创业创新以来，国务院也对高等教育教学改革提出创新创业的要求，教育部陆续推出各种创新创业计划、活动和比赛，各高等学校也大力推进学生创新创业教育与培训，不断搭建创新创业实验室平台、举办创新创业本科生比赛、开设创新创业实践类课程等，提升了学生的创新创业积极性。但是就目前高校尤其是农林院校创新创业课程而言，其理论的研究和实践的探索还需要进一步深化与完善。

一方面，创新创业教育不仅体现为一种技能，也体现着一种思维和一种观念。"中国的创新创业教育是适应经济社会发展和国家发展战略需要，以培养学生创新精神、创业意识和创业能力为内容，注重实践，激发学生创造力的教育活动。"[1] 那也就是说，创新创业教育并不是单纯的教会学生创办企业，也并非单纯地将学生培养成为创业者，更重要的是要培养学生行为方式所依托的创新思维方式和创新观念意识。但是由于教学课程时长的限制、教师队伍结构的不完善、学生对创新创业教育内容的兴趣倾向等因素的影响，具体的教育活动往往会出现偏重于创业实践技能的培养而忽视了对于创新精神和创新意识的塑造，使得创新创业教育走向工具主义和功利主义的方向。

另一方面，创新创业教育不是针对少数人的"精英教育"，而是面向全部学生的"大众创业、万众创新"。创新创业关系到就业创业，而就业创业关系到创新型国家发展战略的实施过程，关系到经济发展由投资驱动

---

① 张冰、白华：《"高校创新创业教育"概念之辨》，《高教探索》2014 年第 3 期。

转变为创新驱动的顺利转型，同时也作为最基本的民生问题关系到社会的稳定发展，关系到每一个大学生的切身利益。从这个角度而言，就业创业、创业创新从来都不是一个仅仅与"少数精英"有关的局部问题，而是面向全体学生的时代命题。就目前高校创新创业项目的开展情况而言，相关的教育环节还处在发展阶段，学校的创新创业教育还处于较为重视创新创业类比赛阶段，会选拔一些有创办企业意愿或者有参与创新比赛想法的部分学生，而并未在全体学生中形成"大众创业"的整体氛围，这影响着国家和社会对于创新型、应用型人才的整体需求。那么如何在高等院校拓展大学生创新创业教育的实际参与范围，形成"万众创新"的校园文化同样也是创新创业教育面临的现实问题。

（二）课程思政理念成为农林院校创新创业教育长效发展的现实契机

目前创新创业教育呈现出偏重"技能"多于"理念"，偏重"少数"多于"全体"的情况，这不仅影响着创新创业教育的初衷理念，也影响着农林类创新型人才的培养质量。课程思政理念的提出为高等院校创新创业教育发展提供了现实契机，使得创新创业教育在与思想政治教育融合发展的过程中能够得以长效稳定发展。

1.在课程思政理念下处理好思想政治教育与创新创业教育的关系

一方面，思想政治教育为农林院校创新创业教育提供了宏观科学的价值引领。创新创业教育是遵循创业规律、创新人才养成规律、高等教育内在规律的基础上所形成的实践活动，不仅仅是面对有创业愿望学生而展开的技能性教育，而是面向全体学生所开展的、以培养全体学生创新思维、创新理念、创新习惯的素质教育。在具体的创新创业教育过程中，我们不禁要思考"创新创业教育是教会学生学会创办企业吗""创办企业是为了追求财富吗""追求财富是个人成功的标志吗"等一系列问题，这就从客观上提出了创新创业教育过程中的价值引领问题。与创新创业教育目前的侧重点不同，思想政治教育是从宏观上帮助学生树立科学的世界观和方法论的教育活动，其初心和使命就是"将党和国家的理论转化为学生的思想素质和自觉行动"[①]。可以说，思想政治教育在育人方式上恰好能够弥补目前创新创业教育中对于宏观理念培养的忽视，能够以核心价值观引领创新创业教育。另一方面，创新创业教育拓展了思想政治教育的实现途径。思想政治教育的过程，就是在国家发展的现实需要和学生成长发展的自我需要的过程中，既解决学生的思想困惑又能有效破解制约学生发展的关键问题，比如心理健康、人际交往、就业创业等。其中学生最关心的、与思想政治教育直接相关的也就是就业创业，这就使得高校思想政治工作不能回避就业创业和创业创新等现实问题，既要注重知识传授，也要主张价值引领，更要注重现实关怀。

2. 以课程思政理念推动农林院校创新创业教育与思想政治教育协同增效

创新创业教育与思想政治教育教育目标和教育内容的内在契合性，为两者的融合提供了理性支撑，而课程思政理念为这种融合和协同发展提供了现实契机。

第一，在课堂教学过程中构建协同教学体系。课堂教学的重要功能是理论知识的灌输，创新创业教育的理论知识主要包括创新创业精神的内涵、创业机会的获取、企业的管理运行等方面。课程思政在创新创业课堂教学方面的建设，主要是在课程之中融入思想政治教育元素，将大学生就业创业与改革创新、艰苦奋斗的创业精神联系起来，培养学生明确个人价值与社会价值、国家发展关系的创新创业观念，培养学生团队合作意识、企业职业规范等创新创业道德，培养学生独立思考、坚韧自强、自信沉着的创新创业品质，充分发挥创新创业教育的育人功能。对于农林类学生而

---

① 王占仁：《创新创业教育与思想政治教育的关系论析》，《深圳大学学报（人文社会科学版）》2018 年第 1 期。

言，还需要在协同教学体系之中培养学生知农爱农、强农兴农的创新创业情怀。以河北农业大学为例，生命科学学院尝试在全校生命类学生中开设《Bio-X 创新科研综合实训》课程，在课程体系中设置创新创业教育、生命科学研究进展等推动学生创新意识和创新思维，深受学生欢迎，同时也促进了课程思政从单门课程向系统规划转变。

第二，在第二课堂的具体实践中实现知行合一。无论是思想政治教育所传达的主流价值观念还是创新创业教育所培育的创新观念，都需要落实在具体的实践中，让学生在不确定性的场域环境中，重新审视未来的发展目标，学会根据非结构化的学习环境进行自我管理、实现自我提升。对于农林类学生而言，第二课堂作用更加凸显，创新创业教育要在课程思政理念的发展契机促进下，实现课堂理论教育与课外实践体验的充分融合，实现学生"边干边学、做学结合、以学促做"[①]。河北农业大学依托李保国精神和太行山精神的校园文化，凝结为"农业教育非实习不能得真谛，非试验不能探精微，实习试验二者不可偏废"的传统，鼓励学生开展基层实践活动。另外，用优秀毕业生石嫣在博士毕业之后"让自己的双手沾满泥土"去研究新型农场经营模式，而成为国内"社区支持农业"的发起人的故事，激励农林学生秉承时代精神、工匠精神、创新精神从而推动中国农业现代化的持续发展。

第四节　示范性课程建设

2020 年教育部印发的《高等学校课程思政建设指导纲要》指出，要加强示范引领，面向不同层次、不同学科专业、不同类型课程，持续深入抓典型、树标杆、推经验，形成规模、形成范式、形成体系。为此开始部

---

① 闫冬春、程显好、王凯、赵丽丽：《基于"过程导向，能力为本"的农学类专业创新创业教育体系创新与实践——以鲁东大学为例》，《中国农业教育》2020 年第 1 期。

署实施"五个一批"即"选树一批课程思政建设先行校""培养一批课程思政教学名师和团队""推出一批课程思政示范课程""建设一批课程思政教学研究示范中心""设立一批课程思政建设研究项目"等，以示范体系推进经验的传播，在全国范围内形成良好的课程思政建设氛围，实现高校人才培养质量提升的内涵式发展。对于农林院校而言，新农科的建设要求和国家现代化对农林人才的时代要求使得通过课程思政培养符合国家发展方向的农林新才已经成为共识，但是如何推动课程思政理念的落实、落细、落地还需要进一步深化。换言之，农林院校如何通过以"点"带"面"的示范效应，推动各门课程协同育人共同致力于"懂农业、爱农村、爱农民"的支农爱农创新人才的培养，就成为农林院校课程思政建设的题中应有之义。

一、建设"点—线—面"示范性课程思政教学体系

课程是教学理念转化为教学活动并产生教学效果的重要媒介，示范性课程是优质课程的集中体现，在课程思政理念之下更加能够实现"价值塑造""知识传授""能力培养"的全方位育人。农林院校课程思政建设主张在包括农学类、理学工学类、经济管理类等各类专业课程中润物无声地融入思政元素，完成育人使命。但实际上各类课程与思政元素的天然黏合度差异很大，其内蕴的价值元素总量以及彰显价值元素的学科表达能力不能等齐划一，因此在学校统筹推进课程思政的具体实践中也需要循序渐进、稳步实施，不能急于求成。以河北农业大学为例，通过2—3年课程思政教育教学改革，逐步引导教师将思政教育深度融入课堂教学的各环节，力求促进价值塑造与知识传授、能力培养有机结合，打造具有学校特色的"课程思政案例库"，建成一批充满德育元素的课程思政示范课程，选择一批课程思政优秀教师，建设一批可靠、生动、有效的课程思政教学载体，构建具有农大特色的全面覆盖、类型丰富、层次递进、相互支持的课程思

政体系。这场包括公共基础课程、专业教育课程、实践类课程在内的全部课程的"革命"是一个以"点"引"线"、以"线"带"面"的过程，主要分为三个阶段。

第一阶段是课程思政示范课程建设的选"点"工作。要在全校选"点"，激励部分教师在教学内容、教学方法、教学模式等方面进行"点"的突破，建设几个具有标杆性质的示范课程。示范课程要求教师思想政治素质过硬、专业能力突出、教学水平高超，能够将思政元素与专业课程完美融合在一起，让学生在日学而不察、日用而不觉的课程学习中，完成科学世界观的确立，这是课程思政示范建设成功的关键，也是学生能否认同课程思政理念的"首因效应"。可以依托农林院校传统的优势学科，调动每一位教师的教学积极性，将历史传承中人物、事件、成就所聚合而成的精神元素和思想价值进行整合渗透，实现专业教育与价值引领的有机融合，培养国家农业现代化发展需要的、符合主流价值观念需求的农林新才。

第二阶段是课程思政示范课程建设的引"线"工作。在标杆课程的示范之下，在各学院进行一条"线"的建设，由各学院精选精育一门课程，探索不同学科开展课程思政的关键要素，依据自身的专业特点，解决本学科贯彻课程思政理念的难点问题。各学院组建课程思政建设团队，根据学科特点整合思政元素，制定课程思政教学大纲，优化专业课程教学教案，将思政理念贯穿于专业教育的全流程。以河北农业大学生命学院为例，将百年农大校史文化积淀和"太行山精神""李保国精神"的实践成果等，通过 OBE 理念的改革推动，贯穿在学生专业学习的各个环节，同时激发教师积极性，建立了"导—学—研—带"思维联动改革机制，以"导"推动理念转变、以"学"推进培养机制发展、以"研"助力样板金课打造、以"带"激励协同机制创新，并且由全国师德标兵王秀伶教授成立"专业名师工作坊"，形成了良好的示范效应。

第三阶段，要进行一个"面"的建设，也就是将学院培育的课程发展为全校的优秀课程，这是示范课程的示范效应能够长期稳定发挥的关键。以河北农业大学为例，学校为全面推进课程思政建设，制定了《河北农业大学推进课程思政建设实施方案》，在准确把握课程思政建设内容的基础上，根据不同课程的不同性质科学设计了课程思政教学体系，并且开展校、院两级课程思政建设与研究，着力建立健全课程思政研究体系，还通过选编课程思政优秀案例的方式遴选推广课程思政优秀成果，出版《课程思政讲义辑要》，力求构建全面覆盖、类型丰富、层次递进、相互支撑的课程思政体系。另外，为加强课程思政建设的保障措施，保障课程思政建设的全面推进，学校成立党委书记和校长任组长的课程思政建设领导小组，统筹推进全校课程思政建设工作。同时面向不同学院、不同学科专业、不同类型课程，持续深入抓典型、树标杆、推经验。另外还定期对课程思政工作实施情况进行评价，将课程思政建设成效纳入单位绩效考核、基层党建述职评议考核和教师党支部党建考核。

总之，这样"点—线—面"的循序发展，不仅符合课程建设的规律，增强了课程思政建设的实效性，使得课程思政的理念深入人心，也使得课程思政理念真正成为通过系统化构建课程体系实现高质量人才培养目标的有效途径。

二、运用"互联网 + 教育"思维赋能"课程"与"思政"深度融合

2015 年，李克强总理在《政府工作报告》中提出阐释了"互联网 +"的概念，使得互联网与各行各业的关系突破了 2014 年"互联网金融"的局限。"互联网 +"的后面承接的是传统经济社会发展中的各行各业，是依托互联网提供的技术平台，实现信息技术与具体行业的有机融合，从而衍生出新的产品、新的生态和新的发展模式等。因此，"互联网 +"更多的是一种观念，是一种思维。"互联网 + 教育"就是在"互联网 +"思

维在教育领域的发展，是对于传统教育"黑板＋粉笔"和"电脑＋课件"的革命性变革，是在对传统课程进行生态重构的基础上探索新的教学方法与教学内容的变革优化。可以说，"互联网＋"时代对于教育资源的重新整合和优化配置是之前任何时代都无法比拟的变革，它不仅使学生享有公平受教育的机会，也打破了知识信息传播的时空限制，冲破了传统教育活动的现实边界，具备随时随地都能接受各种信息的天然优势。

"互联网＋教育"思维方式下推动课程思政建设，就是依托互联网平台与信息技术的发展，将"万物互联"的理念应用在课程思政建设的各环节之中，包括课程的设计、课程的开展与课程的反思等方面，从而实现"互联网""课程"与"思政"的内在融合，达到立德树人的根本目标。也就是说互联网平台与信息技术在课程思政建设过程中以"助溶剂"的作用有效地推动"课程"与"思政"的深度融合。

（一）"互联网＋"赋能重构课程生态系统

结构的优化是"互联网＋"的重要功能，"互联网＋教育"通过云计算、大数据等方式对于教育教学的生态重构，实现了传统课堂教学方式与课程结构的深刻变革。实际上，互联网背景下交互式教学方式、系统性教学分析、过程性教学评价等正在成为新时代课堂教学发展的重要部分。这就使得推进课程思政建设，必须在以理论灌输为主的传统课堂和以实践创新为主的第二课堂之外，开辟网络课堂，以实现主流价值观念在网络教学过程中的合理贯穿。第一，互联网时代特有的新媒体资源是课程思政整合育人元素的重要来源。农业现代化需要的农林新才是既能够深耕基层又了解网络发展前沿的新型人才，因此农林院校要运用成熟的网络技术、结合最新的媒体资源、针对热点问题回应学生的现实困惑。第二，互联网系统特有的集成化教学分析是课程思政课堂结构重塑的重要支撑。互联网技术融入教学所呈现出的比如记录、沟通、总结、分析功能既是教师优化课堂的管理工具，也是推动学生自主知识体系建构的认知工具。教师可以根据每一节课的课堂模式，根据每一个班级的教学学情，对思政元素融入课堂的程度进行系统性把握，确保课程思政的建设效果。第三，互联网即时的传播格局是课程思政育人共同体凝聚的现实契机。高校课程思政建设的深入推进需要专任教师、学工队伍、团学组织及家企社会四大主体①的通力合作，打破高校思想政治工作"孤岛化""碎片化""表层化"课程建设瓶颈，克服因为教师队伍松散而形成的育人合力不足的机制障碍。而"互联网+教育"使各育人主体通过在线交流平台和网络交流空间等载体，实现跨界融合、集体备课，推动了教学资源共享、教学经验分享、教学模式共同探讨等方式的细化落实。

（二）"互联网+教育"推动农林院校课程思政实现路径

"互联网+教育"指向的是传统的课程结构改革，而无论是价值引领还是知识习得，在"互联网+"时代，农林院校课程思政的建设都不能再套用传统课堂的教学模式，而是需要从单一的课堂单向传播走向传统课堂和网络平台的两个维度的价值引领，将课堂知识内容进行科学的价值转化，以适应网络平台传播价值观念的特点。网络课程不仅能够提供优质的学习资源，还能够提供完整的学习体验，学生可以在网络平台完成学习过程、分享各方观点、参与课程考核、获得结业证书等。总之，要顺应互联网的发展趋势，运用"互联网+教育"开放共享的思维特点，使得网络平台不再仅仅只是内容的堆砌，而是通过网络课程对于各类资源的有机整合，最终推动农林院校课程思政的深入开展。

总之，课程之于高等学校的重要作用使得课程建设成为高校教育教学改革的重要环节，在课程思政视域下，这种重要性愈发凸显。因此要在课程改革中，优化课程体系建设，实现课程理念、课程标准、课程结构在内的整体性变革。同时在整个课程体系中，要做好整体设计与安排，实现思

---

① 参见王多兵：《高校思想政治教育中的四大育人主体、六大育人体系和八大工作方法》，《教书育人（高教论坛）》2018年第21期。

政课程、专业课程、通识课程、实践类课程、拓展类课程的有机融合，进一步优化基础课程与专业课程、理论课程与实践课程之间的比例设置，从而在课程的纵向结构上实现不同阶段课程之间的必要重复和有序衔接，在课程的横向结构上实现显性课程与隐性课程的有效交叉和价值同构。

第四章　课程思政教育教学的教材建设

　　教师、学生与教学内容共同组成了课堂教学活动的三个要素，其中教材是教学内容形成的基本遵循，也是教学内容转化的重要基础。教师依托教材进行教学内容的逻辑展开，学生依托教材完成教学内容的理论学习。可见，作为教学内容的重要载体，教材体系建设是教育教学改革的具体落实和集中呈现。2019 年教育部印发《普通高等学校教材管理办法》，明确指出要把教材建设作为高校学科专业建设、教学质量、人才培养的重要内容，纳入高校党建和思想政治工作考核评估体系。[①] 这无疑明确了教材建设在思想政治工作体系建设过程中的重要作用。以农林院校为例，在新农科的建设要求中，在国家农业现代化发展的新时代背景下，教材体系建设是否科学、是否能够以文本资源的方式有效助力课程思政建设的深入推进，从根本上影响着农林院校对于农林新才的养成过程，也影响着高校立德树人的根本目标的总体实现。新中国成立以来，高等教育的方针虽然几经变化，农林院校的教材建设在不同时期虽然也有不同的侧重点，但始终是服务国家、培养人才，在推动农业经济发展、支撑农林院校培养人才方面的作用不可忽视。但与此同时也应该看到，长期以来农林院校承担着为社会培养农业科技人才的重要使命，从而使得农林院校相较于其他高等院校而言，其人才的培养过程更加呈现出应用型、实用型的特点，但所使用

---

① 　参见高仁：《推动高校思想政治工作体系贯通学科体系、教学体系、教材体系、管理体系的思考》，《思想理论教育》2020 年第 6 期。

的教材也以知识的体现和学术的研究为主，在与"智育"相对应的"德育"方面的考虑比较缺乏。教材是教学活动的文本依据，如果只是注重教材建设中知识的完整、理论的发展和技术的应用，那么教材将无异于一般的学术文献，其所承载的教学活动也只能是知识点的照本宣科和简单重复，而无法推动对于农业人才的价值引领和思想引导。因此，完善教材体系，使之兼具价值引领、知识传授和能力培养的多维度的功能，就成为农林院校推进课程思政建设培养知农爱农创新人才的重要抓手。

第一节　强化教材工作体制

课程思政是实现"三全育人"理念的重要方式，教材是在课程层面推动课程思政建设、实现育人功能的有力承载，作为"关系国家事权的特殊文化产品"，教材内在包含着国家意志，能够帮助学生产生民族认同和家国观念。① 因此，农林院校推进课程思政建设必须完善教材体系，强化教材工作体制。

一、把握正确方向

《普通高等学校教材管理办法》明确提出高等学校教材需要反映国家发展方向，体现党和国家的主流价值，为普通高等学校深化教材建设提供了明确方向。对于农林院校而言，把握蕴含在教材之中的政治导向，推动教材建设符合主流价值观念和社会发展方向，为社会主义农林新才的培养提供文本支撑，是高校教材体系建设首先需要明确的问题。

---

① 参见李太平、王俊琳：《教材建设与国家认同》，《国家教育行政学院学报》2019 年第9 期。

（一）教材建设的目标

农林院校推进教材建设要体现党和国家的意志，那么加强党的领导就成为教材建设的根本保障，体现国家的意识就是教材建设的重要标准。为培养高素质人才尤其是"一懂两爱"农林新才，教材建设要坚持正确的政治导向、服务国家的发展战略、提高文本质量以满足新时代农业人才的认知需求。也就是说农林院校的教材建设要在知识传授与价值引领的结合中体现党和国家意志。实际上，高等教育能否有效承载主流价值观念的引领作用，是高等教育能否完成立德树人时代使命的逻辑起点，基于此，课程思政理念应运而生，是为更加有效地实现高等教育对于学生在国家意志、政治认同、文化自信、公民人格等方面的价值建构。农林院校推动课程思政建设需要在教材建设过程中体现知识传播与价值引导的有效融合，使得农林学生在习得农林专业知识的同时，也逐渐养成推动农业发展、致力于实现农业现代化的农业情怀。但是就目前高校教材建设而言，仍然呈现出"教书"与"育人"的现实分割，因此更需要坚持教材建设的政治方向，秉承教材建设为人才培养服务的初衷。

教材建设中存在着"教书"与"育人"的现实分割。课程思政强调将思想政治教育融入课程教学与改革的各个环节，使得受教育对象通过关系与意义的联结，让观察和探索到的未知不仅仅局限于专业知识，也能建立起知识与学习、工作、生活等多维度的交融关系。农林院校课程思政理念中的"教育"，不仅仅是为满足国家经济发展的需要，也是要引导受教育者积极向善、形成高素质的公民群体，培养既具有较高技术水平也有良好道德素养的"一懂两爱"新农人。但是目前农林院校仍然存在"教书"与"育人"的分割情况，重教书、轻育人仍然是高校德育普遍存在的问题。一方面呈现出思政教育在专业教育中的场域缺失。新中国成立以来，我国高等教育就十分重视智育与德育的共同发展，从新中国成立初期教育服务工农和生产建设，到改革开放之后的"三个面向"和"四有新人"，再到如今教育要培养"社会主义建设者和接班人""三全育人"理念等，都是围绕"为谁培养人、培养什么人、如何培养人"的价值内核所开展的理念探索。但就农林院校而言，由于历史原因和院校性质，长期以来在办学特色上表现为面向市场的应用型、实用型，这使得思想政治教育作为宏观的世界观引导教育长期被弱化，主要表现为：在理念上忽视专业教育的育人功能、轻视人文类课程的教学地位；在目标上追求实用主义且重视技能传授、轻视人格培养和价值引导；在管理评价上重视学生的技能考核、轻视学生的道德评价；等等。这些都使得思政教育与专业教育长期存在"两张皮"的情况。另一方面呈现出思政元素在专业教材中的功能缺失。教育本身带有文化传承的功能，教材也天然会带有意识形态属性，承载思想政治教育的使命。一般而言，教材作为承载各级各类课程的文本载体，体现着符合社会发展方向的主流价值观念和价值取向，那么存在于教材之中的知识体系也并不是价值中立或者任意随机的，而是符合国家统治阶级意志的"合法性"知识。但是教材体系因为受到高校培养"专门人才"的现实需求，未对与价值引领相关的思政资源和元素形成有效的重视，使得专业教材中的思政元素呈现出"表层化"倾向。

教材建设要坚持方向，秉承使命。习近平总书记强调，要推进其他课程与思想政治理论课同向同行、形成协同效应，这指出了高校思政工作体系建设的根本逻辑。人才培养的体系是多维度的体系化，而起到贯穿作用的是思想政治工作体系。换言之，高校思想政治工作体系的构建，核心在于思想政治工作在教育教学体系、人才培养体系中的贯穿，是将思政工作贯穿于学生螺旋式上升、层次性递进的全过程，以实现全过程和全方位育人的效果。育人是高校开展教育教学活动的初心，这就使得作为教育教学活动资源支撑的教材建设也需要秉持培养人才、服务社会的使命。农林院校课程思政教材建设要将思想政治工作贯穿在教材的育人理念、资源内容、主体架构等方面，围绕国家农业现代化事业对于农林人才的要求，提升教材的时代性、民族性和系统性，将社会主义核心价值观对于农林人才的社会期待融入农林专业教材的内容体系之中，激发农林人才的"大国三农"人文情怀和推动农业现代化的使命担当。

（二）教材建设的要求

《普通高等学校教材管理办法》的颁布对新时代高校教材建设提出了新的要求。教材是传播新知、引导观念的重要承载，教材建设需要遵循正确的政治方向，符合科学的建设要求。

第一，教材建设要明确政治站位。中国高等学校的社会主义性质使得构成高等教育教学活动的要素之一——教材体系也承担着为社会主义事业提供文本支撑的重要使命。中国的现代化建设之所以能够取得各方面的成就，根源在于人民群众对于中国特色社会主义理论、制度、文化和道路的坚持，而对历史发展起推动作用的"人民群众"并不是一个抽象的概念，是具体到每一个"人才"之上的，是具体到每个具体领域的"人才"之上的。其中，农林院校承担着培养具备社会主义建设者和接班人应有素质的农林新才的重要使命，这就使得农林院校教材建设也需要有明确的政治站位，坚持中国特色社会主义的发展方向，为社会主义现代化贡献力量。

第二，教材建设要秉承初心使命。高校立德树人目标的实现是具体体现在每一个教学活动中的，而教学活动的有效开展又离不开教材的资源支撑。农林院校教材要在传播农林技术的历史传承、发展现状和未来突破的基础上，明确技术发展的逻辑起点和价值本原是为传统农业大国的现代性发展、是为传统农民的全面性转化、是为传统农村的城镇化转型。可以说为中国人民谋幸福、为中华民族谋复兴是中国共产党人的初心和使命，也是现代农业人才培养的价值方向。

第三，教材建设要坚持时代导向。教材建设要在不断发展的时代背景下坚持正确的政治导向，因时而进。"时"不仅指教材建设所处的时代条件，也指完善教材建设的时机。纵向来看，尽管贯穿在人才培养始终的是培养符合国家和社会需要的后备人才，但是不同的时代背景所需要的教材体系有所差异，对"专门人才"和"通识人才"也有不同的时代需求。横向来看，教材建设要立足国内，放眼世界，延展视野以达到教材建设博采众长的效果。对于农林院校教材建设而言要依据世界范围内科学技术的更新与进步，训练学生的科技思维，培养具有全球视野、有国际格局的新型农林科技人才。

总之，课程思政推动农林院校教材建设要遵循社会主义发展的政治方向、符合主流价值观念、符合国家和社会发展需要、符合时代发展趋势的方向，使得教材成为国家意志的体现，成为解决"培养什么人"的重要媒介。

二、服务教学的工作路径

教材是教学的必要工具，是课程思政建设顺利开展和深入推进的必备要素。作为教学内容的重要承载和文本依据，教材建设效果影响着学生的学习效果，影响着教学效果的提升。对于农林院校而言，通过课程思政教材建设来服务教学，服务于培养符合国家和社会发展需要的农林新才的实践活动，是随着时代发展而产生的新事物。这对于高校传统教育教学而言不仅是创新也是挑战，需要多渠道协同服务于教学活动。

（一）加强教材研发的专业教师队伍建设

党的十八大以来，为加强各级各类教材建设，中央采取了一系列措施推动教材建设依法依规有序进行。但就高校教材建设而言，还存在着管理较"弱"的现实问题，而且关于规范管理和学术创新的关系还有待深思。那么如何在教材建设中明确主体责任，凝聚思政元素，将课程思政深入推进，将育人功能贯穿教育全局，就需要从教材研发者的角度对教材"凡编必审""凡选必审"，把好政治方向，细化教材标准。可以说，建设一支数量充足、结构科学、专兼结合的专业化课程思政教材编写队伍，是高校课程思政教材建设的首要任务。

第一，优化教材研发队伍结构。课程思政主张"思政"在专业教育领域的"在场"，主张各类课程与思政课程协同育人，这就使得课程思政的教材建设不是某一个学院、某一个部门单独能够完成的，而是需要一支具有不同的学科门类、不同的专业背景、不同单位属性的人员共同构成的教材建设队伍共同完成。农林院校推动课程思政教材建设可以将高等院校、各行企业、各科研单位等联合起来，形成教材编写人员"大格局"，人员涵盖党政领导、农林教师、思政课教师、农林企业支撑力量、农林学科专家等。其中，党政领导需要从宏观维度把准教材建设的政治方向，使得教材建设体现党和国家意志，符合社会发展需要。农林专业教师和学科发展专家负责从教材体系架构和内容整合的方面，依据应用型人才和技术型人才的成长规律，研究教材编写的内在规律，为课程思政教材建设提供原始的学理依据。另外，需要思政课教师与农林专业课教师在梳理学校优势学科发展历程、校园文化发展过程、先进人物事迹传承的基础上，整合思政资源和育人元素并且合理融入教材作为课堂教学的重要支撑。除此之外，农林企业骨干负责将农业发展实践案例、企业生产管理案例等作为时代性思政元素写入教材之中。

第二，要强化对于课程思政教材建设的管理培训。出于专业特色发展的客观情况，农林院校在推进课程思政建设过程中，还需要进一步加强专门从事课程思政工作的教师队伍建设。教师队伍建设不足对于教材建设的掣肘需要高校推进课程思政建设提升现有教师队伍的铸魂育人能力，在政治涵养、师德师风、专业能力、思政能力等方面强化教师队伍的素质，通过新入职教师培训、骨干教师培训、思政专项培训等渠道提升教师队伍的教材编撰水平，从而形成科学合理的教材编撰队伍。

（二）加强教材资源库建设

农林院校课程思政教材建设涉及的学科较多、专业各异，而加强资源库建设可以将孤立的、割裂的育人资源整合成为相互关联的、动态发展的、共同服务于"三全育人"的"大思政"格局的数据资源。可以说，在推进教材建设过程中推进资源库建设，对各门类、各学科、各专业的思政资源进行有效整合和系统开发，能够稳固教材建设的基础，使得教材建设有所依托。

第一，资源库建设要以素材库建设为主。一般而言，资源库是以资源共建共享为目的，以打造精品资源以服务教材建设、服务教学活动为指向，集合资源整合存储、资源管理、资源共享、资源评价、资源推广于一体的资源管理平台。其中资源整合是前提，换言之资源库的建设是以素材整合为前提的，这就使得素材库的建设成为教材建设资源库的重中之重。各学科领域中的育人元素散落各处，缺乏有效的整合与贯通，无法在教材中系统地体现，无法发挥其学科视角下基于专业理性的价值引领。因此要把教材的相关素材在碎片化处理的基础上重新进行编排，从而帮助教材使用者依据课程要求实现"二次开发"。[①] 这些碎片化的素材涉及学科发展传统、专业精神传承、优秀文化基因等，若能够得到有效整合和系统开发，自然会增强教材本身的吸引力，有效发挥教材在课程思政建设的载体作用。

第二，对素材库进行科学的资源管理。资源管理要分层次分类别，在整合素材库的基础上按照育人目标的价值主线进行层次分类，形成一级数据库之下的二级、三级资源库。另外，资源本身也要按照不同的类型形成文本库、影像库、虚拟仿真库等以容纳多种形式的育人资源。另外就农林院校而言，也可以依托与实践紧密相关的产学研系统从各个阶段上整合育人元素。

（三）健全教材建设工作的体制机制

习近平总书记在哲学社会科学工作座谈会上指出，"要抓好教材体系

---

① 参见杨晓东、甄国红、姚丽亚：《应用型高校专业课程思政教材建设关键问题之思》，《国家教育行政学院学报》2020 年第 5 期。

建设……在教材编写、推广、使用上要注重体制机制创新，调动学者、学校、出版机构等方面积极性"①。这就为教材建设的深入推进提出了具体要求。其中，教材建设工作的体制机制是提升教材质量的重要保障。一方面，要优化教材建设的管理机制。依托课程思政建设指导小组，强化对建设过程的科学指导，同时制定相应的教材编写计划、建设规划，建立定期监督检查制度，加强过程性监管。另外出台教材建设激励政策，依托学校教学研究立项，设立课程思政教材建设基金，鼓励教师更新育人理念，实现学科交叉，推动教材编纂。与此同时进行课程思政优秀教材、优秀案例评选，将激励政策落实到按比例减少课时工作量、年终考核常态化推进、职称评定优先性考虑等具体方式中。另一方面，要建立课程思政优秀教材推广性机制。优秀教材和优秀案例对于"思政"融入"课程"的推动而言会形成集成的示范性效应，这就需要高校以文本教材、电子教材、数字教材的方式，通过网络平台、活动展示、APP 转载等各种传播方式扩大优秀教材的延展力度和传播力度。

三、遵循教材发展规律

《普通高等学校教材管理办法》指出教材建设要有严谨的结构、较强的逻辑、完备的体系，要反映学科前沿，要体现学科特色，要遵循学科发展规律。这就从方法论的角度揭示了教材建设应该符合的标准和要求，反映着教材本身的发展建设规律。课程思政推进教材建设要遵循教材本身的建构逻辑，符合教材建设规划和学科专业发展对于文本的期待。可以说，课程思政教材是兼具专业教育与思想政治教育双重功能的重要依托，是兼具价值引领和知识传授乃至能力培养三重使命的文本承载。那么将什么样的思政元素融入教材，怎样将思政元素融入教材就成为教材是否能成为合

---

① 习近平：《在哲学社会科学工作座谈会上的讲话》，人民出版社 2016 年版，第 24 页。

格的课程思政教材的关键问题。体现在具体的教材建设实践中，就表现为教材中的思政元素从何而来，此类思政元素又如何融入教材的问题。

（一）明确课程思政教材中的思政元素从何而来

教材中的思政元素要服务于课程思政建设的具体内容，就课程思政的建设内容而言，要围绕家国传统、民族认同、文化自信、法治观念、道德修养等方面对课程思政内容开展有效供给，从而增强价值观教育、中国特色理论教育、个体成长教育等方面的育人效果。这些内容从历史和现实的角度影响着什么样的思政元素能够被纳入课程思政的教材体系之中，这也决定了课程思政教材建设在选取思政元素的过程中需要考虑与之相应的历史文化资源与思想文化资源。

1.历史文化资源

历史是人类社会向前发展的事实依托，历史的教育是建立在过往事实基础上的历史观教育、政治理论教育，在课程思政建设视域下，这是其他性质的课程教育并不具备的功能。[①] 农林院校课程思政的教材建设，可以从校史发展和学科史发展所形成的思政元素切入。

一方面，校史发展过程中的文化资源是课程思政育人元素的重要来源。农林院校自诞生之时就承担着推动国家农业发展、培养农业人才的使命，而作为凝聚着农林院校发展历程和发展理念的校史文化就成为课程思政重要的财富。校史是学校教学理念的发展史，是学校师生的奋斗史，也是国家农业发展和民族农业文明进步的见证者，映射着国家发展的历史尤其国家农业现代化的发展历程。农林院校在从无到有、从小到大的发展过程中涌现出了十分骄人的成绩和感人的事迹，形成了能深耕基层、有家国担当的知识分子群体，这些都是课程思政育人资源的有效素材。以河北农业大学生命科学学院为例，把农大元素植入课堂，将学校百年来校史文化

① 参见程中原：《读高校思想政治理论课教材〈中国近现代史纲要〉》，《高校理论战线》2007 年第 3 期。

积淀、先进办学理念和鲜明办学特色作为教书育人的法宝。同时还运用"太行山精神"、李保国精神的实践成果，把果树 9301 班、农大好故事等鲜活素材和榜样事迹贯穿在不同的专业学习环节，形成思政教育的良好示范和情感认同。

另一方面学科发展过程中形成的价值元素也是课程思政教材编纂的重要依据。各级门类下的各类学科专业作为科学发展的外在表现和理论发展的知识载体，从其价值本原而言是以实现人的全面发展为逻辑起点的，也能够成为课程思政教材建设中重要的育人资源。农林学科出于其服务社会经济发展、推动国家农业技术进步的学科使命，天然会形成与社会经济紧密结合的学科特点。那么在学科发展与社会实践的相互作用之中，不畏艰难、联系群众、务实肯干的实践精神便逐渐构成了农林学科的独特价值。随着学科发展的不断演进，其内在蕴含的文化价值和思想元素也愈成熟，由此形成的学科本身的思想理念、学科传承者的学科风范都成为重要的素材来源。

2.思想文化资源

思想文化是增强学生政治素养、完善学生人格的重要资源，党的十八大指出要"发挥文化引领风尚、教育人民、服务社会、推动发展的作用"[1]。农林院校推动课程思政建设，要充分运用好优秀传统文化、革命文化、社会主义先进文化等多重文化要素，推动教材建设以增强文化自信的方式涵养学生对民族国家的政治认同和人文情怀。一方面，灿烂的农业文明是课程思政教材建设的重要素材。"中国是一个以家庭为基本经营单位的小农生产历史特别漫长的国家……传统中国创造了世界上最为灿烂的农业文明。"[2]农业文明的进步、中国奇迹的发生离不开农民

---

① 胡锦涛：《坚定不移沿着中国特色社会主义道路前进 为全面建成小康社会而奋斗》，《人民日报》2012 年 11 月 9 日。

② 陈军亚：《韧性小农：历史延续与现代转换——中国小农户的生命力及自主责任机制》，《中国社会科学》2019 年第 12 期。

群体，他们在多灾多难的农业文明发展过程中，以"脆而不折、弱而不息"的韧性、以高度的适应性、生产的稳定性、因时而变的灵活性和饱含活力的吸纳性，不断推动着农业的改革、创新与发展。毫无疑问，中华民族经久不衰的农业文明是农林院校课程思政教材建设的重要文化资源，是推动新时代的农林专业学生秉承农业文化基因。另一方面，先进的社会主义文化样态也构成了课程思政教材建设的有力支撑。马克思主义基本原理在结合中国农业发展的实际情况之中，形成了具有中国特色的农业发展理论，以中国特色社会主义理论的方式在全社会范围内凝聚共识、积聚力量。其中，生态文明理念尤其需要以碎片化资源的方式融入农林院校教材体系之中，帮助农林学生肩负起推动生态文明、建设美丽中国的时代使命。

（二）明确课程思政教材中的思政元素如何进入教材

农林院校的课程思政教材建设的思政元素主要来自于与学校学科相关的历史文化资源、与国家民族相关的思想文化资源等，在育人元素已然明确的基础上实现育人元素顺利进入教材就是强化课程思政教材建设的"最后一公里"。

其一，要将具体的历史文化元素和思想文化元素抽象为符合意识形态发展方向和主流价值观念的育人元素，实现文化元素的内涵式转化。一方面要推动校史学科史发展的历史文化资源的创造性转化，转化为激励学生创新发展、推动学生完善人格、培养学生职业品德的时代精神；另一方面要推动中华民族优秀传统文化和社会主义先进文化的创新性发展，统筹思想文化资源与学生专业学习、就业创业、工作生活之间的内在关联，形成不同层次、不同特点的育人元素，分别融入基础课程、发展课程、实践课程等不同侧重的教材体系之中。

其二，要以恰当的方式将历史文化资源和思想文化资源呈现在各级各类教材之中。一方面在教材形式上强化数字化学习的概念，突破单纯依靠纸质文本的教材建设思路，构建文本教材、电子教材和数字教材的多种教材形式，创造出虚拟仿真、线上线下、图像文字等多维立体的教材阅读情境，将思政育人元素以学生喜闻乐见的方式进行时代性的呈现。另一方面在教材建设的延伸发展方面，实现育人元素呈现于教材但稳定于实践的有效拓展。价值观的引导与学习不同于知识技能的习得与理解，不能单纯依托于学生的"看到"和"听到"，也需要通过具体的场景实现学生的"感受到"，将思政元素诉诸学生对于特定情境的亲身体验和现实感受之中。因此可以运用 VR 技术、虚拟仿真技术等方式实现学生对于思政元素的沉浸式体验。

思政元素融入教材体系从而实现对于学生的价值引领是教材建设的重要环节，以河北农业大学为例，在推动思政元素依托教材融入各级各类课程建设过程中，出版了《课程思政讲义辑要》。全书涉及生命类、理工类、文管类三大类别，分类梳理了各专业课程所蕴含的思想政治教育元素，以此来编写育人案例，收录了 117 门课程 227 个"课程思政"案例，打造出了具有学校专业特色的"课程思政案例库"，在实践层面迈出了课程思政形成物化成果的坚实一步。

第二节　形成特色教材体系

教材体系包括教科书、参考书、教案讲义和其他数字视听材料。作为理论知识的体系化文本支撑，关系着学科体系发展的后劲，关系着教学体系的完善，关系着人才培养体系的目标实现。作为教育教学活动的主抓手，课程思政教育教学改革同样需要以规范的教材体系作为依托，如果没有教材体系的支撑，课程思政就会停留于理念上和口头上，就会滞留于抽象思考而无法应用于具体实践。农林院校长期以来承担着培养"专业化"人才的使命，使得其教材建设呈现出未能满足课程思政深入推进的客观要求的局面。总体来看，多数教材以知识体系的梳理、理论逻辑的呈现、学术前沿的整理为主要内容，以便于学生掌握知识、参与考核，但是就教材建设对于高校立德树人目标完成的具体作用而言仍然有待加强。而教材区别于一般学术文献的根本在于，它不仅仅是知识体系的简单罗列和多次重复，也是国家意识形态的文本体现，作为高校教育教学的重要环节承担着思政育人的重要使命。

除此之外，农林院校专业教材尤其是理工教材在引入专业知识和解释专业知识时，使用的案例往往来自于国外的人和事，而对于相关知识本身的科学史、发展史，对于国内相关人物的思想与精神的介绍仍然有待加强。随着中国科技水平的不断提升，技术成就会越来越彰显，伴随技术进步的典型人物也会逐渐增多，来自于中国实践的中国故事也会逐渐形成特定的示范效应。因此为保障教材育人的正确方向，凝聚学生的价值共识，教材建设要关注中国特色的人物和故事，形成具有中国特色的教材体系，实现对于学生的价值引领。对于农林院校教材建设而言，应该充分关注中国特色社会主义的发展方向，关注国家农业现代化过程中涌现的典型人物和热点事件，并将其作为教材建设的重要资源，推动农林院校形成独具特色的教材体系，从而讲好中国故事，厚植人文情怀。

一、把握的几个原则

教材在内容选择中的科学性与实践性、广度与深度，在内容组织中的合规律性、合逻辑性，在内容呈现中的严谨性、规范性都是教材建设过程中需要秉承的一般原则。[①] 对于农林院校课程思政的教材建设而言，还"要在教材的模块设置上紧跟学科、内容编排上与章节一体、体系编

---

① 　参见丁朝蓬：《教材评价的本质、标准及过程》，《课程·教材·教法》2000 年第 9 期。

排上层次分明、呈现方式上显隐结合"①，实现知识传授与价值引领的有机统一。

（一）政治性原则

习近平总书记在哲学社会科学工作座谈会上谈到教材建设时指出，教材建设要立足学科发展前沿，适应社会发展需要。这实际上就规定了教材建设的发展要求，其中居于首位的就是"适应中国特色社会主义发展要求"。也就是说政治性原则是课程思政教材建设的方向性原则，课程思政教材建设要体现党和国家意志，体现高等院校的社会主义办学方向，体现马克思主义中国化的最新理论成果，体现社会主义核心价值观的价值导向。高校课程思政并不是用德育来取代智育，不是将专业课程变为思政课程，而是实现专业知识内容教育与思想政治教育的有机融合。这种融合体现在教材建设之中，是要用马克思主义的方法逻辑对专业课程内容进行合理解读和有效补充，但这并不意味着削弱专业教材本身的逻辑体系，更不是以思政课的课程架构和课程思维来约束专业教材的编写与出版。② 换言之，就是充分挖掘专业教育思政元素，结合不同的学科专业特点所对应的不同的教学形式，依托具有严密逻辑体系、知识架构的专业课程教材，形成独具特色的案例集和讲义材料。

另外，课程思政教材建设坚持政治性原则，要处理好两个关系。其一是政治性原则与思想性原则的有机统一。相较于政治性原则侧重于方向性的引导，思想性原则更加侧重于价值性的塑造，体现在教材体系之中就是对于学生精神品质、人文关怀的关注，包括学生的理想信念、道德情操、人文修养等。教材建设的政治性原则要求教材建设要符合党和国家意志，思想性原则要求教材建设要回应学生关切，两者是统一的，学生的国家意

---

① 孙朝阳：《层次分析与改革实践：课程思政切入点设计的三个维度》，《河北大学学报（哲学社会科学版）》2020 年第 6 期。

② 参见韦春北：《把握好课程思政改革创新的四个维度》，《中国高等教育》2020 年第 9 期。

识和国家认同感是在解决自身关切的过程中逐渐树立起来的，学生的思想认同和价值认同是在主流意识形态引领过程中逐渐凝聚的。其二是政治性原则所体现出的教材权威性与教材本身的可读性、亲和力的有机统一。课程思政教材所体现的政治性原则，使得教材在结构的严谨性和规范性方面、语言的学术性和体系性方面较为突出，但是也需要考虑到教材的可读性，考虑到教材内容是否能够联系学生的认知实际和生活实际。也就是说教材建设要在坚持政治性原则的基础上充分考虑学生对于教材的接受程度和理解程度，把握好教材本身的适读性。

（二）契合性原则

课程思政教材建设的契合性指的是思政元素对于专业教材合理地融入而不是刻意地嵌入。无论是专业教育还是思政教育，最终的目标指向都是立德树人，育人目标作为专业教育与思政教育共同的逻辑起点，为两者的有机融合提供了理论上的可能性。而两者融合能否落细、落地、落实，还需要在具体实践中把握思政元素对于专业教育融入是否科学、是否适度、是否契合。以河北农业大学生命科学学院对于课程思政的探索为例，生命类学科教材侧重于专业基础理论的呈现、实验方法的解读，主要包括动植物领域所涉及的生命技术理论、生命活动的本质和规律等，这在学科边界上与思想政治教育的划分、切割较为明显。尤其是依托生命类教材的生命类课程教学体系是以自然科学技术为研究基础的，相对于人文社会科学而言属于技术密集型课程，这一类课程所依托的教材是为帮助学生了解自然事物变化的客观规律，掌握自然科学领域的技术应用。这就使得在此类专业性较强、技术性突出的教材建设中，思政元素的挖掘与融入相对较为困难，思政教育与专业教育的衔接题材较少。此时如果将教材强制"思政化"，大幅增加与思政教育相对应的理论知识，无疑会呈现出在内容上牵强附会的情况，也会导致教材建设打破原有的严谨逻辑和科学规划。这不但达不到课程思政润物无声的育人效果，也使教材的专业性受到质疑。因此课程思政教材建设要充分考虑不同门类、不同学科、不同专业对于思政元素的涵育程度，明确价值元素和思政资源融入知识体系的边界，推动思政元素在各级各类教材中科学合理的适度融入，既无"过"，也无"不及"，既避免课程和教材"被思政化"的倾向，也避免专业教育与思政教育"两张皮"的情况。

（三）时代性原则

课程思政教材建设的时代性原则是指要根据学科发展的新内容和德育发展的新趋势不断丰富和更新教材内容体系的原则。就农林院校而言，课程思政教材体系建设的时代性原则体现在，它既是新时代背景下实现其他课程与思政课同向同行的时代性要求，也是"新农科"实践中对专业课程进行生态重构的学科发展要求。一方面，习近平总书记指出将思政工作贯穿教育教学全过程，从而实现各级各类课程协同发展的观点，明确了高校思政工作体系建设的根本逻辑。"课程思政"聚焦高校育人的价值本原，作为一种全新的教育理念，是新时代高等教育实现全员、全程、全方位的"三全育人"的必然选择，这就为新时代教材建设提供了基本方向。另一方面，"新农科"教育作为农林院校应对高等教育改革和农业农村现代化的制度安排，为思想政治教育与专业课程的结构性融合、交叉性创新、协同性育人提供了实践契机。新农科背景下，农林院校承担着为新农业新乡村新农民新生态建设培养"一懂两爱农林新才"的重要职责。那么，如何在"新农科"实践中，把育人向度从农林学科、专业、课程中发掘出来，形成圈层效应，实现农林教育与思想政治教育深度融合，为"大国三农"提供好智力支撑，是当前农林高校迫在眉睫的任务，也是农林院校教材建设作为教育教学活动重要环节所必须面对的现实问题。

需要注意的是，课程思政教材建设在适应时代发展的过程中，要处理好与基础理论之间的关系。基础理论在教材体系之中是较为稳定的知识和规律，是学科长期发展过程中较为稳定的理论部分。基础性内容具有相对科学和相对稳定的特点，但这并不意味着知识体系的固化，而是要随着社会实践的发展而逐渐完善的。因此，要将时代发展和学科进步过程中所产生的新的育人元素不断融入基础性内容之中，实现基础性内容的时代性、创新性发展。

二、分类实施的方法

课程思政教材体系建设是一项系统性的工程，涉及思政元素与资源、课程思政教育教学规律在各级各类教材之中的融入。专业教材侧重于挖掘思政元素实现育人目标，专门教材侧重于揭示课程思政教育教学规律强化育人效果。通过专业性教材和专门性教材的有机结合，实现课程思政教材体系建设的"大思政"格局。一方面，课程思政的教材体系涉及思政元素在不同门类、不同学科、不同专业教材中的融入，那么加强课程思政教材建设就需要根据不同的学科属性进行分类实施。另一方面，课程思政的教材体系涉及专门性教材的出版，从理念、方法和规律本身揭示课程思政的实施与推广。

（一）通过挖掘思政元素丰富各学科门类的专业教材体系

习近平总书记在哲学社会科学座谈会上指出："学科体系同教材体系密不可分。学科体系建设上不去，教材体系就上不去；反过来，教材体系上不去，学科体系就没有后劲。"[①] 这实际上指明了教材体系和学科体系之间的内在逻辑，学科体系是教材体系建设的内在依据，而教材体系又促进了学科体系的发展与完善，可以说学科体系是推动教材体系建设的重要依据。那么，课程思政教材体系建设与改革也应该按照门类、学科乃至专业的不同特征和属性采取分类实施的办法，为不同的门类学科"量身定做"不同

---

① 习近平：《在哲学社会科学工作座谈会上的讲话》，人民出版社 2016 年版，第 26 页。

的教材体系。改革开放以来，我国从理工科入手，逐步开始恢复实施教材分类制度，建立教材编审委员会，制定学科分类标准，颁布《中华人民共和国学科分类与代码国家标准》，将学科分为自然科学、农业科学、医药科学、工程与技术科学、人文与社会科学五大门类，下设58个一级学科。按照学科属性，如此众多的门类学科大致可以分为哲学社会科学和自然科学。这就为课程思政教材体系建设过程中的分类与实施提供了有力支撑。

1. 强化哲学社会科学类教材建设

强化哲学社会科学类教材建设主要指的是以"马克思主义理论研究和建设工程"系列教材的使用为突破口，强化对哲学社会科学具有支撑作用的学科的教材建设。2004年国家正式开启"马工程"教材建设工作，由中宣部和教育部编写出版系列教材，目前已经基本涵盖了哲学社会科学各个学科的专业课程，哲学社会科学类教材建设成就显著。新时代条件下，课程思政主张思政课程与其他课程协同育人，让各级各类课程都承担思想政治教育的使命，因此，就哲学社会科学来说，无论是马克思主义理论学科还是马克思主义理论的支撑学科，都天然承担着意识形态的传播使命，在这场教育"革命"中的作用不言而喻。

一方面，依托马克思主义理论学科教材开展思想政治教育。就哲学社会科学的学科体系而言，马克思主义理论学科引领着其他人文社会科学的发展方向，以其为依托的高校思想政治理论课是高校意识形态传播的主阵地。课程思政主张让所有课程都承担"思政"责任，并不是以专业课程取代思政课程，思想政治理论课不但不能被取代反而应该得以进一步加强。它不仅是高校意识形态传播的主阵地，也会成为其他课程开展思政教育的跨学科支撑，因此，马克思主义理论学科教材建设在课程思政教材体系建设中至关重要。农林院校在发挥思想政治理论课主渠道作用的具体实践中，采用全国通行的《马克思主义基本原理概论》《思想道德修养与法律基础》《毛泽东思想和中国特色社会主义理论体系概论》《中国近现代史纲要》等"马克思主义理论研究和建设工程"重点教材开展教育教学活动，有效保证了思政课教育教学活动的顺利开展。

另一方面，充分挖掘对哲学社会科学具有支撑作用的学科教材中的思政元素。高校要积极参与、有序推进马克思主义理论的支撑学科——比如哲学、政治学、历史学、法学、经济学、社会学、人口学等领域——的教材建设过程。在教材编写上要体现马克思主义中国化的最新理论成果，在教材审查上要坚持政治安全审查，在教材选用上要坚持统一选用国家统编的教材，从而保证马克思主义理论在其他哲学社会科学教材体系中不"失踪"，保证其支撑学科的中国特色。

2. 深化自然科学类教材分类建设

不同于哲学社会科学类教材在育人环节中培养学生人文素养、道德情操的天然优势，自然科学类教材表现出较为突出的技术性、应用性、实践性的特点，但这并不影响思政元素在自然科学类教材中作用的发挥。根据《国家中长期教育改革和发展规划纲要（2010—2020 年)》对于人才的定位，高等教育将提高人才培养质量作为内涵式发展的核心，着力培养的是高素质专门人才和拔尖创新人才。高素质专门人才是综合素质较高的专业化人才，其中人文素质是其中必不可少的素质要素；拔尖创新人才是具有创新精神和创新能力的人才，而创新意识的培养不是仅仅依靠专业教育就能够完成的。因此，围绕这样的人才培养模式，形成了既注重教师主导作用也发挥学生主体作用的教学模式，使得教材建设过程中更加强调通过合理的育人元素实现对于学生思维方式的锻炼和综合素质的提升。课程思政主张知识传授、价值引领与能力培养的有机统一，这与新世纪以来高等院校人才培养模式的转变有着内在的现实契合。但是，高等教育不同专业在人才培养目标的指导下，有不同的人才培养目标定位，在教材建设方面也体现出明显的差异性，因此，课程思政教材体系建设要分类实施、特色发展。

具体到农林院校而言，需要考虑两个方面的因素，一是不同学科的不同专业属性，二是相同学科的不同课程属性。其一，就不同学科的专业属性而言，针对林学类学院、农学类学院、食品类学院等技术科学属性相对突出的学院，教材的内容不仅要关注学科交叉，关注知识体系和理论结构的迁移，也要突出科学技术服务社会的学科使命、技术伦理，突出专业前辈技术报国的榜样精神、工匠精神；针对数学学院、化学学院、信息学院等基础科学属性相对突出的学院，教材的内容要突出的是基础理论的科学精神和价值观念，突出基础理论的时代适应性和发展性。其二，就相同学科的不同课程属性而言，主要分为专业通识类课程、专业基础性课程和专业核心发展性课程。那么，针对不同的专业课程要使用不同育人维度的教材，通识类教材注重价值情怀的厚植，基础性教材注重方法论的培养，核心发展性教材注重创新意识的涵养。

（二）通过出版专门教材揭示和体现课程思政教育教学规律

课程思政作为新时代高校思想政治工作的新方向，不仅仅需要在实践中不断落实，逐渐由育人理念转化为教学实践，由部分实践拓展到全体实践，也需要在学理上对课程思政的内涵与本质、边界与原则、实践与延展进行科学的学理分析。也就是说要想发挥课程思政建设对于教育教学活动的推动作用，就必须加强专门性教材建设，从理论上分析课程思政的质的规定性。

要加强课程思政专门性教材建设。专门性教材是认知课程思政规律的有效载体。习近平总书记指出做好高校思想政治工作，"要用好课堂教学这个主渠道"[①]，这就为高校思政工作指明了新的发展方向。一直以来在传统马克思主义教育的语境中，"主渠道"一词主要指的是思想政治理论课在意识形态传播中的主渠道作用，但是习近平总书记将思想政治教育"主渠道"作用发挥的载体从"思政课教学"拓展为"课堂教学"，这是站在更高的战略维度使人们对于思想政治教育课堂教学有了更为全面的认知，开始专注蕴含在专业课以及各级各类课程教育中的思政元素，这就加深了

---

① 习近平：《把思想政治工作贯穿教育教学全过程　开创我国高等教育事业发展新局面》，《人民日报》2016 年 12 月 9 日。

对于课程思政的研究。目前为止，学术界对课程思政的真知灼见逐渐增多，这就更需要我们将课程思政的相关内容进行归纳总结，出版专门的教材来揭示和研讨课程思政的一般规律。第一，课程思政的内涵和本质到底指向何处。关于课程思政的内涵，学术界分别从"教育理念""思政方法""教学体系""实践活动""课程类型"等方面进行了不同角度的解读，那么在立德树人根本目标的价值导向之下，课程思政的质的规定性究竟指向何处，需要在专门性的教材之中进行探讨。第二，课程思政的特点与边界体现在何处。狭义的课程思政重点是指思政课之外的其他课程如何承担"教育"与"育人"的双重使命，如何实现"育才"与"育人"的逻辑互构，如何推动"知识传授"与"价值引领"的有机结合。这就涉及在其他课程的教育教学活动中对思想政治教育的融入程度问题，如何在专业教育与思政教育内容互通、理念同旨的基础上，实现两者的有机结合，也需要专门性的教材给予方法论方面的指引。第三，课程思政的具体实践如何落实。课程思政建设需要"客观承认思想政治理论课与其他各类课程的相互独立性"，"牢牢抓住思想政治理论课与其他各类课程的相互依存性"，"找准找对政治理论课与其他各类课程协同共生的发力点"，[①] 推进教育教学改革的进一步深化，这也是专门性的课程思政教材需要指明的方向。总而言之，专门性的课程思政教材需要在学理上对课程思政的一般规律进行科学的阐释，而这正是当前教育教学改革的"刚需"。

要加强农林类课程思政专门性教材建设。不同的学科门类在推进课程思政建设过程中的侧重点有所不同，这就需要加强不同门类的专门性教材建设，农林类课程思政专门性教材是揭示和体现农林院校课程思政建设规律的文本支撑。农林类院校的思想政治工作，具有区别于一般院校的特殊性，更何况新农科建设对于人才培养质量内涵式发展也有着一定的现实要求。这就使得我们在推动专门性课程思政教材建设过程中，要注意到农林

---

① 唐德海、李枭鹰、郭新伟：《"课程思政"三问：本质、界域和实践》，《现代教育管理》2020 年第 10 期。

院校课程思政教材的独特性。农林院校在国家农业现代化过程中承担的历史责任，使得其必须将在长期历史传承中形成的"专业性"人才培养模式转化为"综合性"人才培养模式，必须在政策项目、资源配置等方面给予哲学社会科学相应的发展空间。因此，要加强针对农林院校的专门性的课程思政教材建设，从而推进农林院校教育教学改革的进一步深化。

三、加强实证研究

实证研究是通过实际的观察和调查，以事实数据为支撑和依托来探讨本质并揭示规律的论证方法。[①] 实证研究包括量化研究、质化研究、混合式研究等，作为国际教育研究领域备受关注和较为重视的研究方法，在我国教育研究之中却并不常见。受制于传统思维方式的影响，以及统计学训练方法的缺席，我国教育领域的研究仍然以思辨为主，量化研究和质性研究虽然也逐渐受到关注，但是比例仍然很小。这就使得我国教育研究方法较为单一，教育科学的多样性发展受到制约。因此，要在教育尤其是教学领域加强实证研究，以多样化的教育研究范式推动教育研究的深入发展。

（一）实证研究的基本流程

一般而言，实证研究包括数据、理论和分析工具等要素，方法的运用流程如下图所示：

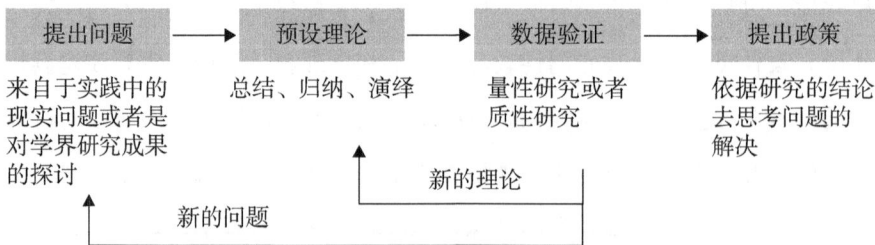

① 参见姚计海：《教育实证研究方法的范式问题与反思》，《华东师范大学学报（教育科学版）》2017 年第 3 期。

　　基于此，实证研究一般都要经历一个确定研究选题、基于基础理论提出研究假设、数据收集与研究整合、数据检验分析、提出研究结论的过程。第一，确定研究选题。社会科学以人类活动为对象，揭示的是人类社会不断变化的内在规律。人类活动的多样性和人类社会的复杂性为实证研究提供了丰富的研究内容，那么，选取其中兼具理论意义和现实意义的内容是实证研究开始的第一步。第二，基于基础理论提出研究假设。理论内容本身的真伪辨别是一项比较繁杂的工作，可以依托理论进行先期的逻辑推理，以理论研究中的问题为导向，提出研究假设，设计研究思路。第三，数据收集与研究整合。收集数据的过程就是将理论研究中的问题或者困惑通过数据的方式加以呈现的过程，通过量性研究或者质性研究收集数据，依托适合的数据模型进行数据剖析。第四，数据检验分析。根据掌握的数据特征，依托特定的数据分析模型，对数据进行检验分析，不仅对于预期假设方向一致的数据进行分析，同时也要关注方向不一致的数据所反映的相应的问题。第五，提出研究结论。基于对数据的检验分析，研究者要提出合理的结论，包括本次研究有什么样的边际效应，在哪些方面对现有理论形成了现实支撑或者合理补充，本次研究对社会发展有什么样的理论和现实意义，本次研究还有哪里有待完善和需要继续研究的方向等。

（二）加强实证研究以推进课程思政教材建设

　　专门性课程思政教材建设要建构以揭示课程思政规律为主要内容的教材体系，而规律的揭示需要综合运用各种研究方法实现对于问题本质的研究。其中，"思辨"研究作为传统的研究方法，一直以来是最主要的研究方法。它是基于研究者的研究基础和理性思维，对概念、理论进行反复的逻辑推理而实现对于理论本质意义和事物发展规律的认知的研究方法。随着时代的不断发展，复杂的客观环境使得传统的"思辨"面临着很多的现实问题。对于教育研究而言，教育的核心命题是关于人的命题，是关于人的生存、成长与发展的命题。而作为教育对象的"人"的复杂性使得教育教学作为一种对象性的活动，不能仅仅依托"思辨"来解释和研究现实问题，换言之，教育教学活动的复杂性使得理解和研究教育教学规律需要综合运用多种研究范式，需要考虑客观教育环境、时代发展变迁、学科自身发展对于教育对象的影响，这就从现实层面提出了于教育教学研究中引入"实证"范式的要求。作为与"思辨"研究相对应的一种研究范式，实证研究依托的是对于研究对象的调查与观察，就其研究途径而言是基于数据的整合与分析去探讨事物本质和发展规律的研究方法。在研究教育教学活动中加强实证研究，就是要以原有理论为基础，通过对客观教育活动的测试、调查、统计，客观认知当前教育教学活动的发展瓶颈并探索教育教学创新的发展路径。目前，为增强教育学的科学化研究，教育学领域的研究范式正在发生变化，由最初的"思辨"研究占主导，逐渐转变为也要加强实证研究。① 也就是说，具体的教育教学活动虽然有各自的特殊性和复杂性，但是并不代表它杂乱无章、毫无规律，也需要突破仅仅依靠逻辑演绎的传统方法，通过基于调查的实证研究对教育教学相关活动进行理性分析和统计推导，以强化教育研究的客观性，从而解释各教育教学活动的内在关联和发展规律。② 那么，作为教育教学活动的重要环节和文本支撑，课程思政教材体系的建设同样需要加强实证研究，尤其在教材内容的选取阶段，要通过实证研究，通过调查、统计、测验等方式来解答当前教育教学活动遇到的瓶颈，探索教育教学改革的方向和着力点。

需要注意的是，加强实证研究并不等同于主张数据崇拜和方法主义。实证研究确实能够通过统计数据来反映当前教育教学活动的现状，科学的研究数据也确实能够推动教育教学的规范发展，但教育教学活动（包括教

---

① 参见程建坤、陈婧：《教育实证研究：历程、现状和走向》，《华东师范大学学报（教育科学版）》2017 年第 3 期。

② 参见王思遥：《教育实证研究的理论依据、争议与去向》，《大学教育科学》2020 年第 5 期。

材建设在内）最终目的是要实现立德树人的根本目标，体现对教育对象"生命性"的尊重。这就使得在各种方法的运用过程中，不能忽视教育对象作为"人"本身的多样性，将与其直接相关的统计看作冷冰冰的数据，过分迷信"数据统计模型"而陷入"统计主义"的错误倾向之中。

四、提升教材品质

按照《农业部"十三五"规划教材建设指导方案》要求，品质是教材建设不可忽视的环节，要在立项、评审、编写、出版的各个环节进行严格管控，以保证教材内容的高质量和规范性。教材是保障高校立德树人目标实现的核心教育资源，教材品质直接影响学生理解和接受知识的程度，影响着学生国家意识和民族认同的形成。课程思政教育教学改革的深入推进要重视作为文本依托的教材品质的提升。

（一）通过教学体系倒逼教材体系的优化

教材体系是教学活动顺利展开的理论依托，反过来教学活动的反思与总结也倒逼着高校在教材体系的建设过程中需要反复思考知识内容的科学性、育人元素的适度性、逻辑框架的严谨性等，从而更好地发挥教材体系对于人才培养的作用。教学活动的有效展开是不断转化教材体系、释放教材红利的过程，教材体系向教学体系转变，需要将理论回归到具体的场景和具体的实际中，完成场景转化，需要将学生的个人视角上升到社会视角和国家视角，完成视野转化。另外，具体的教学活动会形成特定的教学反馈，这种教学反馈如果能够呈现出稳定的规律性，那它们就需要作为时代性的发展元素补充到教材体系之中。也就是说，具体的教学活动验证着教材内容是否真正能够适应学生成长发展需要，是否真正能够完成培养人才的目标，这就使得教材体系既要有基于基础理论的稳定性，也能够突破传统知识体系边界，实现知识内容的时代性发展。

（二）拓展教材形式促进教材体系品质提升

随着"互联网＋"时代的到来，教学活动作为一种创造性的活动也需要因时而进、因势而新，而教材建设作为教学活动的重要环节也需要进行时代性创新发展。更何况就教材的使用群体而言，当前大学生知识视野宽广、思维较为活跃，但同时学习精力难以集中、学习时间也趋于碎片化，那么如何打造适应学生阅读方式并深受学生喜爱的教材就是课程思政教材建设过程中必须要考虑的问题。

一方面充分运用"现场"教材。所谓"现场"教材是指将静态的教学情境、人文风景、具体事物，比如校史馆、文化园、实践基地等转化为鲜活的教学资源和"实地"教材，让"现场"说话。如河北农业大学依托河北省爱国主义教育基地——太行山道路展览馆，依托李保国纪念石等实地资源和场景，多次开展专题培训、学生党课、党员宣誓等活动，创设出思想政治教育的具体情境，引导学生了解太行山道路、太行山精神、李保国精神背后的故事，引导学生将国家政策、社会责任与个体成长紧密结合，帮助学生将朴素的情感认知上升为深刻的理性认知，实现对学生价值观念的指引。

另一方面要充分把握数字教材。教育教学活动要主动适应"互联网＋"时代下的技术发展水平，适应育人资源的网络化、电子化、数字化表现方式，创新教材形态，突破单一的纸质教材而向多媒体教材形态转变，构建纸质教材、数字化教材、电子教材等多种形式的教材体系，创设适合学生的阅读环境，更好地释放教材红利。

第三节　规范教材应用

从全球范围来看，教材作为知识的具化形态不同于一般的书籍，它其实是国家统治阶级向受教育者传递国家意志和主流思想观念的载体，本身就带有较强的意识形态属性。高等学校教育要遵循社会主义的办学方向，在课程建设的过程中，对于教材的应用也应该将"培养什么人、为谁培养人"的思考贯穿于教材的编写、选用、监测的全过程，以保证课程思政建设的发展方向。

一、强化编审

为贯彻落实《国家中长期教育改革和发展规划纲要（2010—2020年）》，全面提升本科教材质量，充分发挥教材在提高人才培养质量中的基础性作用，教育部下发文件提出"全面推进、突出重点"、"明确责任、确保质量"、"锤炼精品、改革创新"、"分类指导、鼓励特色"的基本原则，建立起国家、地方、高校三级教材管理体系，充分肯定了高校在教材管理体系中的重要作用。随着课程思政建设的持续推进，高校要充分发挥教育部门赋予自身的管理责任，从教材的编审选用、教案课件的编写等方面将课程思政建设落实到位。

首先，高校要强化对教材的编写工作。在课程思政建设的要求下，教材的编写有一个基本的要求，就是要将马克思主义基本原理及其中国化的理论成果同各学科的专业内容有机地结合起来，在传授专业知识的过程中无形地帮助学生树立马克思主义的世界观、人生观和价值观。这项工作可谓是一项牵涉所有专业的重大工程，由此也就要求高校构建教材管理体系之前，对本校的教材编写有一个顶层设计和整体规划，从本校的特色和优势入手，集中骨干教师力量，统筹优势教育资源，实现高校对教材编写的领导作用。同时学校要尊重专业知识发展、传授的基本规律，在教材编写的过程中赋予教材编写者以独立性，以保障专业教师在教材编写过程中能够从专业的角度实现对思政元素的融合。同时，学校还应该制定必要的激励机制，按照《高等学校课程思政建设指导纲要》的意见对有突出贡献的教师进行表彰奖励，以确保课程思政教材编写队伍的长期稳定，从而有效提升编写教材的质量。

其次，高校要严管对教材的审查工作。从目前高校教材管理的一般情况来看，对于教材的审查多限于"马克思主义理论研究和建设工程"的教材，对于其他专业性的教材的审查在形式上较为简单，在内容上也并不严格。但是课程思政建设作为一项能够影响社会主义建设者和接班人、影响国家长治久安、影响民族复兴等重大问题的综合性改革，无论是对于自编类教材，还是对于采购类教材，都必须对其加以严格审查，慎重选用。在课程思政建设的背景下，高校对于所有备选教材要强化审查意识，把坚持正确政治方向和价值导向的优秀教材选入学校的使用教材当中。要坚持以习近平总书记提出的"五个体现"为基本指导思想，切实按照体现马克思主义中国化要求、体现中国和中华民族风格、体现党和国家对教育的基本要求、体现国家和民族基本价值观、体现人类文化知识积累和创新成果的基本要求选择教材，确保课程思政建设的根本方向。同时高校要充分发挥教材审查所产生的导向作用，通过选用优秀教材来确立教材编写的基本规范，引导越来越多的优秀专业教师有意识地把握课程思政教材编写的基本要求，并能够主动地参与到高水平教材的编写队伍当中。

二、内部控制

在《教育部关于"十二五"普通高等教育本科教材建设的若干意见》中，教育部明确提出，在教材管理体系方面，高校要充分发挥教材建设的主体作用。尤其要强化高校对教材建设的管理作用，将教材建设的过程管理与目标管理结合起来，实行教材立项、阶段检查、目标审核制度，加强对教材质量的监督，在学校的内部管理中加强对教材的控制力度。其目的在于在当前意识形态领域斗争复杂的情况下，最大限度地保证我国的高等教育沿着社会主义的方向发展下去，保障每一个学科、专业都能将正确的知识内容和主流的价值理念传授给青年学生。但是毋庸讳言，随着互联网技术的高速发展，学生的价值趋向和思想观念呈现出多元化的特点，而且在其思想意识形成的过程中，除了通过教材进行知识习得，还可以从网络上轻易地获得各种各样的思想信息。为了杜绝此类状况的发生，各高校要借助课程思政教材建设的契机，切实发挥有效的审核作用，注重平衡教师自主性与学校规划性、教育公共性与市场逐利性、真理客观性与立场政治性之间的关系，尤其要对网络资源和电子版教材做好监督审查工作。另外还可以通过做好顶层规划使得越来越多的专业教师能够在专业知识与思政元素的融合上最大限度地发挥自主性，使得专业知识能够得到全面的传授和及时的更新，使得主流价值观念能够在各级各类教材之中得以体现。如此，方能保障课程思政建设的教材质量，也能真正做到以学生为中心，最大限度维护学生受教育的权利，使其形成正确的人生观和价值观，最终成长为在我国社会主义现代化建设中发挥作用的高素质专门人才和拔尖创新人才。

三、形成保障

　　加强制度建设是巩固现有建设成果的重要保障，也是指引专业教师参与到课程思政建设，尤其是教材编写、选用工作中的重要指引，对于课程思政建设以及教材应用工作具有重要的意义。2017 年，国家层面的教材委员会成立，这是从国家教育发展的全局对教材管理工作采取的重要举措。与此同时，教育部还将国家监管的组织和程序纳入制度化的轨道，这正成为我国规范教材管理的重要趋势。为了能够适应当前形势的发展要求，各高校在课程思政建设中，也应该针对教材管理中的薄弱环节制定相应的制度规范，以保证未来教材管理工作有据可依。建立教材管理制度，促进管理规范化主要可以从以下几个方面入手。

　　第一，要加强教材编写、申报、选用等各个环节的制度规范，做到规则明确、职责分明，使教材管理的整个过程能够保持良性运转。比如在教材编写环节，要对教材编写者的身份和水平有明确的制度要求，重点鼓励教学名师、高水平专家主编或参与教材编写工作。而对于组织优秀教师编写的各种专业教材，要在出版使用之前接受同行内部的评议，以保证自己学校教师编写的教材能够经受住各种检验。同时，在教材的选用上，要建立对教材质量的评价机制，建立教材使用情况的跟踪、调查机制，避免教师利用教材捆绑推销相关参考书或学习资料的现象。第二，针对教材的使用情况，引入教师和学生评价机制，设置教材准入门槛和清退机制。在教材的选用过程中，随着学科的发展以及学生的迭代更新，最初被选用的优秀教材也需要进行时代性更新和创新性发展，各高校要组织相关教师和学生建立起相应的评价反馈机制，在每个学期末组织学生和相关授课教师对所使用的教材质量进行评价、反馈，然后学校再根据收到的反馈意见决定下一学期教材的选用情况，对不合格的教材进行及时清退。第三，根据信息化时代的发展特点，高校应该依托学校的网络中心、信息技术学院或者慕课平台建立相应的数字教材制作、审查、推广机制，优化教材管理平台，促进教材管理的信息化水平，充分利用大数据技术建立教材信息库和教学案例资源库，使课程思政建设最大限度地享受到"互联网+"所带来的技术红利。

总之，教材体系建设是教育教学改革的具体落实和集中呈现，是课程思政视域下高校思想政治工作体系的重要环节，这就使得教材体系建设成为推进农林院校课程思政的题中应有之义。加强教材体系建设就需要强化教材工作体制，建立特色的教材体系，规范教材应用，只有这样，才能完善教材体系，发挥教材建设对于教育教学改革的重要作用。

第五章　课程思政教育教学的学科建设

回顾学术史不难发现，学术界对于学科的内涵和外延的界定最初是众说纷纭、莫衷一是，现在则已基本达成了共识。中国人民大学的周光礼等学者对以往学术界界定学科这一概念的关键词进行了统计，构建了这一概念的层次分析图谱，总结出了学术界对学科这一概念的最广泛共识——"它包含两层含义：一是知识体系，二是学术制度"①。定位到高等教育之中，学科不仅是科研的平台，而且是教学的平台、育人的平台，是知识体系聚合成专业、学术规范发展为制度、科研教学育人融为一体的平台。对于高校而言，学科强，则高校强。作为高校发展的生命线，学科建设是引领高校各项工作的龙头，是衡量高校办学质量的重要标准。当前，我国农林院校基本形成以农林类学科为特色、多学科协调发展的格局。新时代农林院校的学科建设始终把立德树人作为根本任务，把提高人才培养质量作为核心指标，把"新农科"建设作为重要契机，坚持面向新农业、新乡村、新农民、新生态，依据自身特点和实际打造特色鲜明、优势互补的农业学科、林业学科、生命学科、资源与环境学科、农业工程学科和其他各类学科等学科群。在新时代农林院校的学科建设中，思政学科与其他各类学科协同发展、绘就同心圆是基础和关键。将课程思政教育教学贯穿到新时代农林院校学科建设的方方面面，构建课程思政教育教学全覆盖的农林院校

---

① 周光礼：《世界一流学科的中国标准是什么》，《光明日报》2016 年 2 月 16 日。

学科体系，是新时代农林院校学科建设的一个重大而现实的课题。

一方面，加强新时代农林院校课程思政教育教学的学科建设，就是要将课程思政深度嵌入以"新农科"为代表的各类学科的建设和发展之中，形成学科处处有思政、学科处处讲育人的良好局面。《高等学校课程思政建设指导纲要》提出要全面推进课程思政建设，同时，强调要分学科专业有针对性地加强课程思政建设。概括说来，文史哲类学科专业要立足于马克思主义的世界观和方法论，通过历史与现实的结合、理论与实践的碰撞等深刻领会习近平新时代中国特色社会主义思想；经管法类学科专业要推动大学生关注现实问题，深入社会深入实践，运用理论指导实践，塑造拥有经世济民的情怀、诚信服务的素养、德法兼修的品格的新时代大学生；教育学类学科专业要注重加强师德师风建设，推动大学生树立学为人师、行为世范的职业理想，争做"四有"好老师；理工类学科专业要把运用马克思主义的世界观和方法论与培养科学精神结合起来，引导大学生勇探索、求真知，培养大国工匠精神和科技报国的担当；农学类学科专业要努力塑造大学生的"大国三农"情怀，培养"懂农业、爱农村、爱农民"的新时代大学生；医学类学科专业要注重医德医风建设，加强医者仁心教育，培养大学生医者精神，始终把人民的生命和健康放在首位；艺术类学科专业要坚持面向实践、面向生活、面向群众、面向时代，引导大学生树立正确的艺术观，努力弘扬中华美育精神，提高大学生的审美能力和人文素养。

另一方面，加强新时代农林院校课程思政教育教学的学科建设，还要在将课程思政深度嵌入以"新农科"为代表的各类学科的基础上，进一步加强课程思政自身的建设，努力将课程思政完善为一个工作体系，并在这个工作体系之下不断健全相关的规范要求，使这一工作体系更加系统、更加完整、更趋规范。而在课程思政的工作体系中，学科建设始终是其重要一环。如前所述，一般而言，学科包含知识体系与学术制度两层含义。在课程思政建设的背景下，知识体系指向的是作为目标层面的人才培养，学术制度指向的是作为规范层面的学科发展标准，因此，新时代农林院校课程思政教育教学的学科建设不仅要完善人才培养方案，而且还要制定学科发展质量标准。具体逻辑如下图所示：

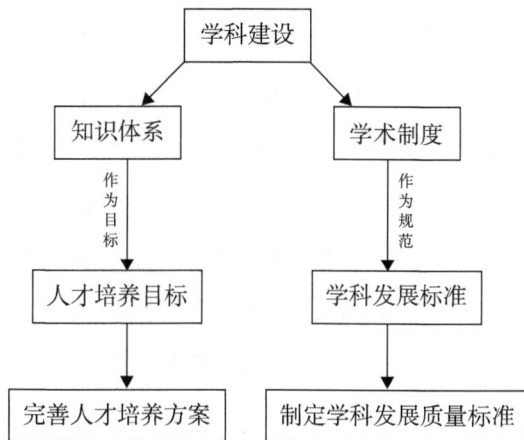

```
                    ┌──────────┐
                    │  学科建设  │
                    └──────────┘
                   ╱            ╲
          ┌──────────┐      ┌──────────┐
          │  知识体系  │      │  学术制度  │
          └──────────┘      └──────────┘
            作               作
            为               为
            目               规
            标               范
          ┌──────────┐      ┌──────────┐
          │ 人才培养目标 │      │ 学科发展标准 │
          └──────────┘      └──────────┘

       ┌──────────────┐   ┌────────────────┐
       │ 完善人才培养方案 │   │ 制定学科发展质量标准 │
       └──────────────┘   └────────────────┘
```

总的来说，这两个方面是相辅相成、相互促进、密不可分的。推进课程思政教育教学的学科建设，首先是要将课程思政深度嵌入以"新农科"为代表的各类学科的建设和发展之中，将课程思政深度嵌入各类学科的人才培养方案中，纳入各类学科的质量标准体系中，在此基础上，进一步强化学科支撑作用。同时，努力将课程思政完善为一个包含学科发展规范在内的工作体系，不断优化课程思政的人才培养方案，形成课程思政的学科发展质量标准，从而推动课程思政更好地、更有效地嵌入以"新农科"为代表的各类学科的建设和发展之中。

第一节　完善人才培养方案

一般说来，人才培养方案是在相关理论的指导下，为实现特定的人才培养目标，通过明确相应的教学、科研、管理和培养评价体系以指导人才培养全过程的方案或体系。在我国，这一方案或体系必须以马克思主义为根本遵循，以立德树人为根本使命。加强课程思政教育教学的学科建设，完善人才培养方案，从技术层面来说，就要借鉴 OBE 理念（Outcomes-Based Education）——即成果导向的理念，将教育成果（想让学生取得的学习成果和所获得的能力）作为教学评价导向。从价值层面来说，就是要将课程思政深度嵌入高校人才培养方案之中，将政治认同、理想信念、家国情怀、人文素养等全面融入人才培养方案，把大学生政治认同的培养、理想信念的坚定、家国情怀的塑造、人文素养的陶冶等纳入 OBE 理念的成果导向之中，进一步强化人才培养方案的价值引领功能。

《教育部关于加快建设高水平本科教育全面提高人才培养能力的意见》强调要"把思想政治教育贯穿高水平本科教育全过程"。《教育部关于深化本科教育教学改革全面提高人才培养质量的意见》再次强调，在人才培养过程中，要"充分发掘各类课程和教学方式中蕴含的思想政治教育资源……引领带动全员全过程全方位育人。"① 农林院校人才培养方案要落实立德树人根本任务，坚持"育人为本、德育为先、注重能力、全面发展"的总体要求，以新农科建设为契机，面向农业、农村、农民统筹办好涉农专业和非农专业，培养"懂农业、爱农村、爱农民"的知农爱农创新人才，培养兼具"大国三农"情怀和较高专业水平的各类专业人才，形成有特色、多类型、多样化的新时代农林院校人才培养体系。农林学科的人才培养是农林院校人才培养体系的特色和重点。对于农林学科的人才培养而言，要以培养大学生强农兴农为己任的使命担当为引领，培养具有崇高的理想信念、深厚的"三农"情怀、扎实的农林专业知识、较强的实践能力，致力于推进乡村振兴、农业农村现代化和生态文明建设的新时代农林新才。

---

① 《教育部关于深化本科教育教学改革全面提高人才培养质量的意见》，2019 年 10 月 8 日，见 http://www.moe.gov.cn/srcsite/A08/s7056/201910/t20191011_402759.html?tdsourcetag=s_pcqq_aiomsg。

新时代农林院校加强课程思政教育教学的学科建设，完善人才培养方案，一是要将课程思政融入以新农科为代表的各类学科的具体人才培养方案之中，使课程思政如盐溶于水般植根于不同学科的人才培养体系中。二是将课程思政融入高校总的人才培养方案之中，为高校人才培养方案提供基本的原则遵循，形成对人才培养方案的一般价值指引，打造课程思政下的高校人才培养方案。将课程思政融入以新农科为代表的各类学科的具体人才培养方案之中，进而打造课程思政下的高校人才培养方案，应从以下几个方面着手：首先，要始终坚持以习近平新时代中国特色社会主义思想为指导，把提升人才培养的成效和水平作为核心指标，坚持在价值引领中传授知识，在知识传授中实现价值引领，打造具有农科特色的人才培养体系。其次，要务求培养目标清晰。依据农林院校的办学定位，在广泛调研论证的基础上发挥学科优势，将课程思政全面纳入人才培养目标体系，细化价值引领与能力提升的具体指标，形成可操作性强的指标体系，不断满足大学生个人成长与经济社会发展的需要。再次，要务求毕业要求明确。探索将政治认同、理想信念、家国情怀、人文素养、法治思维、道德情操等价值标准细化为可定性或定量测评的指标体系的路径，将课程思政明确纳入大学生毕业要求之中，以毕业的刚性要求推动新时代农林院校的课程思政建设。最后，要务求课程体系科学。人才培养离不开课堂教学，人才培养方案离不开课程教学体系。要将课程思政全面纳入课程体系之中，推进课程体系的总体谋划和整体设计，将毕业要求与课程目标挂钩，打造二者相互关联的矩阵，致力于在公共基础课程中融入理想信念、爱国情怀、品德修养等价值元素，在专业教育课程中深入挖掘本专业课程所蕴含的思想价值和精神内涵，在实践类课程中注重培养大学生勇于创新、善于实践、扎根国情的意识和能力。此外，如果从基本规律和一般遵循的角度来分析，新时代农林院校课程思政建设下人才培养方案的制定也往往需要遵循一定的规律，即学生成长、教书育人以及思想政治工作的内在规律。

一、遵循学生成长的发展规律

新时代农林院校推进课程思政建设，将课程思政全面纳入人才培养方案之中，首先需要遵循大学生成长的发展规律。大学生成长发展，需要坚持育人和育才的统一，实现德才兼备、以德为先。因此，遵循学生成长的发展规律，要将课程思政全面融入人才培养方案之中，将隐性德育贯穿于显性的专业知识的传授之中，使人才培养方案实现政治性与学理性的统一，使高校人才培养实现知识的增长与价值的塑造的统一。

总的说来：第一，要坚持全面育人导向。在人才培养方案中，以价值引领为根本，以能力培养为抓手，以知识传授为基础，树立价值、能力、知识三位一体全面提升的育人导向，在"授业"中实现"传道"，推进"育才"和"育人"的深度融合。第二，要加强学科内涵建设。立足大学生成长需求，将课程思政全面融入学科内涵建设的方方面面，践行中国新农科建设宣言——《安吉共识》，强化人才培养目标、专业培养目标、课程教学目标有机衔接、逐级落实，全面落实"成果导向"的教学理念，提升专业建设水平。第三，突出学科示范引领。以大学生成长发展规律为根本遵循，围绕大学生全面成长这一中心，将课程思政全面融入学科发展规划之中，同步推进国家级、省级、校级一流本科专业建设，以新思想、新理念、新技术、新标准引领带动相关专业建设发展，在培养模式改革创新、师资队伍建设、教学资源配置、质量保障体系优化等各方面发挥示范辐射作用，提高专业建设整体水平。

具体说来，农林院校的人才培养方案和学科发展规划要始终遵循农林院校学生成长的发展规律，推进农科和工科、农科和理科、农科和医科、农科和文科深度交叉融合，在山水林田湖草沙的广阔天地里促进大学生成长成才。一方面，农林院校涉农学科的发展要遵循农科学生的成长发展规律，以绿水青山就是金山银山的理念指导大学生的成长成才，坚持立足农村、立足农业、立足农民，在乡村振兴的战略中实现大学生自身的成长。

另一方面，农林院校其他学科的发展也要通过"+农业"突出学校办学特色，同时立足学科各自特点，立足新时代大学生的历史使命，扎根实践、扎根生活、扎根社会，使大学生既实现知识的增长，又得到价值的塑造，既得到理论水平的提升，又得到实践的锻炼，实现理想信念、道德修养、文化知识、具体能力的全面提升与成长。

二、遵循教书育人的客观规律

新时代农林院校推进课程思政建设，将课程思政全面纳入人才培养方案之中，还需要遵循教书育人的客观规律。第一，教书育人具有政治属性。从逻辑上说，教育和政治有着近乎天然的、无法分割的联系。[①]政治性是教育的根本属性，也是将课程思政全面纳入人才培养方案的根本目的。正如习近平总书记所说，教育要"为中国共产党治国理政服务"[②]。第二，教书育人要紧扣时代背景和使命担当。在显性的知识传授中通过隐性的价值传递，培养大学生的家国情怀和使命担当，是教书育人的重要使命。当前，教书育人要紧扣时代背景和使命担当，就是要紧扣新时代的时代背景，培养大学生自觉为中国人民谋幸福、为中华民族谋复兴的使命担当，培养大学生自觉为全面建设社会主义现代化强国、实现中华民族伟大复兴中国梦而奋斗的使命担当，这也是将课程思政全面纳入人才培养方案的价值追求。第三，教书育人要把育人与育才相结合。立德树人要以德为先，德才结合。将课程思政全面纳入人才培养方案之中，就要发挥专业课教师进行思想政治教育的优势，寓价值观引导于知识传授和能力培养之中，凸显育人为本，德育为先，实现育人与育才的结合。

---

① 参见翁铁慧：《大中小学课程思政一体化建设：整体构架与实践路径研究》，人民出版社 2020 年版，第 53 页。

② 《习近平谈治国理政》第二卷，外文出版社 2017 年版，第 377 页。

　　总的来说：第一，按照教书育人的逻辑科学设置课程思政建设的内容。课程思政建设，始终以坚定大学生的理想信念为根本目的，将习近平新时代中国特色社会主义思想作为人才培养方案的根本指针，系统进行马克思主义理论和中国特色社会主义理论体系教育，系统进行宪法法治教育、中华优秀传统文化教育、心理健康教育、劳动教育等。第二，按照教书育人的逻辑科学设计课程思政人才培养体系。根据教育部印发的《高等学校课程思政建设指导纲要》的要求，适当修订人才培养方案以进一步推进课程思政建设。将课程思政的相关指标纳入人才培养目标和毕业要求之中，将课程思政全面融入教学大纲、教案讲义等内容中，贯穿于课堂教学、实践锻炼、综合培养等人才培养的各个环节。同时，立足不同学科专业的各自优势和具体化的育人目标，深度探索其对应知识体系的精神内涵和思想价值，将课程思政的相关指标纳入学科专业建设之中。第三，按照教书育人的逻辑打造课程思政研究体系。加强课程思政建设的研究工作，探索建立课程思政教学研究中心，设立思想政治教育改革研究项目，推进课程思政教育教学改革工作。加强对课程思政实施中重点、难点、前瞻性问题的研究，形成课程思政改革典型案例和特色做法，培育可复制可推广的课程思政研究成果，最终将研究成果运用到优化人才培养方案的实践中。

　　具体说来，农林院校的人才培养方案和学科发展规划要始终遵循教书育人的客观规律。农林院校教书育人的客观规律，集中到一点就是——农业教育非实习不能得真谛，非试验不能探精微。也就是说，农业教育要立足于实践、立足于试验、立足于实习，而这一实践是面向农村的广泛实践，这一试验是面向农业的广阔试验。一方面，农林院校涉农学科的发展要遵循涉农专业教书育人的特有规律，坚持面向新农业、面向新乡村、面向新农民、面向新生态，突出农林类大学生在致力于推动生态文明、乡村振兴、农业农村现代化等国家战略的实施上的使命和担当，培育农林类大学生的"大国三农"情怀，通过在教书育人中"把论文写在祖国的大地上"

培养造就一批批"把汗水挥洒在祖国的大地上""把青春写在祖国的大地上"的"懂农业、爱农村、爱农民"的新时代农林新才。另一方面，农林院校其他学科的发展也要借鉴农林教育立足实践、立足试验、立足实习的思想真谛，结合各个学科的自身特点，将理论与实践密切结合，将实事求是（课程思政的重要内容）思想路线的树立作为各个学科教书育人的重要目标，把对"三农"重要性的认识和对"三农"情怀的培养作为各个学科人才培养的基础目标，使得大学生做到"脚下有土地、心中有农民、肩上有使命"。

三、遵循思想政治工作的内在规律

新时代农林院校推进课程思政建设，将课程思政全面纳入人才培养方案之中，还需要遵循思想政治工作的内在规律。培养社会主义合格建设者和可靠接班人、开展思想政治工作有着严密的内在逻辑，此即思想政治工作规律。[①] 第一，思想政治工作具有政治性。政治性是思想政治工作首要的、根本的属性。坚持思想政治工作的政治性，就是要坚持思想政治工作的意识形态性。思想政治工作是高校各项工作的灵魂，承担着铸魂育人的使命。第二，思想政治工作具有实践性。作为思想政治工作的基础属性，实践性强调思想政治工作不是抽象的空中楼阁，而是实实在在的实践。坚持思想政治工作的实践性，就要深入实际、深入学生，推动思想政治工作在实践中取得实效。具体而言，就是要立足大学生的实际生活，回应大学生的现实关切，制定可行性强的思想政治工作方法，推动思想政治工作出实招、求实效。第三，思想政治工作具有时代性。随着改革开放的持续深入，我国的社会主义建设事业不断面临着新情况、新挑战。因此，思想政治工作要与时俱进。随着中国特色社会主义进入新时代，思想政治工作要

---

① 　参见孙瑞婷、韩宪洲：《论对待高校思想政治工作规律的正确态度》，《广西社会科学》2020 年第 1 期。

讲好小康故事、强国故事，讲好中国梦、劳动美，讲好美丽中国、美好生活等，形成新时代的正向引领，培养勇担使命的时代新人。

总的来说：第一，以思想政治工作规律为指引，推动课程思政履行立德树人的根本使命。坚持思想政治工作的政治性，把思政课程与课程思政统一起来，推动二者同向同行，共同发挥价值引领作用。以全面贯彻党的教育方针为宗旨，以习近平新时代中国特色社会主义思想为指引，将课程思政全面融入高校人才培养方案之中，突出人才培养方案的思想引领、理论引领、价值引领和情感引领作用，在人才培养方案中全面嵌入理想信念教育、道德情感教育、法治意识教育、中华优秀传统文化教育等，以课程思政铸魂育人。第二，以思想政治工作规律为指引，推动贯穿课程思政的人才培养方案落实落地。坚持思想政治工作的实践性，推动贯穿课程思政的人才培养方案落实到课堂教学、实践锻炼、专业拓展、实习实验等人才培养的各个环节，以课程思政回应同学们的困惑和现实关切，实现正向引领、铸魂育人。第三，以思想政治工作规律为指引，推动贯穿课程思政的人才培养方案不断与时俱进。坚持思想政治工作的时代性，立足新时代新使命新征程，持续推进人才培养方案的创新，将党的最新理论成果及时融入课程思政的建设中，推进党的最新理论成果及时进入人才培养方案之中，彰显课程思政建设与高校人才培养的与时俱进。

具体说来，农林院校的人才培养方案和学科发展规划要始终遵循思想政治工作的内在规律。一方面，农林院校涉农专业的发展要遵循思想政治工作的内在规律，坚持涉农专业把教育学习筑在祖国的大地上，将政治性和价值引领作为涉农专业发展的灵魂，将实践性和实事求是作为涉农专业发展的基石，将时代性和与时俱进作为涉农专业发展的时代要求，在涉农专业人才培养方案中全面融入"大国三农"情怀，全面嵌入为推进乡村振兴而奋斗的崇高使命，全面嵌入为实现强农兴农目标、为推进农业农村现代化而努力的责任担当。另一方面，农林院校其他学科的发展也要遵循思想政治工作的内在规律，同时结合各个学科的自身特点，立足思想政治工作的政治性、实践性、时代性，在人才培养方案中强化价值引领，在学科的人才培养实践中增强对中国特色社会主义的思想、理论和情感认同，推进大学生培养政治认同、坚定理想信念、塑造家国情怀、陶冶人文素养。

第二节　制定学科发展质量标准

从本质上说，高等教育质量标准属于标准体系的一种，更确切地说，是教育质量管理领域的标准。[①] 学科发展质量标准是高等教育质量标准的一个细化指标。制定学科发展质量标准，就要秉持成果导向的设计理念，全面落实 OBE 理念，以产出（成果）为导向，明确想让大学生达成的最终目标（最终学习成果），并以此为起点来反演，进行反向学科发展质量标准设计，把最终目标（最终学习成果）作为标准来铺排、设计学科的发展。

农林院校加强课程思政教育教学的学科建设，制定学科发展质量标准，需要实施三大工程——学科发展质量标准建设工程、学科发展质量体系管理工程以及学科发展质量体系保障工程。

首先，制定学科发展质量标准，要明确标准是什么？也就是要推进学科发展质量标准建设工程。要完善学科发展质量标准体系，全面落实 OBE 理念。紧紧围绕 OBE 理念所强调的问题，反向设计、完善学科发展质量标准体系。依据高等教育出版社出版的《普通高等学校本科专业类教学质量国家标准》，结合其他相关标准体系，制定"农林院校学科发展质量标准"，构建基于课程思政理念的人才培养方案、专业知识体系、课程教学体系、实践教学体系和质量保障体系，汇聚成农林院校一流学科发展建设标准。

---

① 参见吕红、邱均平：《高等教育质量标准领域研究进展与创新发展路径探讨》，《重庆大学学报（社会科学版）》2015 年第 3 期。

其次，制定学科发展质量标准，要加强对学科发展质量的管理与评定，推进学科发展质量体系管理工程。一是，加强学科发展的过程质量监控。通过学科评估倒逼学科发展过程管理，做好人才培养、专业知识体系构建、学科成果产出、学科社会服务等学科发展的各个方面。例如，构建校院两级监控体系，实施人才培养全过程质量监控。加强学校的宏观管理与监控，通过教务部门、学生工作部门、科研管理部门、规划发展部门等各司其职又形成合力，将校级监控体系覆盖到人才培养的各个环节；强化院系基层培养单位对学科发展的具体监督检查作用，构建由院系等基层培养单位领导、教授委员会成员、教学督导、系主任、专业负责人、课程负责人、辅导员和学生代表等组成的基层培养单位学科发展监控体系。二是，健全学科发展质量的评价机制。以教育部学位与研究生教育发展中心开展的学科评估为契机，将评估标准作为明确农林院校学科发展质量标准的依据，不断推进农林院校学科的创新发展；同时，成立农林院校学科发展质量评估中心，引入第三方评价平台，获取学科发展的第一手资料并展开数据分析，构建基于"自评、互评、校评、第三方评"四维一体的评价机制。三是，推进学科发展质量的持续改进。强化学科发展质量管理，推动形成"标准、监控、评价、改进"的螺旋式上升、波浪式前进的体系，健全人才培养质量标准化、学科发展质量监控环节全程化、学科发展质量评价结果科学化、学科发展改进措施具体化的持续改进机制。

最后，制定学科发展质量标准，还要保障学科发展质量的不断提升，也就是要推进学科发展质量体系保障工程。推进学科发展质量体系保障工程，归根到底就是提升人才培养和学术成果产出的质量。要提升人才培养的质量，一是要提高生源质量，树立生源质量意识，组建"高中母校行"宣传队，通过校园开放日等活动加强与生源基地的联系和互动。二是要加强学业指导，按照课程思政理念，从社会需求出发，详细解读专业人才培养方案，通过举办讲座、确立指导教师和班主任等，推动大学生成长成才。三是要评估学习成效，强化人才培养的质量管理，构建专业自评、学校评估、第三方评价、毕业生反馈等相结合的评价机制，以评促改，推动培养目标与结果趋于一致。要提升学术成果产出的质量，一是要加强学科内涵建设，培育学科特色优势，提升学科核心竞争力。二是要加强师资队伍建设，推动形成教师的教学能力提高与科研水平提升你追我赶又相互促进的生动局面，不断提升教师的教学科研水平，持续产出高质量的学术成果。三是要形成学科学术研究的合力。学校要积极打造团队，构建具有竞争力的学术成果奖励机制，努力形成教学效果好、科研氛围浓、学术成果优的良好环境。

　　总的来说，学科发展质量标准建设工程、学科发展质量体系管理工程和学科发展质量体系保障工程是沿着质量标准建设、质量体系管理、质量体系保障的发展次序展开的。如若从目标、举措、规范（结果）的逻辑顺序来分析，制定学科发展质量标准，可以从以下三个方面着手：就明确目标而言，要制定课程思政学科目标；就落实举措而言，要做好课程育人学科要求、创新课程考核方式方法、健全课程教育学科管理；就形成规范而言，要完善课程教育学科规范。

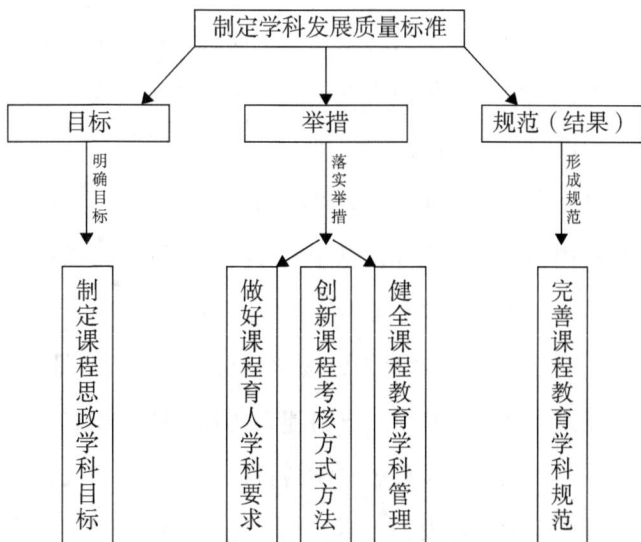

一、制定课程思政学科目标

关于课程思政教育教学的学科建设的研究，学术界大多致力于挖掘专业学科的特色思政元素，从学科内涵的角度强化"课程思政"的认同。要统筹推进课程思政建设，就要明确课程思政建设的一般指导性的学科目标。第一，使学科全面蕴含思政元素。要从知识体系和学术制度两个方面深度挖掘、深度嵌入思政元素，将思政元素的凸显作为学科知识体系和学术制度建设的重要指标。在学科知识体系建设上，以价值教育为引领，在专业知识体系中梳理、总结思政元素，将价值性寓于专业知识体系之中，实现学科建设政治性与学理性的统一。在学术制度建设上，完善相关学科规范，凸显价值引领在学科规范建设中的"硬约束"，同时细化指标，在理想信念、家国情怀、法治意识、道德文化素养等方面将目标要求纳入学科规范建设体系中。第二，使学科明确价值育人导向。学科的落脚点在于育人。在知识体系和学术制度的建设中凸显价值育人导向，将理想信念的培养、家国情怀的塑造、法治意识的形成、道德文化素养的提升作为学科育人的内在要求，细化相关指标，实现价值教育与知识教育、育人与育才的统一。第三，使学科形成育人浓厚氛围。通过充分挖掘学科中蕴含的思想政治教育元素，将学科中的思政元素全面融入育人实践中，明晰学科对大学生世界观、人生观、价值观的塑造作用，推动形成学科门门讲育人的生动局面，形成学科育人的浓厚氛围。

制定新时代农林院校课程思政学科目标，还要立足学科专业实际，分学科专业明确相关的具体目标。基于农林院校实际，可以把农林院校学科专业划分为涉农专业和非农专业两大类。

一方面，制定涉农专业课程思政学科目标。涉农专业通过"农业+"加快新农科建设，立足大农科的学科建设实际，明确涉农专业课程思政学科目标。第一，涉农专业课程思政学科目标要体现政治性。讲政治始终是涉农专业课程思政学科建设的根本目标，也是制定涉农专业课程思政学科目标的根本遵循。要把政治性融入涉农专业课程思政学科目标的方方面面，具体说来，就是要在涉农专业课程思政学科目标中体现爱中国共产党、爱祖国、爱社会主义、爱中国人民和爱集体的主线，把学习宣传贯彻习近平新时代中国特色社会主义思想全面融入涉农专业课程思政学科目标中。涉农专业和生态文明建设息息相关。涉农专业课程思政学科目标要以生态文明理念为引领，推动大学生牢固树立绿水青山就是金山银山的理念，推动大学生在实践中面向新生态，致力于推进山水林田湖草沙的系统治理。涉农专业也和乡村振兴、农业农村现代化息息相关。涉农专业课程思政学科目标要主动对接、主动服务于乡村振兴战略，将大学生致力于乡村全面振兴、致力于推进农业农村现代化的责任感和使命感纳入学科目标之中。第二，涉农专业课程思政学科目标要体现情怀感。把情怀感作为涉农专业课程思政学科目标的重要指标。这里的情怀主要指的是"大国三农"情怀。将"大国三农"情怀的指标细化，把有没有懂农业、爱农村、爱农民，多大程度上懂农业、爱农村、爱农民的具体指标融入涉农专业课程思政学科目标之中，努力培养以强农兴农为己任的新时代大学生。第三，涉农专业课程思政学科目标要体现实践性。把实践性作为涉农专业课程思政学科目标的基础指标。鉴于涉农专业的特殊性，涉农专业课程思政学科建设离不开农村、离不开土地、离不开试验、离不开实践。把"以实践探求涉农学科的真谛、以试验探求涉农学科的精微"的理念细化为具体指标，全面融入涉农专业课程思政学科目标之中，培养涉农专业大学生"把论文写在祖国大地上"的意识和信念。第四，涉农专业课程思政学科目标要落脚到能力的提升上。把能力的提升作为涉农专业课程思政学科目标的重要指标。通过学科建设提升能力的前提是学科本身的学理性。从涉农专业课程思政学科建设的科学性、理论性和逻辑严密性等角度构建涉农专业课程思政学科建设的学理性。学理性的构建是通过涉农专业课程思政学科建设提升大学生能力的理论支撑。从理论水平、专业技术、实践能力等多个方面细化能力这一指标，努力通过涉农专业课程思政学科建设，培养新时代知农爱农创新人才。

另一方面，制定非农专业课程思政学科目标。新时代农林院校非农专业学科建设可以通过"+农业"突出学校办学特色，使农林院校非农专业学科定位更加清晰，明确非农专业课程思政学科目标。第一，非农专业课程思政学科目标要体现政治性。和涉农专业课程思政学科目标一样，非农专业课程思政学科目标要全面体现政治性。政治性，换句话说就是意识形态性。要把学习宣传贯彻习近平新时代中国特色社会主义思想全面融入非农专业课程思政学科目标中。将立德树人根本任务细化具体化，使非农专业课程思政学科目标全面贯彻、全面体现党的教育方针。第二，非农专业课程思政学科目标要体现学理性。从逻辑自洽性、理论严密性、知识科学性和经得起实践检验等方面将学理性的要求细化具体化，形成非农专业课程思政的理论体系。只有使非农专业课程思政学科建设具备彻底的学理性，才能更好地发挥非农专业课程思政学科目标的引导作用。第三，非农专业课程思政学科目标可以突出"+农业"特色。基于农林院校实际，非农专业课程思政学科目标可以立足本学科实际，发挥本学科特色，适当地突出"+农业"特色。例如，将对土地的深情、对农业农村农民的热爱、对美丽中国的向往、对乡村振兴的崇高使命感等融入非农专业课程思政学科目标之中，使非农专业课程思政学科目标突出"+农业"特色。

二、做好课程育人学科要求

学科建设的最终目标是为了育人。通过学科建设支撑课程建设，最终实现育人目标。学科建设和课程建设是辩证统一的。一方面，学科建设为课程建设提供坚实支撑。学科所对应的知识体系使课程建设具有学理性、科学性。学科的不断发展又为课程提供了更加深厚的理论支撑。另一方面，课程建设又促进了学科建设的深入。课程建设所对应的丰富的课程素材和教学素材为学科建设的深入推进提供了丰富的资源，课程建设的深入推进能够将学科所对应的理论体系付诸实践，从而促进学科建设的进一步发展。在课程思政建设的背景下，以学科支撑课程育人要实施学科专业提升工程，建设一流人才培养体系。具体而言，第一，坚持发挥学科对课程育人的支撑作用。将课程思政全面融入学科目标之中，以深入学习宣传贯彻习近平新时代中国特色社会主义思想为契机，将学科的政治性贯穿到课程育人之中，实现育人与育才的结合、价值教育和知识教育的统一。第二，优化学科专业结构布局，支撑课程育人。以课程思政为引领，以课程育人为导向，优化学科专业结构布局。以价值性和知识性相统一为指导，加强学科交叉融合，运用现代信息技术、生物技术等改造提升传统专业；整合相近专业，集中力量办好优势特色专业；深化专业供给侧改革，以需求为导向，再造专业特色，全面提升专业核心竞争力。第三，推进一流专业建设，支撑课程育人。以课程思政为引领加强专业内涵建设，进一步加大政策支持和资金支持力度，加快一流专业建设，努力打造一流本科专业建设标杆。同时，全面落实《普通高等学校本科专业类教学质量国家标准》和 OBE 教育理念，在课程思政的引领下，将专业认证理念贯穿到学科建设中，构建起专业建设持续改进的长效机制。第四，创新人才培养模式，支撑课程育人。以课程思政建设为引领，推进专业教育和创新创业教育深度融合，通过创新创业教育，实现以创促学、赛学一体。实行大类招生、大类培养，以课程思政为引领构建适应大类培养的学科体系，在此基础上构建适应大类培养的课程体系。第五，完善人才培养方案，支撑课程育人。以课程思政为引领，以"农业 +""+ 农业"为导向，坚持成果导向的理念，持续优化人才培养目标，不断深化专业综合改革，完善人才培养路线图。通过加强多学科融合，夯实大学生通识知识基础，优化专业课程；深化课程思政与专业教育融合发展，建设德智体美劳全面发展的人才培养体系。同时，实行课程准入、退出制度，完善人才培养方案动态调整机制。

做好新时代农林院校课程育人学科要求，还要立足学科专业实际，分学科专业明确相关的具体要求。基于农林院校实际，对涉农专业课程育人学科要求和非农专业课程育人学科要求分别加以分析。

一方面，做好涉农专业课程育人学科要求。涉农专业，顾名思义，指的是和农业有关的学科专业。涉农专业要培养"懂农业、爱农村、爱农民"的新时代大学生，就要有针对性的学科要求。第一，以新农科建设为契机，培养具有"大国三农"情怀的新时代大学生。要面向新农业、新乡村、新农民、新生态，积极推进新农科建设。通过学科建设，将学科立足于农村、聚焦于农业、服务于农民的定位融入课程育人过程中，把创新思维和"三农"情怀融合起来，努力培养有信仰、有情怀、有能力、勇创新的新时代大学生。第二，优化农林类高校学科专业结构布局。要根据实际，努力打破原有学科边界，突破专业壁垒，推进农科与工科、农科与理科、农科与文科、农科与医科等的深度融合，通过整合农林类高校学科专业结构支撑涉农专业的发展，从而推动涉农专业课程培养复合型人才。第三，打造一流涉农学科专业。新时代农林高校要主动布局新兴农科专业，运用现代技术改造提升当前的涉农专业，打造一流涉农学科专业。一流涉农学科专业要明确包含课程思政、价值教育等指标，并将其融入课程育人体系中。第四，创新涉农学科人才培养模式。将课程思政全面融入涉农学科人才培养体系中，可以探索涉农相关学科大类招生、大类培养，夯实涉农学科大学生的专业基础知识。同时，在课程思政建设的引领下，推进涉农学科专业教育与创新创业教育的深度融合，实现"三农"情怀与创新精神的融合培养。第五，完善涉农学科人才培养方案。坚持成果导向的理念，以课程思政建设为引领，深化涉农专业综合改革，不断完善涉农专业人才培养路线图。建立涉农专业课程评价机制，面向新农业、新乡村、新农民、新生态设立新课，根据育人实效推行课程准入、退出制度，完善涉农学科人才培养方案。

另一方面，做好非农专业课程育人学科要求。农林院校非农专业学科建设要立足专业实际，同时适应农林院校的发展定位。第一，农林院校非农专业学科建设要突出"+农业"特色。目前，我国的农林院校大多形成了以农林类学科专业为特色优势，理工文管等多学科协调发展的面貌。农林院校非农专业往往数量多、涉及的学科面广。农林院校非农专业学科发展要依托农林院校实际，以课程思政为引领，打破与涉农专业之间的学科边界，促进与涉农专业的交叉融合，体现农林院校"+农业"特色，最终使非农专业课程育人也体现"+农业"特色。第二，打造有竞争力、有特色、有水平的非农学科专业。非农专业要更好地实现课程育人，就必须要有水平高、竞争力强、特色鲜明的非农学科专业。要打破非农学科与农学科之间的学科边界与专业壁垒，突出农林院校的学科特色，推动非农学科的创新性发展。通过非农学科的发展推动非农专业更好地实现课程育人的目标。第三，创新非农专业学科人才培养模式。探索非农专业以理工文管等学科大类开展大类招生的模式，在大学一年级和二年级阶段开展学科基础知识的教育，三年级、四年级阶段分具体专业开展学科专业知识的教育，筑牢非农专业人才培养的根基。在非农专业学科人才培养的过程中，将知识教育寓于价值教育之中，实现课程思政、专业教育、创新创业教育等的全面融合。第四，完善非农学科人才培养方案。非农学科人才培养方案同样需要坚持成果导向的理念，以学生的成长与需求为导向，努力探索取得最大教育成果的学科发展方向。如，以课程思政建设为引领，建立非农专业课程评价机制，根据育人实效推行课程准入、退出制度，完善涉农学科人才培养方案，最终使非农专业更好地实现课程育人。

三、创新课程考核方式方法

推进课程思政教育教学学科建设，制定学科发展质量标准，还需要创新课程考核方式方法。学科建设的目标是育人。课程考核是学科发展质量标准的一部分，也是检验课程思政教育教学学科建设的试金石。课程考核要秉持 OBE 理念，按照成果导向的思路，以最终目标（最终学习成果）为起点，反向开展课程考核。在开展课程考核的过程中，要以课程思政为引领，不断创新课程考核的方式方法。第一，建设课程思政考核评价体系。在一流专业和一流课程的立项和评比中设置课程思政相关指标点；在教案等课程教学文件中考量"价值引领"的提升程度；在教师教学质量评价标准中设置"价值引领"等指标；在教师年度考核、评奖评优等过程中考察教师参与课程思政建设的情况和成效，突出课程思政要求，建设多维立体的课程思政考核评价体系。第二，以考核倒逼课程改革。通过考核倒逼课程改革，实施课程改革工程。例如，改革考核评价体系，以课程思政为导向全面修订课程大纲，全面重构教学内容，推进教学方式方法的全面创新，以打造一流学科专业和一流课程。再如，改革考核评价体系，以"学生应该学到什么"和"学生想要学到什么"为导向，推动教学方式从"以教师为中心"向"以学生为中心"转变，使大学生由"被动学习"转为"主动学习"，从而推进课堂教学改革。第三，完善课程考核机制。以课程思政为引领，强化对大学生课堂内外学习全过程的考核，丰富课程考核方式，建立知识考核和能力考核并重的课程考核评价体系。同时，依据网络数据丰富评价方式，最终实现以考促教、以考促学。第四，加强教学质量分析。以课程思政为引领，及时收集教学全过程的信息和教学评价，加强课程教学质量的数据统计和分析，把课程思政的成效纳入教学质量评价体系之中，全面跟踪教学质量。同时，及时反馈教学质量分析结果，不断提升课程思政下的课程教学质量。

创新课程考核方式方法，还要立足新时代农林院校学科专业实际，分学科专业明确相关的具体的考核方式方法。基于农林院校实际，对涉农专业课程考核方式方法和非农专业课程考核方式方法分别加以分析。

一方面，创新涉农专业课程考核方式方法。第一，遵循 OBE 理念，以成果为导向反向设计涉农专业课程考核指标。对于涉农专业课程育人而言，坚持成果导向，这一成果指的是要培养出"懂农业、爱农村、爱农民"

的新时代农林新才。具体包括三个层次的农林新才：一是水平高、视野广的创新型人才；二是具有多学科背景的复合型高素质人才；三是爱农业懂技术、爱农村善经营、爱农民下得去基层离不开农民的技能型人才。要以这三个层次的农林人才培养目标反向设计涉农专业课程考核指标。例如，对于旨在培养水平高、视野广的创新型人才的涉农专业课程，在考核时要注重课程紧跟本学科国内外研究的前沿热点，注重考查课程的深度和广度。对于旨在培养有多学科背景的复合型高素质人才的涉农专业课程，在考核时要注重课程的多学科性和学理性，注重教授大学生多学科、立体化的知识体系。对于旨在培养爱农业懂技术、爱农村善经营、爱农民下得去基层离不开农民的技能型人才的涉农专业课程，在考核时要注重课程的实践性，注重课程在教授大学生实用技术、实用技能等方面的作用。第二，以课程思政为引领，建立涉农专业课程考核评价体系。在教案等教学文件的考核中注重"价值引领"的融入程度；在涉农专业课程学生评教的过程中，设置课程的"价值引领"等相关指标；在涉农专业课程教师教学质量评价的过程中，突出教师在"价值引领"方面的作用发挥等相关指标；在涉农专业一流课程评选过程中，设置课程思政的相关指标等。多措并举，建立以课程思政为引领的涉农专业课程立体化考核评价体系。第三，完善涉农专业课程过程化考核。在涉农专业课程的备课、课堂讲授、讨论、互动以及布置作业、组织考试的过程中，全面融入"价值引领"，构建涉农专业课程全过程考核模式。同时，建立价值塑造考查、知识考核、能力考核并重的课程考核评价体系。第四，加强涉农专业课程考核质量分析。及时收集大学生对全面融入课程思政的涉农专业课程的问题反馈与教学评价，加强数据的统计、分析与反馈，及时整改问题总结经验，努力打造全面嵌入课程思政的涉农专业示范课程。

另一方面，创新非农专业课程考核方式方法。第一，以成果为导向反向设计非农专业课程考核指标。当前，我国的农林院校大多形成了以农林类学科专业为特色优势，理工文管等多学科协调发展的面貌。农林院校非农专业种类多，不同专业往往旨在培养不同类型的专业人才。因此，非农专业课程育人坚持成果导向，对于不同专业而言，这一成果的指向也不尽相同。对于理学类、工学类、文史哲学类、经济管理类、法学类、教育学类、医学类、艺术学类等不同的学科类别，按照相应的人才培养目标，有针对性地设计课程考核指标。第二，建立全面贯穿课程思政的非农专业课程考核评价体系。在教案、教学日历等教学文件的考核中注重"价值引领"的融入程度；在非农专业课程学生评教的过程中，设置课程的"价值引领"等相关指标；在非农专业课程教师教学质量评价的过程中，突出教师在"价值引领"方面的作用发挥等相关指标；同时，在一流课程评选过程中，设置课程思政的相关指标等。通过建立立体化的课程考核评价体系，全面加强课程思政下非农专业的课程考核评价。第三，完善非农专业课程过程化考核。将课程思政融入非农专业课程的教学准备、课堂讲授、实验教学、实践教学、课程考核、课程评价等课程教学的全过程，实现价值塑造的考查与知识考核、能力考核并重，构建非农专业课程全过程考核模式。第四，加强非农专业课程考核质量分析。强化大学生的课程教学评价与教师的课程教学反馈的作用，通过非农专业课程考核质量分析，努力发现非农专业课程思政建设过程中出现的困难，努力查找非农专业课程在推进"价值引领"过程中出现的薄弱环节，加强数据的统计和问题的收集，注重问题的解决与反馈，推进非农专业课程的创新发展。

四、健全课程教育学科管理

推进课程思政教育教学学科建设，制定学科发展质量标准，要健全课程教育学科管理。加强学科管理是确保学科规范贯彻实施，使学科建设最大程度支撑课程教育的必要条件。健全课程教育学科管理，要实施管理育人工程，建设一流课程教育学科管理体系。总的来说，要沿着"课程思政"显性和隐性双重融入学科管理、教学管理环节的思路，研究如何从更新管理理念、改革管理机构、完善过程管理、提升管理水平等方面加强学科管理，最终实现以"管"促"课程思政"下的课程教学。第一，更新管理理念。要树立学科管理服务于学科建设、服务于课程教育教学的理念，使学科管理与学科建设、课程教育教学相向而行、形成合力。要将课程思政理念深度嵌入学科管理理念之中，以学科管理支撑课程教育教学，进而提升课程教育的成效和水平。第二，改革管理机构。建立健全全面嵌入课程思政的课程教育教学学科管理体系，要建立健全课程思政研究体系，加强学科的研究和管理。学校可以探索在教务处内部设置课程思政建设科，统筹全校课程思政的建设和学科管理工作，各院系可以探索设立课程思政教学研究和学科发展中心，以规范的学科管理支撑课程教育教学。第三，完善过程管理。强化学科建设管理。加强学科的知识体系、质量标准的建设和管理，深化学科内涵，以学科管理支撑课程教育教学。强化课堂教学管理。在课堂教学管理过程中，落实教师的主体责任，同时激发大学生课堂参与的积极性。严格学生学业考核。健全理论与实践、知识能力与价值塑造并重的多元化考核体系，加强对于学业考核的全过程管理，推进课程教育教学转化为学生的知识与能力，推动大学生价值观的塑造。第四，提升管理水平。要高度重视课程教育教学管理与学科管理队伍建设，打通其职务晋升、职称评聘的渠道，同时，加强课程教育教学管理与学科管理队伍的培训，不断提高课程教育教学管理与学科管理队伍的理论和实践水平。

健全课程教育学科管理，还要立足新时代农林院校学科专业实际，分学科专业明确相关的具体的学科管理方式方法。基于农林院校实际，对涉农专业课程教育学科管理方式方法和非农专业课程教育学科管理方式方法分别加以分析。

一方面，健全涉农专业课程教育学科管理。涉农专业课程教育学科管理的完善是进一步推进涉农专业课程教育教学的必要条件。第一，强化涉农专业学科建设管理。构建全面嵌入课程思政的涉农专业学科知识体系和质量标准，不断完善知识体系、优化质量标准，加强涉农专业学科的建设和管理。同时，积极开展涉农专业学科研究管理工作，完善涉农专业学科研究的管理方式方法，通过一系列的激励制度和管理举措推进涉农专业学科研究工作，深化学科内涵，最终促进涉农专业课程教育教学。第二，强化涉农专业课堂教学管理。在涉农专业课堂教学管理过程中，要坚持以学生为中心，同时发挥好教师的主体责任。加强课程教学全过程的管理工作，不断规范涉农专业课堂教育教学。加强涉农专业课堂教学评价的管理工作，突出课程思政的相关指标，以管理促进教师教学能力和水平的提升。第三，强化涉农专业学生学业考核管理。课程育人是学科建设的重要内容。要强化涉农专业学生学业考核管理，突出大学生价值观的塑造这一指标，通过考核管理这一"指挥棒"来促进涉农专业大学生学业水平的提升，在大学生塑造价值观的同时掌握知识、增强能力。第四，构建涉农专业课程教育学科管理体系。要通过管理人才的引进、管理人才的培训、管理人才的激励等多措并举，加强学科管理人才储备，提升学科管理人才水平，打造涉农专业课程教育学科管理人才体系。在此基础上，通过完善涉农专业课程教育教学学科管理制度、管理方式等，打造规范化的涉农专业课程教育学科管理体系。

另一方面，健全非农专业课程教育学科管理。要推进非农专业课程教育教学，也需要健全非农专业课程教育学科管理。第一，强化非农专业学科建设管理。推进非农专业学科的研究工作，使非农专业的各个学科都形成系统的学科知识体系和质量标准，突出课程思政在学科知识体系和质量标准中的价值引领作用。同时，加强学科建设的管理工作，以科学化的学科管理工作推进非农专业课程思政教育教学学科建设。第二，强化非农专业课堂教学管理。坚持加强对非农专业课堂教学的全过程管理，从教师"教"与学生"学"两个维度，科学设置全面嵌入课程思政的相关量化目标。同时，加强非农专业课堂教学评价的管理工作，以制度化的管理促进非农专业课堂教学质量的提升。第三，强化非农专业学生学业考核管理。

推进非农专业学生学业考核工作的改革创新，在学业考核中设置"价值引领"等相关指标，更好发挥学业考核的"指挥棒"作用。同时，加强对学生学业考核的管理，使学业考核始终坚持公正性、科学性，更好发挥学业考核管理对课堂教学、学生成长的导向作用。第四，构建非农专业课程教育学科管理体系。从打造非农专业课程教育学科管理专业人才队伍、完善非农专业课程教育学科管理制度、优化非农专业课程教育学科管理方式、进行非农专业课程教育学科管理评价等多角度优化非农专业课程教育学科管理，构建非农专业课程教育学科管理体系。

五、完善课程教育学科规范

推进课程思政教育教学学科建设，制定学科发展质量标准，要完善课程教育学科规范。制定课程思政学科目标、做好课程育人学科要求、创新课程考核方式方法、健全课程教育学科管理，最终要落脚到完善课程教育学科规范。学科规范是学科管理的依托，完善学科规范也是学科建设的一个现实任务。课程思政下完善课程教育学科规范，不仅要构建系统化的学科知识体系，而且要制定规范化的学科质量标准，此外，还要形成卓有成效的学科人才培养体系。第一，构建系统化的学科知识体系。系统化的、科学的知识体系是学科规范的重要组成部分，也是学科得以成立、学科规范得以形成的根本依托。将课程思政全面嵌入课程教育学科知识体系之中，将政治性与学理性、价值性与知识性结合起来，使政治性寓于学理性之中、价值性寓于知识性之中，形成系统化的、科学的课程教育学科知识体系。第二，制定规范化的学科质量标准。学科质量标准是学科规范的重要表现。制定规范化的学科质量标准是完善课程教育学科规范的重要任务，也是衡量课程教育学科规范程度的重要指标。要使课程思政下的课程教育学科建设体系化、课程教育学科目标科学化、课程育人学科要求具体化、课程考核方式方法多样化、课程教育学科管理最优化，形成可操作性强、定量统计和定性分析相结合的课程教育学科质量标准。第三，形成卓有成效的学科人才培养体系。卓有成效的学科人才培养体系既是课程教育学科规范的重要组成部分，也是完善课程教育学科规范的价值追求。要构筑全面嵌入"课程思政"的人才培养体系，从教学环节、学习环节和管理环节等维度打造全面融入"课程思政"的人才培养环节，通过定性分析和定量分析相结合的方法明晰全面蕴含"课程思政"的人才培养考核评价标准，最终形成课程思政下的卓有成效的学科人才培养体系。

完善课程教育学科规范，还要立足新时代农林院校学科专业实际，分学科专业明确相关的具体的课程教育学科规范。基于农林院校实际，对涉农专业课程教育学科规范和非农专业课程教育学科规范分别加以分析。

一方面，完善涉农专业课程教育学科规范。第一，推进涉农专业学科知识体系的科学化、前沿化。一般说来，学科包括知识体系和学术制度。因此，要完善涉农专业课程教育学科规范，首先就要推进涉农专业学科知识体系的科学化、前沿化。加强学科内涵的研究，从涉农学科和涉农专业课程教育内在规律、涉农学科的理论体系、涉农专业课程教育的实践支撑等方面深入探索，掌握学科的前沿知识和最新理论成果，形成系统化、前沿化的涉农专业学科知识体系，以更好地开展涉农专业课程教育教学。第二，推动涉农专业课程教育学科制度的系统化。学科制度是学科的重要组成部分，学科制度的完善是学科成熟的重要标志。要持续推进学科目标、学科内涵、人才培养、课程教育教学、学科科教融合等各方面的制度建设，顺应学科发展适时进行制度创新，同时严格制度的遵守和执行，打造系统化、规范化、可操作性强的涉农专业课程教育学科制度体系。第三，打造涉农专业优势学科。依据农林院校实际，以新农科建设为契机，整合涉农专业学科资源，依托现有的优势学科，大力引进人才，加强对教师的培养和培训，进一步做大做强现有的优势学科。同时，组建涉农专业学科群，努力强优势、补弱项，形成农林院校涉农专业学科的整体优势。第四，实现涉农专业课程教育学科的科教融合。高校的学科内在地包含着教育学的含义。高校的学科既包括科学研究的范畴，亦包括教书育人的范畴。因此，完善涉农专业课程教育学科规范，还要实现涉农专业课程教育学科的科教融合。要以涉农专业学科建设支撑涉农专业课程教育教学，同时，又通过涉农专业课程教育教学为涉农专业学科的进一步发展提供教学素材和实践经验，形成系统、规范、完善的涉农专业课程教育学科的科教融合机制。

另一方面，完善非农专业课程教育学科规范。非农专业是农林院校学科专业的重要组成部分，非农专业课程教育也是农林院校教育教学体系的重要组成部分。需要从完善学科知识体系、规范学科制度、加强学科优势互补、推进学科科教融合等角度入手，完善非农专业课程教育学科规范。第一，打造科学化的非农专业课程教育学科知识体系。加强非农专业学科内涵的研究，掌握非农专业学科发展规律和教育教学规律，构建系统的非农专业课程教育学科理论体系，从学科目标、学科内涵、学科特色、学科发展方向、学科育人、学科前沿等角度构筑寓科学性、系统性与创新性于一体的学科知识体系。第二，形成系统化的非农专业课程教育学科制度。要推进非农专业课程教育教学全过程、非农专业课程教育学科建设全过程的制度建设，形成以学科支撑课程教育、以课程教育反哺学科发展的制度体系，适时进行制度创新，构筑系统化的非农专业课程教育学科制度。第三，推进非农专业学科与涉农专业学科的优势互补。要加强农林院校非农专业学科建设，形成非农专业学科与涉农专业学科错位发展、彼此借鉴、形成合力的格局。整合全校各学科专业，在各自学科规范化的基础上，推进非农专业学科与涉农专业学科的优势互补，使二者错位发展、彼此借鉴、形成合力，上升为学校的学科发展举措。第四，实现非农专业课程教育学科的科教融合。教学科研彼此促进、相互融合是非农专业课程教育学科建设的内在要求。以学科支撑课程教育、以课程教育反哺学科发展，形成非农专业学科建设和非农专业课程教育教学建设相互渗透、相互促进的科教融合机制，进一步完善非农专业课程教育学科规范。

第三节　强化学科支撑作用

推进课程思政教育教学的学科建设，在完善人才培养方案、制定学科发展质量标准的基础上，还要强化学科支撑作用。其一，要强化一般性学科的支撑作用。学科建设和课程建设是相辅相成、辩证统一的：一方面，课程思政教育教学的学科建设要深入研究课程思政教育教学体系中所蕴含的学术内容，将课程思政教育教学中的重点、难点问题当作课程思政教育教学学科建设的一个天然研究领域；另一方面，课程思政教育教学体系是课程思政教育教学学科建设的结晶，教学实践中要充分彰显学科建设的成果。课程思政教育教学学科建设要关注现实问题、树立"问题意识"，研究课程思政教育教学课程内容、教学方式方法和课程体系等，将学科研究成果转化为教育教学成效，努力提升课程思政教育教学的实效性。其二，要强化思政学科的支撑作用。加强马克思主义理论一级学科和各二级学科建设，构筑科学、系统、完善的思政学科体系，为推进课程思政教育教学奠定理论基石、确立根本遵循。同时，推进思政课教师与专业课教师团队对接，充分发挥思政课教师在思政育人方面"理论功底扎实、实践经验丰富"的普遍优势，通过思政课教师与专业课教师的对接与指导，努力打造"课程门门有思政，教师人人讲育人"的生动局面。总的来说，系统、科学的学科体系能够为课程思政教育教学提供学理支撑和逻辑遵循，是推动课程思政教育教学更具深度、更有力度的重要条件。

具体说来，课程思政教育教学学科建设对课程思政教育教学的支撑作用主要表现在以下两个方面。其一，课程思政教育教学学科建设为课程思政教育教学提供理论支撑。课程思政教育教学所阐述的知识体系和理论框架根源于课程思政教育教学学科建设的学理性研究。要首先从理论上就课程思政教育教学学科建设的若干重大问题进行艰苦的理论探索、实践探索和理论总结，全面梳理课程思政教育教学学科建设的理论框架，全面掌握课程思政教育教学学科建设的内在规律，取得若干重要理论成果，使课程思政教育教学学科建设为课程思政教育教学提供坚实的理论支撑。其二，课程思政教育教学学科建设为课程思政教育教学提供人才支撑。人才培养是学科建设的内在要求。课程思政教育教学学科建设，为开展课程思政教育教学学科的研究、培养大批高素质人才提供了重要的学科平台。例如，课程思政教育教学学科建设为开展课程思政教育教学相关培训提供了理论依据，为培养课程思政教育教学专门人才打下了学科知识基础，从而为课程思政教育教学提供了人才支撑。

强化学科对课程思政教育教学的支撑作用，还应当认识到，这一"学科"既是指课程思政学科的笼统范畴，也是指高校具体的、现实的学科。从高校理工农医等具体学科的角度看，强化新时代农林院校学科对课程思政教育教学的支撑作用，还要发掘其他人文学科和自然科学的价值资源，同时支持交叉学科的发展性和创新性研究。

一、发掘其他人文学科和自然科学的价值资源

当前，我国的农林院校大多形成了以农林类学科专业为特色优势，理工文管等多学科协调发展的面貌。梳理我国农林院校的学科专业概况，除了农学类学科专业之外，大多还包括人文学科、社会学科、理学学科、工学学科、管理学科等。强化新时代农林院校学科对课程思政教育教学的支撑作用，在系统发掘、梳理、归纳农科的价值资源的基础上，还要发掘包括人文学科、社会学科、理学学科、工学学科、管理学科等在内的人文学科和自然科学的价值资源。

第一，发掘人文学科的价值资源。一般说来，人文科学的研究对象是"人"及人的社会存在，人文学科通常以文史哲为指称，此外还包括艺术学等。推进课程思政教育教学的学科建设，要充分发掘人文学科的价值资源。以马克思主义的立场、观点、方法指导人文学科的建设，通过文史哲

学科内涵建设，深入挖掘文史哲学科中所蕴含的关于人的本质（一切社会关系的总和）、客观规律性和主观能动性、社会存在和社会意识等马克思主义观点，深入挖掘文史哲学科研究中的历史分析方法、矛盾分析方法、实践分析方法等。通过文史哲学科建设，从文史哲的角度深刻理解习近平新时代中国特色社会主义思想。同时，在文史哲中深入挖掘支撑共产主义远大理想、中国特色社会主义共同理想、社会主义核心价值体系、社会主义核心价值观等素材，深入挖掘坚定中华优秀传统文化、革命文化和社会主义先进文化自信的素材，使人文学科的价值引领如春风化雨般润物细无声地入耳、入脑、入心、入行。

第二，发掘社会学科的价值资源。推进课程思政教育教学的学科建设，要充分发掘社会学科的价值资源。以马克思主义的立场、观点、方法指导社会学科的建设，通过经济学、法学、社会学、政治学等学科内涵建设，深入挖掘社会学科中所蕴含的关于联系的观点、运动变化发展的观点、矛盾的观点、人民群众创造历史的观点以及世界的物质统一性原理等，深入挖掘社会学科研究中的历史分析方法、矛盾分析方法、阶级分析方法、实践分析方法等。在对经济现象、社会现象、政治现象等的研究中展现马克思主义的思想光芒，从而加深对习近平新时代中国特色社会主义思想的理解和掌握。同时，在社会学科的研究中加大对经济、政治、法律、社会等领域国家政策的研究和宣传力度，引导大学生深入社会、深入实践、深入实际，引导大学生关注社会问题，突出社会学科在培养和塑造大学生辩证思维、唯物主义思想、经济思维、法律思维、家国情怀等方面的价值和作用。

第三，发掘理学学科的价值资源。推进课程思政教育教学的学科建设，要充分发掘理学学科的价值资源。以马克思主义的立场、观点、方法指导理学学科的建设，运用马克思主义的分析方法加强理学学科的研究。深入挖掘理学学科中所蕴含的科学精神和科学素养，推进理学学科中的科学思维与马克思主义的辩证思维的深度融合。在理学学科的研究和育人中挖掘相关价值引领的背景素材，突出科学研究中的伦理教育，寻找科学研究中的伦理素材与案例，培养大学生追求科学、追求真理、勇于创新的精神，同时，增强大学生运用辩证思维、科学思维认识、分析、解决实际问题的能力。

第四，发掘工学学科的价值资源。推进课程思政教育教学的学科建设，也要充分发掘工学学科的价值资源。以马克思主义的立场、观点、方法指导工学学科的建设，运用马克思主义的分析方法加强工学学科的研究。深入挖掘工学学科中所蕴含的科学精神和工匠精神，推进工学学科的科学精神、工匠精神与马克思主义的辩证思维的深度融合。结合我国的高铁、高速、高架桥、跨江跨海大桥等交通基础设施工程，结合中国天眼、嫦娥奔月、载人航天、蛟龙潜海等一大批大国重器，深入挖掘、整理蕴含在这些大国工程中的科学精神、工匠精神、科技报国的情怀和感人至深的故事，将其与工学学科的研究和育人相融合，培养追求科学、追求真理、追求极致、追求卓越、追求创新的新时代大国工匠。

第五，发掘管理学科的价值资源。推进课程思政教育教学的学科建设，还要充分发掘管理学科的价值资源。管理，归根到底是人的管理。要以马克思主义关于人的本质等方面的理论观点指导管理学科的建设，将马克思主义的立场、观点、方法深度融入管理学科的研究和育人中。深入挖掘管理学科中所蕴含的以人为本的观点、所蕴含的人文素养和家国情怀等。例如，以马克思主义的管理理论指导管理学科建设，以中国共产党的组织管理经验支撑管理学科建设，从管理学科中挖掘《论语》《韩非子》等国学经典中的东方管理智慧，从管理学科中挖掘改革开放以来形成的企业家精神等。总之，通过充分挖掘管理学科的价值资源，深入推进管理学科的研究和育人，培养兼具理想信念与专业知识、理论功底与实践能力、国际视野与中国情怀的新时代管理人才。

二、支持交叉学科的发展性和创新性研究

强化课程思政教育教学学科的支撑作用，在发掘其他人文学科和自然

科学的价值资源的基础上，还要支持交叉学科的发展性和创新性研究。就发展脉络而言，有一个由综合——分化——分化基础上的高度综合的学科发展历程。一般说来，学科交叉有利于研究和解决复杂的现实问题，能够推动新的知识生长点的产生。由学科交叉发展到一定阶段产生的交叉学科体现了学科向综合性、复合型发展的趋势。2020 年 7 月召开的全国研究生教育会议决定将"交叉学科"作为新的学科门类。据此，交叉学科预计将成为继哲学、经济学等 13 个学科门类之后的第 14 个学科门类。

　　一方面，推进农科与其他学科交叉融合的研究。推进农科与其他学科交叉融合的研究是强化课程思政教育教学学科支撑作用的重要基础。新农科的建设是推进农科与其他学科交叉融合研究的契机。《安吉共识——中国新农科建设宣言》的发布标志着我国开启了新农科建设。以美丽乡村、乡村振兴和农业农村现代化等为目标，新农科建设内在要求农科与理科、工科、文科等其他学科的深度交叉融合。一是推进农科与理科的交叉融合的研究。以马克思主义的立场、观点、方法支撑农科与理科的研究、支撑农科与理科的交叉融合研究。在辩证思维的基础上，将农科"把论文书写在祖国大地上"的实践意识与理科严谨细致的科学思维结合起来，以理科所具有的科学思维、所运用的科学方法来研究和解决"三农问题"，培养"懂农业、爱农村、爱农民"、兼具"大国三农"情怀与较高科学素养的新时代农林新才。二是推进农科与工科的交叉融合的研究。以马克思主义的立场、观点、方法支撑农科与工科的研究、支撑农科与工科的交叉融合研究。坚持辩证唯物主义和历史唯物主义的分析方法，以"钉钉子"精神推进农科与工科的交叉融合研究。加强以农业工程类学科专业、林业工程类学科专业为代表的涉农工科学科的研究，将工科的科学精神、工匠精神融入农科的研究和发展中，将科技报国的情怀和"大国三农"的情怀相结合，培养新时代农林工匠。三是推进农科与文科的交叉融合的研究。以马克思主义的立场、观点、方法支撑农科与文科的研究、支撑农科与文科的交叉融合研究。以农业经济管理、农村区域发展等涉农文科为代表，努力突破农科与文科之间存在的专业壁垒和学科边界，推动农科与文科的深度融合。例如，立足于农村、立足于土地研究文学，面向农民、服务农民创作文学。又如，将理想信念、人文素养、道德修养、法治意识等融入农科的建设和发展中，彰显农科的人文价值、人文关怀。在农科与文科的交叉融合中，培养兼具"大国三农"情怀与强农兴农本领、兼具崇高家国情怀与扎实专业知识的知农爱农创新人才。

　　另一方面，支持交叉学科的发展性和创新性研究。作为一门新兴学科，交叉学科是在学科与学科之间相互渗透、交叉、融合的基础上产生的。交叉学科不仅包括人文社会科学内部、自然科学内部不同学科之间的交叉，还包括人文社会科学与自然科学之间的学科交叉以及人文社会科学与技术科学之间的学科交叉等。新时代农林院校的发展离不开交叉学科的创新性发展。强化新时代农林院校课程思政教育教学学科的支撑作用，要遵循学科发展的客观规律，探求与学科相关的重大现实问题的解决之道，依据现实需求适时推动农林类学科与其他学科不断渗透、交叉、融合。通过交叉学科的创新性研究，提升现有涉农专业，解决涉及多学科的农林类现实问题。当前，我国一些农林类学科已经通过与一些人文社会科学类学科、工学学科、理学学科等的相互渗透、互相融合形成了交叉学科。其一，支持农林类学科与人文社会科学类学科渗透、融合所形成的交叉学科的发展性和创新性研究。例如，北京林业大学设立了名为"生态文明建设与管理"的交叉学科，所涉及的一级学科包括生态学、林学、农林经济管理。通过"生态文明建设与管理"交叉学科的设立和创新性研究，凸显生态文明的意义。在生态文明理念的指导下，实现生态学、林学、农林经济管理的渗透与交叉，最终在实践上助推生态文明与美丽中国建设。其二，支持农林类学科与工学学科渗透、融合所形成的交叉学科的发展性和创新性研究。例如，上海交通大学设立了名为"食品安全与营养科学"的交叉学科，所涉及的一级学科包括仪器科学与技术、园艺学、临床医学。通过"食品安全与营养科学"交叉学科的设立和创新性研究，凸显食品安全、营养、健康的意义。在食品安全、营养、健康目标的引领下，实现仪器科学与技术、园艺学、临床医学的渗透与交叉，以仪器科学与技术的技术支撑、园艺学的农业生物学支撑、临床医学的医学与营养学支撑，使食品兼具安全、营养与健康等指标，最终在实践上助推健康中国的建设。其三，支持农林类学科与理学学科渗透、融合所形成的交叉学科的发展性和创新性研究。例如，西南林业大学设立了名为"森林防火"的交叉学科，所涉及的一级学科包括生态学、林业工程、林学。通过"森林防火"交叉学科的设立和创新性研究，凸显保护森林、保障人民群众的生命财产安全的意义。在保护森林、保障人民生命财产安全目标的引领下，实现生态学、林业工程、林学的渗透与交叉，从生态学理论、林业工程技术、林学规律等角度加强"森林防火"的研究，形成交叉性、融合性研究成果，使"森林防火"不仅是一门学科，而且成为一门科学，最终在实践上助推我国森林资源的保护和生态文明的建设。

第六章　课程思政教育教学的队伍建设

教育教学队伍建设是课程思政建设中重要的一环，是保证课程思政有序推进的重要支撑。为此，学校党委、各职能部门、各学院以及所有专业教师都应该充分发挥自身的积极作用，根据党中央和教育部的要求，在课程思政建设过程中不断明确、强化管理主体责任，充分发挥党支部战斗堡垒作用，持续完善专业教师队伍提升机制，在学校党委的统一领导下努力打造出一支上下贯通、全员参与的建设队伍，有效地保证课程思政建设效果。

第一节　强化管理主体责任

"健全工作机制，建立党委统一领导，教务部门牵头抓总、相关部门协同联动、院系推进落实的工作格局"是教育部在《高等学校课程思政建设指导纲要》（以下简称"纲要"）中明确提出的工作要求。在课程思政建设过程中，包括学校党委、相关行政部门、各学院在内的管理主体要积极落实课程建设的主体责任，在全校范围内形成协同育人大格局。

一、强化高校党委的统筹规划

思想政治工作涉及学校办学方向这一根本问题，学校党委在课程思政建设中要忠实履行政治责任，牢牢把握课程思政建设的社会主义方向，同时从学校的全局出发，做好建设发展的顶层设计，制定和完善课程建设的监督评价机制，全面统筹全校课程思政建设。

（一）履行政治责任，坚持课程思政的建设方向

课程思政建设的旨意在于在高等教育原有的专业知识和能力培养的过程中，融入中国特色社会主义主流价值观的内容，通过知识能力与思想道德的双重教育，使学生在人生的关键阶段树立起正确的世界观、人生观和价值观，从而为我国社会主义现代化事业的发展和中华民族伟大复兴中国梦的实现培养德智体美劳全面发展的合格接班人。然而，在"百年未有之大变局"的形势下，人们的思想意识在频繁的文化交流中变得日益多元而活跃，这极大地增加了新时代高校思想政治工作的难度。但越是如此，越显示出党的全面领导的必要性。经验表明，学校党委对于课程思政建设的领导力度是课程思政建设取得成效的关键因素。在课程思政建设中，学校党委要忠实履行政治责任，首先，加强对各建设部门的领导，使所有部门能够在学校党委的领导下同向同行。其次，注重对建设过程的领导，对各个环节的关键任务、重点问题、重大事项始终保持有力的领导，切实保证课程思政的建设方向。最后，对建设进行全方位的领导，通过探索创新、搭建平台、建强教师队伍、强化组织保障等手段，将课程思政建设融入课堂育人、科研育人、实践育人、文化育人、网络育人等育人体系，形成对课程思政建设的全方位领导。

（二）做好顶层设计，统筹全校课程思政建设

做好顶层设计是课程思政建设顺利开展的必要前提。首先，学校党委要从全校发展的高度研究、部署课程思政建设的基本思路出发，充分调动各级党组织和党员教师的积极性，建立起多部门齐抓共管的模式。其次，选派思想坚定、本领过硬的专家教师深入各学院开展宣讲活动，保证全体

教师能够全面、系统地理解课程思政的全都内涵。同时，选派立场坚定的党员教师和部门领导组成专家咨询小组，全程参与课程思政教材的编写和教学案例的审定工作，严格保证课程思政建设的政治方向。再次，明确发展目标，通过名师培养、优秀教学团队打造，示范课程申报、教改立项等形式，为学校课程思政建设的有序推进提供明确的路径指引。最后，制定具有本校特色、符合本校实际的"课程建设重点内容和分类实施要点"，其中农林类院校尤其要注重培养学生的"大国三农"情怀，引导学生以强农兴农为己任，以"懂农业、爱农村、爱农民"的新型农业人才为发展目标，引导学生自觉将自我价值的实现融入我国农业现代化的发展进程当中。

（三）制定和完善监督评价机制

建立健全多维度的课程思政建设成效考核评价体系和监督检查机制，并将其在各类考核评估评价工作和深化教育教学改革中落细落实，是学校党委领导课程思政建设的必要工作。首先，建立有效的监督检查机制。学校党委定期对各部门、学院的建设情况进行检查、评估，将课程思政建设成效纳入单位绩效考核、基层党建述职评议考核和教师党支部党建考核工作当中，把课程思政建设成果作为学科专业评估、课程评估的首要因素和重要监测指标，在教学成果奖、教材奖、教学名师和优秀教学团队等表彰奖励工作中，突出课程思政要求，加大对课程思政建设优秀成果的支持力度等，对建设成效明显的学院、单位进行大力的表彰和宣传，对建设成效不显著的学院、单位进行及时的批评和督促，力求使课程思政建设全要素可查可督。其次，建立客观高效的考核评价体系。通过在教师、教学评价标准中设置明确的评价指标，使教师的建设行为能够得到价值体现，比如在课程教学大纲、教学日历、教案等重要教学文件审定中重点考量知识传授、能力培养和价值引领三者同步提升的实现度。在教师教学质量评价标准中设置"价值引领"相关观测点。在教师年度考核评价、岗位聘用、评优奖励、选拔培训中设置教师参与课程思政建设情况和教学效果考核点等。

总体来讲，考核评价体系的建立要以人才培养效果为首要原则，从课程建设质量和教师教学质量两个方面，从课程设置、课程结构、课程资源、师资队伍、课程影响力和教师理论素养、思政资源的挖掘、思政与专业的融合、课堂教学安排、知识传授效果、学生价值认同等多种评价指标出发来设计评价体系，同时关注教师与课程之间的互动关系，重点考察教师在课程建设中的贡献力度以及课程建设对教师教学的支持力度，最后通过量化打分的方式对本校的课程建设和教师教学的效果做出客观的评价。具体评价体系如下图所示：

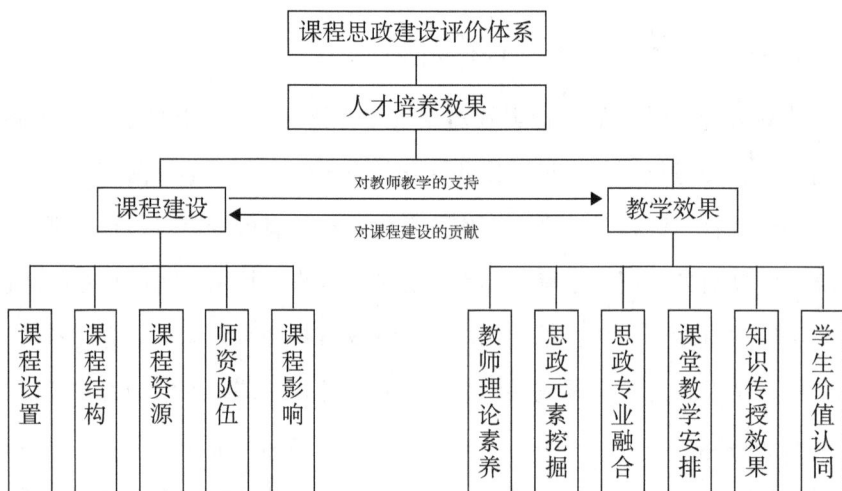

二、明确职能部门的行政职责

加强组织领导，通过将工作任务分解到具体单位的形式明确各职能部门在课程思政建设中的具体责任，是课程思政建设顺利实施的重要保障。

（一）教务部门牵头抓总

课程思政建设是为了落实立德树人根本任务，提高新时代高校人才培养能力的教学改革，事关高校全部专业、全部课程的系统性改革，不可避免要由负责教学工作的教务部门带头开展。教务部门是保障教学工作正常开展的关键部门，主要负责高校教学管理规章制度的制定与实施，负责各级各类教育教学质量改革、课程建设、青年教师教学能力培训、组织校级优秀教师评选等多项工作。在课程思政建设中学校教务部门主要负责建设和选用优质通识课程，打造特色体育、美育类课程，打造社会实践类一流课程，将课程思政融入学生培养方案，修改、完善课程目标、教学大纲、教案课件，改革课堂授课、教学研讨、实验实训、作业论文的完成要求，选树课程思政示范课程和课程思政优质课程，制定蕴含课程思政元素在内的教学质量评价体系以及专业评估、课程评估体系等重要任务，从制度层面为课程思政建设的有序开展构建科学合理的课程体系。

（二）相关部门联动配合

学校职能部门是学校正常运行的重要组成部分，在类型上主要分为党务、行政、直属、社群四类，部门数量大致在三四十左右，这种结构注定了高校管理运行过程中不可避免出现的一个现象就是一项工作的开展往往会牵涉多个职能部门参加，比如一项全校范围的教师活动涉及的部门也至少会包括教务处、人事处、教师发展中心，甚至是后勤处、工会等。由于课程思政的本质是要将思想政治教育的观念、内容和要求与专业课程有机结合起来，通过课程的重新设计、教材的重新开发、评价机制的重新完善等工作实现高校教学的全面改革，因此这项工作必将涉及众多工作领域，需要学校各职能部门的有力配合。比如宣传部门要为各专业学院提供尽可能多的思政素材，教师发展部门要为相关教师提供便利的进修、学习机会，组织部门要组织相关的推进活动、学习活动等，在这种情况下，相关部门的联动配合成为课程思政建设顺利开展的必要条件。

三、抓好专业学院的跟进落实

在课程思政建设中如何结合不同学科、专业的特点、思维方式和价值理念挖掘出专业课程的思政元素，实现专业知识传授和价值观念引领的有机结合，是各专业学院要解决的关键性问题。

（一）从内部提高课程思政的建设能力

各教学单位首先要提高领导层面对课程思政建设的重视程度，全面、准确地把握课程思政的核心内涵和根本宗旨，同时认真领会学校对课程思政建设的具体规划，找准本学院在学校课程思政建设的基本位置及应该承担的基本任务，从而使学院的教学工作能够符合学校课程思政建设的教学要求。其次，各教学单位应该成立课程思政教学研究中心，依托基层教学组织广泛开展课程思政教学研究，积极组织集体备课活动，发动专业课教师充分发掘课程思政元素。最后，各专业学院要加强对课程思政建设的政策、途径、条件、资源的探索，以及对课程思政实施中重点、难点、前瞻性问题的研究，形成课程思政改革典型案例和特色做法，培育可复制可推广的课程思政研究成果。

（二）在外部与其他学院开展有效衔接

首先，与马克思主义学院的衔接。在长期的教学过程中，马克思主义学院积累了丰富的思政课程教育经验，形成了完整的思想政治教育体系，这些经验和资源对于专业课教师而言具有巨大的参考价值。同时，思政课教师作为专业的思想政治教育工作者往往具有高度的专业素养，无论是对政治方向的把握还是对理论内涵的解读都具有高度的敏感性。专业学院与马克思主义学院进行衔接一方面可以为专业课教师课程思政改革寻求必要的理论支撑，另一方面也可以为专业课教师课程思政改革给予路线方向上的引领和规范。其次，与其他专业学院的衔接。对于农林的院校来讲，在培养目标上都会涉及"坚持立德树人，培养具有社会责任感、适应社会经济和现代农业发展需要，具备良好的科学、文化素养和高度的社会责任感"的要求，尤其是在课程思政的引领下，专业教育更具有了共同的培养目标，这种共同的培养目标也为专业学院的合作提供了基础和可能。

在实践操作层面，专业学院可以与马克思主义学院从以下几个方面展开衔接：一是邀请马克思主义学院的专家从专业理论角度对专业课教师进行案例开发和融入方面的指导，培养各专业课教师的政治敏感度，保证专业课课程思政建设的政治方向和理论高度。二是在涉及具体的思想政治教育案例时邀请马克思主义学院的教师进行审核和把关，防止出现有争议甚至违背政治路线的案例，真正保证专业课教师对思政案例的把握和解读。三是在课程思政建设案例的开发和融合上与思政课教师展开合作，从而不断增强专业课教师课程思政的深度。在与其他专业学院的衔接上，可以借鉴交叉学科的研究方法，通过互相的借鉴和彼此的交流，拓展自身课程思政的思维方式和工作视角，进而形成新的建设思路和新的知识体系。当然，专业学院间的衔接并非出于行政指令上的指派或者空间距离上的就近合作，而是围绕课程思政同一主题根据专业教学的实际情况做出深度的融合，其本质上是课程思政建设视域下的一种学术对话。比如在农林院校中，生态文明建设应该是大部分专业课程都会重点向学生灌输的基本内容，而与生态文明建设相关的专业与学科肯定不止一个学院、一个专业或者一学期的课程，而是覆盖大多数专业的大部分学生。在这种情况下，不同学院间尤须注意从不同角度对同一思政元素进行多元、持续的解读和灌输，从而在不同专业互相合作的情况下实现课程思政的协同推进。

总之，在课程思政建设中，学校党委、各职能部门、专业学院作为建设的领导者和组织者，应该从全局的角度出发，制定出切实可行的工作规范，在明确自身所肩负的建设责任的前提下，积极探索课程思政的建设路径，以期实现课程思政建设的顺利推进。

第二节　发挥基层党组织的战斗堡垒作用

高校基层党组织和党员教师是高效落实党的教育方针的主要执行者，承担着为党育人、为党育才的重要使命，在课程思政建设中构建从学校党委到学院基层党组织，再到党小组相互贯通的联动工作体系，充分发挥了基层党组织和党员教师的带动作用，从党组织内部实现党小组协同攻关、党支部集体行动的运行模式，使学校基层党组织成为推进课程思政建设向纵深不断发展的"尖刀排"和"先锋队"，将有力地推动课程思政建设的持续发展。

一、党小组的集体行动

党小组在党员的政治生活和党组织的运行中具有不可替代的作用，在课程思政建设中，各级党组织要充分发挥党小组的积极作用，通过组织党小组成员定时开展集体学习、集体备课、集体观摩、集体辅导等活动，使党小组成为党员教师在课程思政建设中进行交流、工作的重要平台。

（一）集体学习，提高认识

教师在教育事业的发展上起着关键性作用，是立教之本、兴教之源。同样课程思政建设的水平在很大程度上也取决于教师对课程思政的理解能力和执行能力。但是，伴随着课程思政建设的开展，专业课教师被要求参与学生思想政治教育这一点很大程度上改变了专业课教师的教学思维和教学内容。如何使专业课教师准确、深刻地理解新时代课程思政建设的教育目的，从而积极主动地参与课程思政建设，是影响课程思政建设顺利推进的首要问题。在 2019 年召开的"全国学校思想政治理论课教师座谈会"上，习近平总书记提出了让教育者先受教育，让有信仰的人来讲信仰的教育理念，根据这一教育理念，面对课程思政建设全新的教育要求，所有的党员教师在参与课程思政建设之前必须以党小组为单位统一接受课程思政相关内容的学习，以提高专业课建设对课程思政重要性和内涵的把握。首先，通过组织党小组成员的集体学习使各专业课教师认识到课程思政建设是履行新时代教育使命的必然要求。在全国教育大会上，习近平总书记提出了"坚持把立德树人作为根本任务"的改革理念，围绕这一根本任务，所有教育工作者必须坚持以文化人、以德育人，自觉开展课程思政建设，将德育贯彻到各科课堂教学当中。其次，通过党小组的集体学习使专业课教师准确把握课程思政的关键内涵，尤其要使专业教师认识到课程思政建设不是在原有课程之外重新开设一门新的具体的课程，而是要将思想政治教育融入所有现有专业课程当中，它是思想政治教育与专业教育的深度融合，从而提高专业课教师探索新的教学手段和教学方法的动力。

（二）集体备课，攻克难点

按照教育部颁布的"纲要"要求，课程思政建设的目的是要将专业知识的显性教育与思想道德引导的隐性教育统一起来，使各类专业课程能够与思政课程同向同行，从而在新时代高校育人体系中形成协同效应。可以说，专业知识传授与思想道德教育的融合是课程思政建设最大的课程优势，但是对于专业课程来讲，这也是最大的难度所在。这种难度具体体现在两个方面：一是如何准确地从专业知识中提炼出既贴切又多样，而且还具有公认说服力的典型案例，增强课程的思政属性，这要求专业课教师必须具备"看山已不再是山"的能力和境界。二是如何将提炼出的精准案例"不着痕迹"地融入专业知识的讲授过程中，使学生在课程上既明显感受到学到了专业知识，又不自觉地接受了思想的引领，这需要专业课教师具备"看山仍旧是山"的能力和境界。

如何帮助专业课教师攻克这样的难题，经过一段时间的实践和探索发现，集体备课制度对于化解教师面临的各种难题具有积极的作用，通过集体备课的方式改变了以往专业课教师在课程思政建设中"单兵作战"的状态，使得专业课教师在党小组集体备课的模式下能够以"集团军作战"的方式，对教学目标、教学计划、重点难点、教学方法等进行集体研讨，最大范围吸收每位专业课教师的正确意见。以习近平总书记强调的新时代青年应该抱有"胸怀忧国忧民之心，爱国爱民之情，不断奉献祖国，奉献人民"①的爱国主义情怀为例。爱国主义是新时代青年必不可少的道德品质，在不同的领域具有不同的表现形式，它既是共和国"两弹一星"功臣的艰苦奋斗，也是北斗导航系统工作者的攻坚克难，它不仅体现在沈国舫院士、方智远院士、李天来院士这样顶级科学家身上，而且也体现在塞罕坝林场工人、港珠澳大桥施工者这样普通人的身上，围绕这一主题，不同的教师在党小组集体备课会上可以根据自己的特点选取不同的案例从不同的角度进行阐释，这样既可以对学生进行多样化、持续性的引导，也可以避免教师之间对相同案例的重复使用，从而最大限度地提高课程思政的建设效果。

（三）集体观摩，不断完善

课堂教学的目的在于将教学设计中的知识点通过适当的教学方法有效地传授给学生，从而达到预期的教学效果。但是由于受到专业课教师个人教学能力、党小组确定的教学方法、授课对象的专业背景等因素的影响，可能会出现教学效果达不到预期教学目标的现象。为了能够及时总结教学过程的不足，有效提升课程思政教学效果，党小组内部所有参与前期课程设计的教师应该集体参加课堂教学观摩活动。因为对于一线教师，尤其是年轻教师来讲，观摩教学是迅速提升自己教学能力的有效手段，而课程思政建设是新时代我国高校确立的最新教学改革方案，无论是它涉及的

---

① 《习近平谈治国理政》第三卷，外文出版社 2020 年版，第 334 页。

专业广度，还是将要达到的改革深度，都是前所未有的。正因为如此，课程思政建设才会给专业课教师带来全新的挑战，而且在这项挑战面前，所有的教师不分专业、不分年龄，都成了一名缺乏课程思政教学经验的"新老师"。为了最大限度消除这种弊端，党小组内部教师之间的相互观摩便成为教师之间发现各自课堂的教学不足，提升自身课程思政教学效果必不可少的教学环节。通过党小组教师之间的互相观摩，专业课教师可以尽快发现教学目标向教学效果转化过程中存在的不足，从而为下一次教学实践的改善提供积极的反馈。同时，教学观摩的意义绝非局限于授课教师的一方，也会充分地体现在观摩教师的一方，因为参与教学观摩的教师在观摩过程中能够通过自己发现的不足反思自己的教学实践，也就实现了"教学相长"的效果。另外，党小组作为集体观摩的行动单位，容易使专业教师在教学观摩的过程中产生教学团队的归属感和责任感，从而有助于增强专业课教师在党小组集体备课活动中的积极性，进而为课程思政建设的持续推进创造强有力的组织保障。

（四）集中辅导，强化弱项

课程思政的持续推进最终仍要依赖于专业课教师课程思政教学能力的不断提高，在全国高校思想政治工作会议上，习近平总书记对高校思想政治教育明确提出了"要坚持在改进中加强"的总体要求，也就是要求所有参与思想政治教育的老师要从课程内容、授课过程、授课方式、教学方法等多个方面进行不断地总结和创新，切实通过总结教学经验增强思想教育教学的本领。按照这种思路，各高校在课程思政建设中应该通过座谈、问卷、访谈、成绩分析等多种方式，重点发现专业课教师在课程思政建设中存在的一些问题，比如专业课教师对什么是课程思政是否有了一个很好的把握，在教学案例的选取和融入上是否恰当，是否还存在专业课教师对参与课程思政建设抱有不同的意见，甚至认为专业课堂融入思政元素影响了本专业的教学活动等各种问题，通过对这些问题的梳理最大限度排除建设中的各种障碍。同时，针对以上现象，各高校要及时总结经验，通过课程拓展、典型引领的方式，邀请在课程思政建设中表现较为突出的教师以党小组为单位进行经验传授，并对参与课程思政建设的青年教师实行"导师制"，由党员教师作为青年教师的导师在课程思政建设中对其进行指导帮助，从而达到"先进带后进""以点带面"的辐射效应。

总而言之，在推动课程思政建设过程中，各高校应该充分发挥党小组的积极作用，以党小组为单位，认真总结前期教学经验，积极打造课程思政先进小组，重点做好党小组成员在全系乃至全院的带动作用，从而实现课程思政建设的整体推进。

二、党支部的协同攻关

从目前的情况来看，课程思政建设仍然处于探索试点阶段，各建设主体对于课程思政的建设规律、理论支撑、建设路径等要点的把握仍然缺乏充分的认知，需要各高校以党支部为单位对遇到的各种困难进行协同攻关，针对当前课程思政建设中存在的专业教育与思政教育"两张皮"、课程建设与党支部建设异步、建设主体合力不强等问题，通过制定规范化的奖惩机制、监督机制和保障机制，开展规范化的活动安排，不断增强党支部化解课程思政建设难点的能力。

(一) 党支部协同攻关的问题指向

党支部是学校党委领导下的基层党组织，支部教师也基本上处在教学第一线的关键位置。在课程建设中，要充分发挥党支部的政治作用和组织能力，以党支部建设为契机推进课程思政建设问题的解决。总体来看，当前课程思政建设存在的问题主要体现在以下几个方面：

1. 专业教育与思政教育"两张皮"的问题

所谓"两张皮"的问题是指长期以来在我国高等教育中存在的专业教

育与思政教育互不衔接、相互脱节的现象，主要表现为无论是学生对于专业课程的重视程度，还是学校对专业学科发展的重视程度，抑或是专业教师在学校中的地位，都要远远高于思政课程、思政专业与思政教师。导致这种问题出现的原因主要在于学校与专业教师对学生思想政治教育的重要性认识不够充分，在课程思政建设的背景下，基层党支部未能学懂弄通落实课程思政建设的相关文件精神，未能有效平衡专业知识与思政元素之间的关系，导致二者在实际的教学中不能有机地融合在一起。

2. 课程建设与党组织建设不同步的问题

所谓不同步的问题是指在基层教学单位中存在的课程建设与党建工作各行其是、自说自话的现象，主要表现为专业教师往往只注重专业课程的讲授和专业领域的科研，而不太注重参与党组织的各项活动，同时基层党支部的活动也往往局限于具体的党务工作，对于党组活动的外延并未进行积极的探索，导致党组织活动无法充分调动专业教师的兴趣，也无法对专业教师的教学科研产生应有的引领、推动作用。导致这种问题出现的主要原因在于基层党支部并没有认识到课程建设与党建工作的内在逻辑，并未在课程思政建设背景下建立起课程建设与党建工作同频共振、互相促进的工作机制。

3. 党支部建设效果难以在更大范围内产生合力的问题

所谓难以在更大范围内产生合力是指党支部建设的成效往往局限于党支部内部，制定的各种规范仅仅针对党支部成员，无法突破基层组织的范围，更难以在全校范围内同其他党支部进行实质性交流，并最终形成可供复制、借鉴和推广的建设经验。导致这种问题产生的主要原因在于各党支部并未完整领会习近平总书记所提的"守好一段渠、种好责任田"的要求。在课程思政建设背景下，党支部建设重点并不仅仅在于"守好自己的渠，种好自己的田"，在互不相干的状态中闭门造车，而是要通过"守好自己的这段渠，种好自己的责任田"，最终形成"整条渠顺畅，整片田高产"的协同效应，产生党支部在全校范围内合力育人的格局。

（二）党支部协同攻关的制度保障

以上诸多问题的产生具有多方面的原因，但归根结底仍是基层党支部政治功能弱化、组织活动单一、主导作用不足所致。为了破解这些难题，各高校应该通过选拔和培养政治素质过硬，专业技能过强的"双带头人"党支部负责人，有效解决专业教育与思政教育"两张皮"的问题，通过丰富基层党组织的活动内容，将理论学习与业务研讨融合起来，实现课程建设与组织建设的同步发展，通过"开放搞党建"的方式，将自身的建设融入更高组织的发展当中，在合力育人目标的引领下实现党支部之间的有效交流。当然，通过加强基层党组织建设实现课程思政难题的解决仅仅依靠舆论的引导还远远不够，必须将其上升为制度化的规范，才能使各项活动有据可依。具体来讲，主要可以从以下几个方面入手，建立党支部建设与课程思政建设协同发展机制。

1. 监督机制

党支部协同攻关的目的是要在全校范围内建立起"校党委——院总支——党支部"上下联动的三级监督机制，在这种机制的范围内，由学校党委集中领导、学院党总支具体执行对党支部进行课程思政建设的实施情况的全程监督，监督的对象包括党支部及其负责人，以及党支部所有的党员教师，监督的方式利用"三会一课"的汇报以及日常的巡视检查，监督的内容就是检查党支部是否建立起专业课程与思政课程协同发展的工作机制，党支部负责人是否在课程思政建设中发挥了先锋模范作用，党员教师是否率先在自己所担任的专业课上开展了课程思政建设以及建设的效果是否明显，监督的目的就是要及时对开展课程思政建设不到位的党支部及其负责人以及党员教师做出及时的谈话和规劝，敦促其及时作出调整或整改，防止出现因拖延而耽误课程思政建设进程的情况。

2. 奖惩机制

为了能够最大限度调动党支部建设课程思政的积极性，可以在党支部以及党支部带头人两个方面制定相应的奖惩机制。首先，在党支部方面，要明确规定课程思政建设的效果是评价党支部工作成效的重要标准之一，对于课程思政建设效果较为明显的党支部要优先推荐为优秀党支部，而对于建设成效较差的党支部则实行"一票否决制"，取消其参评优秀党支部的资格。其次，在党支部负责人方面，要严格考核其在课程思政建设中主体责任的落实情况，对于课程思政建设要求落实较好的负责人要给予一定的精神和物质奖励，同时将其作为年轻干部候选人进行重点培养，而对于落实情况不利的党支部负责人则要对其进行相应的惩罚。在具体措施上，可以将课程思政落实情况划分为 A、B、C、D 四个等级，每年在综合述职后由上级党组织对党支部负责人进行考核，对考核结果为 D 的负责人提出限期整改的要求，若连续两年的考核结果均为 D，则启动党支部负责人退出机制，对其岗位进行及时调整，以保证党支部作用的顺利发挥。

3. 更新机制

为了确保党支部所有党员教师能够在课程思政建设过程中始终保持思想上的先进性，需要党支部从理论学习、人员构成两个方面建立起有效的更新机制。在知识更新上，党支部要以创建学习型、创新性党支部为发展目标，利用各种活动的机会组织党员教师认真学习中央文件精神和最新理论成果，深入研究课程思政建设面临的新形势、新任务和新难题，通过举办课程思政研讨会、交流会等形式，增强党员教师对课程思政建设形势的理解和把握能力；在人员构成上，要注意培养课程思政建设优秀教师，为其进一步的提升提供交流机会，同时要大力发展党外优秀青年教师积极向党组织靠拢，从而不断壮大党支部教师的力量。

（三）党支部协同攻关的活动安排

党支部是课程思政建设的重要平台，通过在党支部定期召开的主题党日、"三会一课"以及其他各项组织活动中添加课程思政建设的心得分享、案例试讲、互评互议、总结点评等环节，不断强化党支部课程思政建设的活动规范，增强其协同攻关的建设效果。其具体环节参考如下。

1. 心得分享

结合习近平新时代中国特色社会主义思想、党的十九大报告精神、课程思政建设指导性文件，重点围绕"为什么开展课程思政建设，开展什么样的课程思政建设，如何开展课程思政建设"等原则性问题开展交流与分享，使党员教师在学习、阅读、分享中深化对课程思政建设内涵、实现路径、授课方法的理解，增强党员教师为学校课程思政建设，为党和国家立德树人教育目标作贡献的责任心。

2. 案例试讲

在党小组集体备课的基础上，每次会议推举出 3 至 5 个课程思政教学案例在党支部范围内进行试讲，其中要重点讲清楚课程思政教学案例与学情、教学目标、教学知识点、教学过程的融合方式和预期效果，以及设置该案例的理论基础，使党员教师能够通过课程思政案例的选取与设计，加深对思想政治理论的认知水平，强化党员教师对自己的学生、课堂、教学内容的把握能力。

3. 互评互议

依据教育部门提出的课程思政建设要求以及在心得分享阶段取得建设共识，对试讲案例及试讲教师进行全方位的评议，重点讨论课程思政案例的选取是否合适、切入点的设置是否合理、教学目标是否达成、教学效果是否得到改善等问题，使试讲教师能够发现自身案例的不足，从而作出进一步的完善，同时也使评议教师能够丰富案例设计的基本经验，从而在互评互议过程中实现全体教师建设能力的提高。

4. 总结完善

每次活动结束之后，由党支部负责人根据党员教师的分享内容和试讲、评议情况，对当次活动取得的课程思政建设思路和经验进行总结，形成书面记录，并从中提炼出具有推广性的规范化建设路径，由与会的党员教师根据自己课程的特点和需要完成相应章节的教学方案，实现研讨成果与课程内容的有机融合，共同推动本党支部课程思政建设的深化发展。

总之，在课程思政建设中要充分发挥党支部协同攻关的作用，通过完善党支部各项制度，丰富党支部的各项活动，将党支部建设与课程思政建设有机结合起来，从而增强党支部对课程思政建设的有力支撑。

第三节 增强专业课教师的支撑作用

从普遍意义上讲，课程思政建设要求所有专业教师都要参与到课程建设当中。但是，在现实操作层面，由于专业课教师本身具有不同的学科背景，不同的育人理念，不同的理解能力，甚至是不同的将教学内容转化为育人资源的教学能力，因此，课程思政建设的开展必然是一个循序渐进的过程，尤其在建设经验不足的起步阶段，更要逐步探索，摸着石头过河。鉴于此，各高校应该从打造专业课教师领军团队和提升专业课教师整体建设能力两个方面入手，增强专业课教师对课程思政建设的支撑作用。

一、打造专业课教师课程思政领军团队

所谓专业教师领军团队是指在课程思政建设中率先做出主动探索，准确把握建设规律，积累起具有推广性经验并且在全校范围内有意识地开展跨部门合作的专业教师团队。在课程思政建设初期，从全校范围内选择一批精干的专业教师打造一支高水平的建设队伍，在依靠团队的力量为课程思政的全面铺开和纵深推进打下坚实的基础，同时凝聚专业教师在团结协作中攻克课程思政建设的种种难题，并充分利用学校有效的教育资源以取得最大的建设收益。

（一）打造专业课教师领军团队的必要性

从课程思政建设的现实情况来看，专业教师领军团队的建设具有非常重要的理论意义和现实必要。

1. 领军团队的打造可以提升课程思政建设初期的质量

培养社会主义建设者和接班人是我国新时代教育的根本任务，这就意味着我们当前所进行的课程思政建设从广度上讲是为了加强青年对中国共产党和社会主义制度的认同感，从深度上讲直接关系到我国社会主义事业和党的长期执政。从某种意义上说课程思政是一项功在当代、利在千秋的大事，在完成的效果上，尤其是在建设的初期，不能出现任何的马虎和偏颇。因此，为了有效提升课程思政的建设成效，积累起有益的建设经验，各高校必须注重对专业教师领军团队的打造。首先，从课程思政的重要性来讲，它是一项事关未来我国高等教育发展的重大改革，不容许出现任何的偏差和挫败，但是从现实情况来看，课程思政建设又是一项涉及所有高校全部专业、学科、教师的高难度改革，不是一蹴而就的事情。如何在课程思政建设的重要性与高难度之间找到一个平衡点是建设初期应该重点关注的关键问题，为此，打造专业领军团队是解决这一关键问题的有效办法。打造领军团队，通过聚集起一批具有较高政治觉悟和较强教学技能的优秀教师，积极探索创新教学手段和教学方法，共享有利的课程思政资源，从而开拓出有效的课程思政建设道路。其次，专业教师领军团队的成员在相同的问题上共同出谋划策，充分发挥自身的影响力和带动作用，在共同教学理念和建设目标的引领下，通过听课评课、读书报告、学术沙龙、研讨会、报告会、座谈会等形式凝聚起最大的改革共识。最后，领军团队的成员往往是一些具有较高影响力的优秀老师，他们不仅在教师群体中具有较强的影响力，而且在与学校领导层面的沟通上也具有普通教师不可比拟的沟通优势和话语权，因此，由这样一些成员构成的领军团队，可以站在更高的视野全面规划学校的课程思政建设方案以及制定更为具体的教学规范，从而为学校课程思政建设的长远发展打下坚实的基础。

2.领军团队的打造可以凝聚专业教师的改革能力

课程思政作为一种全新的教育理念尚处于初步推行的阶段，不论是在改革思路还是在改革经验方面相对来讲都稍显不足，由此也不可避免地为专业教师设置了更多的障碍，尤其是教育部门还提出了要在"润物无声"的情况下完成对学生思想价值的引领，无疑更需要专业课教师极费心思地做出巧妙的课程安排以及合理的融合点安排。但是每个专业教师的能力都是有限的，不可能完全凭借着个人的力量完成对所有课程难点的各个击破，如此，便需要将有限的人力通过整合的方式团结起来，通过成员间的团结协作有效地增强专业教师课程思政建设的能力和效率。从某种意义上讲，领军团队的建设过程就是学校范围内各专业、各学科的优秀教师在同一团体内通过共同学习、相互协作最终实现共同成长的过程，团队成员通过思政案例的甄选、结合点的设置、教学方式的选择、理论研究的推进等活动，以最快的速度寻找出课程思政建设的规律和思政课与专业课深度融合的有效方式，从而有效地树立起制度化、规范化、体系化的建设路径。而且，领军团队的成长并非单纯意义上的自我成长，更是要积极发挥带动和激励作用，为更多的专业教师参与到课程思政建设中提供有益的示范和帮助。详细来讲，就是在领军团队的领导和激励下其他专业课教师通过学习和模仿，实践与反思，逐渐积累起自主开展教学和改革的能力，加速自身课程思政建设能力的发展。当然，领军团队在条件成熟时，不仅可以在本校发挥带动作用，还可以根据自身的专业特长积极开展社会活动，实行跨学校、跨地区的合作，通过经验宣讲、技术指导、教学培训、公益活动等形式，不断扩大学校在同类院校乃至全国院校的影响力。

3.领军团队的打造可以有效整合学校教育资源

从现实发展情况来看，充足的办学经费是课程思政建设及学校全面发展必不可少的物质保障。党的十八大以来，党中央不断加大对高校思政教育的经费投入，强化高校思政课建设的物质保障，在此趋势下，课程思政建设自然也会得到特别的重视。但是作为具有鲜明特色的农林院校，在办学经费上往往不能达到充足的水平，即便在国家及教育部门高度重视高校思政工作的情况下依然会面临一定的经费压力。但为了能够保质保量地落实、推进课程思政建设，农林类院校需要在现有的条件下整合各种教学资源，集中、高效地利用现有的财政拨款。而领导团队的打造恰恰能够突破现有的资源瓶颈，领军团队成员通过充分的交流和高效的共享能够将学校所投入的建设经费进行充分、循环的利用，同时也可以在实际操作前进行充分的理论论证，从而避免产生不必要的浪费。当然，除了直接的教育经费以外，领军团队的打造也可以将现有的硬件设施和软件技术集中地运用于特定的目标之上，从而在最短的时间内使得最优秀的教师获得最高效的培训。总之，领军团队的建设能够最大限度、最高效率地利用各种教育资源有效解决农林院校教育资源不充裕的现实问题。

（二）打造专业课教师领军团队的策略

专业课领军团队的建设目的是为了培育出能够引领全校课程思政建设的个人和团队，打造出具有示范效应的教学模式，取得具有推广价值的建设经验，因此，其建设大致可以从以下几个方面入手。

1.遴选课程思政建设优秀教师

课程思政建设的有效推进，关键在于各专业课教师的积极参与。从当前课程思政建设的情况来看，各专业课教师对课程思政建设必要性认识上的不足仍然是阻碍课程思政建设有效推进的主要障碍。为了有效调动专业课教师参与课程思政建设的积极性，各高校可以通过遴选课程思政建设优秀教师的方式对专业课教师加以激励。

（1）遴选的要求

遴选课程思政建设优秀教师重点考察相关教师在政治立场、教学效果和科研成果三方面的表现。

第一，政治立场坚定。能够自主学习党的最新理论成果和大政方针，能够自觉运用习近平新时代中国特色社会主义思想武装自己的头脑，并将其有效地贯彻至教学当中，能够积极参加党支部或教研室组织的课程思政建设研讨会，出勤率应达到百分之八十以上。

第二，教学效果明显。在教案、课件等教学材料中能够明显体现思想引领和价值导向方面的案例设计，能够有效地组织学生围绕政治认同、家国情怀、文化素养、宪法法治精神、道德修养等内容进行深入讨论。

第三，研究成果突出。能够积极探索课程思政的理论难点，并形成一定的研究成果，要求有公开发表的论文或主持的课题对自己的课程思政建设进行支撑。

（2）遴选的机构

成立由学校党委领导，由分管思政工作、教学工作、组织工作、教师工作的校领导构成的课程思政建设领导小组，然后由课程思政领导小组在全校范围内选拔人数不低于五十名的专家、教授、教学督导组成课程思政建设学术委员会（可以根据学校专业的特点下设人文社科、理工、农林等不同工作小组），全面负责课程思政建设的各项评估、评选活动。

（3）遴选的程序

课程思政建设优秀教师的遴选采取个人申报、学院推荐、学校评审的方式进行。

第一，个人申请。由符合评选要求的教师填写"课程思政建设优秀教师申请表"，向所在学院进行申报。

第二，学院考核推荐。学院组建工作组对申报教师的材料和资格进行审查，根据学校规定的名额择优限额推荐。

第三，学校评比。学校组织申报的教师进行工作汇报，由课程思政建设学术委员会评审专家集合申报材料对其进行综合评分，按照分数高低确定优秀等级。

第四，公示及奖励。由学校对评选胜出的教师进行公示，公示期满无异议的由学校对其进行精神或物质奖励。

2.建设课程思政示范课程

由于示范课程对教学目标、教学内容、教学手段、教学评价等具有详细的设计，对于课程思政教学案例的挖掘与融入，教学难点的破解也具有良好的效果，因此，课程思政示范课程的建设对于凝练教学方法、培育教学成果、改善师资水平等具有巨大的带动能力。

（1）课程思政示范课程的一般特征

第一，一流性：课程思政示范课程在建设质量上要对标国家一流课程的建设标准，采用一流的授课教师、一流的授课内容、一流的教学方法、一流的案例设置以及一流的教学效果。

第二，完整性：课程思政示范课程的相关教学文件具有完整性，主要包括课程计划、教学大纲、教学方案、教学日历、选修同学名单、教学记录表、教改方案等。

第三，可模仿性：是课程思政示范课程具有示范效果的关键特征，它要求示范课程在教学内容的安排和设计、教学资源的使用、教学方法的采用、教学手段的选取、教学效果的评价等多个方面具有可模仿性。

第四，辐射性：是指示范课程要产生一定的影响力，而且根据课程影响力大小的不同可以将其划分为校级、省级、国家级等不同的课程等级。

（2）课程思政示范课程的建设方法

示范课程的建设可以采用教师申报、学员推荐、课程思政建设学术委员会评选、学校立项推广的方式进行。具体的方案可以先由任课教师在每个学期开课之前提交示范课程建设申请，然后由学院对其材料和资质进行初步审核、推荐，再由课程思政建设学术委员会根据推荐名单对每一位申请教师进行随机听课打分，听课的时间可以选取该学期的任何时候，听课次数不得少于2学时，在听课结束后根据听课情况对其课程进行打分。在每个学期末，由学校组织所有申请教师对自己课程的建设和开展情况进行汇报，最后由学术委员会根据听课和汇报情况对该课程进行综合打分，最后由学校根据分数高低对课程择优立项，进行推广。

3.打造优秀教学团队

课程思政建设作为一项涉及高校全部学科专业的综合性改革，绝不是凭借着某一位或几位老师的单打独斗就能完成的，需要建立起一个又一个优秀的教学团队，充分发挥团体的力量。在打造优秀教学团队的过程中，重点加强一下几个方面的建设：

（1）团队带头人

团队带头人要具有坚定的政治立场、高尚的师德师风以及严谨的科研精神，具有副高及以上职称，在课程思政建设方面取得过一定的教学科研成果，鼓励支持省级及以上教学名师组建课程思政教学团队。

（2）团队成员

团队成员数量适度，团队成员具有正确的世界观、人生观、价值观，能够自觉践行社会主义核心价值观，具有较高的政治觉悟和良好的团队合作精神，团队成员之间具有相同或相近的研究、教学方向，结构上老中青教师搭配合理，鼓励以党小组、党支部或教研室为单位组建教学团队。

（3）教学活动

教学团队要具有丰富的课程思政教学案例，能够运用新颖的教学方法和教学手段实现思政案例与专业内容的有机结合，能够有效引导学生对事关社会道德、家国情怀、人文素养、法治精神方面的问题进行独立的思考和深入的探究。

（4）理论研究

教学团队能够积极参加教学改革创新，能够发表课程思政建设方面的学术成果，主持省级及以上等级的教改课题，或获得省级以上的教学成果奖励。

4.创建课程思政名师工作室

创建课程思政名师工作室将有助于全校课程思政教学科研的发展，为中青年骨干教师的成长提供有利的平台，能够有效地带动全校课程思政教学改革，不断创新教学方式，改善课程思政教学质量。

（1）名师工作室的运行机制

第一，同研共读：根据工作室课程思政的主题确定工作室成员在不同阶段的学习和科研任务，主要包括对课程思政教学案例的丰富（要求在每月一次的工作室集体会议上每名教师至少提交五项教学案例），对最新研究成果的学习（做好课程思政研究成果的跟踪，最终形成一篇研究综述），以及对教学改革的深入思考（要求每名教师每学期至少尝试一项教学改革创新），目的是通过"同研共读"的方式为工作室成员带来持久的学习动力。

第二，异课同构：根据工作室的前期建设成果，结合工作室成员的个人课程，确认能为全体成员共同遵循的课程思政教学规范，包括教学资料的共享，教学文件的编写，教学过程的设计，教学效果的评价等，目的是想通过工作室内部成员对工作室前期教学模式的"借鉴—反馈—完善"，形成一套能代表工作室建设水平，且具有可推广价值的课程模式。

第三，辐射示范：根据工作室成员自身课程的建设情况和前期研究成果的积累情况，推荐表现优秀的教师以工作室的名义参加各种教学比赛和荣誉评比活动，通过"以赛促建"的方式扩大工作室的影响力和课程思政教学模式的适用范围。

（2）名师工作室的建设标准

第一，主持人条件：具有较强的政治觉悟，政治面貌必须为中共党员；具有副高及以上专业技术职称，常年从事一线教学工作，每周上课学时不少于四学时；获得过校级及以上教学荣誉称号；具有较强的组织、规划、管理能力，能够规划出工作室中长期发展前景；在本专业领域具有一定的影响力，每年能够发表课程思政主题的论文至少1篇，具有省级以上教学改革课题的主持经验。

第二，工作室成员要求：工作室成员人数控制在8人左右，不多于10人，工作室成员的年龄、职称结构合理；工作室成员具有独立承担的专业课程，具有自主进行科学研究的能力；参加过校级及以上级别的教学比赛，具有一定的教改研究能力；能够充分理解工作室的发展思路，并据此制定出自己课程进行课程思政建设的改革创新设计方案。

第三，目标规划：对工作室的定位合理，发展目标能够与学校课程思政建设同向同行，能够对学校的课程思政建设起到积极的引领作用；以 3 年或 5 年为一个建设周期，具有明确的发展规划，工作室每年至少发表 3 篇核心期刊及以上等级的论文；在一个建设周期内完成 1 项省级及以上级别的课题，进行至少 1 项教学改革实验，并取得一定的教改成果；创办链接到学院或学校网站的专门网站，搭建具有自己特色的资源平台。

总之，在课程思政建设过程中，专业教师领军团队的建设具有深刻的现实意义，各高校对此也应该有深刻的认识，并从教师、课程、教学团队等重要因素入手，认真落实教育部提出的各项建设要求，尽学校最大的能力打造支持本校课程思政建设不断发展的领导力量。

二、提升专业课教师课程思政的建设能力

在课程思政建设中，对建设效果起到关键作用的必然是广大专业课教师。因此，在课程思政领军团队为课程思政建设树立起基本的建设规范，积累起前期的建设经验以后，广大专业课教师要积极跟进，沿着学校和领军团队确立的建设方向将课程思政全面融入全校的专业课程当中，从而实现学校课程思政建设的整体推进。为了能够充分发挥广大专业课教师对课程思政建设的支撑作用，学校应该从激发专业教师建设主体意识和增强专业教师课程思政执行能力两个方面入手，切实提高专业教师对全校课程思政建设的支撑作用。

（一）激发专业课教师课程思政的主体意识

在课程思政建设这一具体实践中，专业教师的主体意识对建设的成败起着关键性作用，要从多个方面促进专业教师参与课程思政主体意识的觉醒。

首先，提高专业课教师对思政教育的价值认同。在我国的教育体系中，思政课作为通识教育的一种重要形式，具有明确的理论支撑和完整的教育内容，其开设的目的在于通过对大学生进行社会主义意识形态的引领，使其能够树立正确的世界观、人生观、价值观，进而能够提高其观察和认识现实社会的能力，增强大学生自身参与社会活动、实现自我价值的能力。从青年在社会中的发展，尤其是我国青年在社会主义国家的发展角度来看，思想政治教育与专业知识教育具有同等重要的地位，对此，各专业课教师必须具有深刻的认识，从而为自身参与到课程思政建设中提供先觉的意识前提。

其次，增强专业课教师落实党的教育方针的责任意识。我国是社会主义国家，我国的高等教育自然也是社会主义教育，培养的人才也应该是社会主义事业的建设者和接班人。但是，随着中国在国际上越来越接近世界舞台的中央，与此伴随而来的是西方资本主义国家对于中国的敌视越来越严重。在此形势之下，我国的高等教育必须要牢牢把握青年意识形态的教育，彻底解决高校长期对思政教育不够高度重视的现象，而课程思政建设的提出正是为了满足这种时代需求。在课程思政建设当中，各专业课教师必须要自觉地认识到思想政治教育在我国当前教育体系中的重要性，要从事关社会主义兴衰成败的高度提高自身的认识，从而为自己参与到课程思政建设上提供必要的责任意识。

最后，强化专业课教师"三全育人"的教育理念。为了破解当前高校思想政治教育领域存在的理论传授照本宣科、育人实效有待增强、不同领域优势教育资源互相割裂、育人主体配合不协调等现实难题，党中央提出了"三全育人"综合改革路径，其目标指向就是调动一切有利教育资源，利用一切有利教育机会，切实落实我国高等教育立德树人的根本任务。在这种要求的引领下，不仅思政课教师，而且也包括专业课教师，都要参与到对学生的思想教育当中，为了达到这些教育要求，各专业课教师不仅要高质量地完成专业知识的传授，而且要在学生的价值理念、政治信仰、人生目标、情感人格等方面做出正确的引领，也就是要对学生的全面成才和持久成长均起到积极的教育作用。

（二）增强专业课教师课程思政的执行能力

专业课教师课程思政的建设能力除了包含建设的主体意识之外，还包括建设的执行能力，专业课教师作为课程思政建设的主体力量，其执行能力的高低决定着建设成效明显与否。为了保证专业课教师具有足够的建设能力，各高校还应该建立完善的专业课教师课程思政培养体系，以增强专业课教师课程思政的执行能力。具体来讲，专业课教师课程思政培养体系应该包括以下几个方面。

1. 培养的重点

对专业课教师课程思政执行能力的培养应重点从师德师风、理论素养、实操方法三个方面入手。

第一，师德师风：在职业道德层面加强对专业课教师师德师风的培养，有助于改变专业课教师"重智轻德"的现象，有助于落实党中央"立德树人"的教育方针，提高课程思政的建设成效。

第二，理论素养：在理论素养层面加强对专业课教师理论素养的培养，有助于专业课教师将马克思主义理论贯穿于教育教学的全过程，有助于专业课教师挖掘专业内容蕴含的思政元素，有助于专业课教师对思政元素与专业内容的有机融合。

第三，实操方法：在教学实践层面加强对专业课教师教学技能的培养，有助于改善专业课教师的教学设计、丰富教学过程、提升教学效果，从而增强专业课教学的价值引领力。

2. 培养的内容

第一，在师德师风方面：重点学习《中华人民共和国教师法》《习近平总书记教育重要论述讲义》等重要文本，以及在众多高校教师中涌现出的师德标兵的光荣事迹，使专业课教师认识到高校教师在当前教育中肩负的育人使命，能够自觉以"有理想信念、有道德情操、有扎实学识、有仁爱之心"的"四有"好老师的标准要求自己。

第二，在理论素养方面：重点进行马克思主义哲学、马克思主义政治经济学、社会主义发展史、共和国史、党史和改革开放史等基本理论，特别是习近平新时代中国特色社会主义思想的培训，使专业课教师能够利用马克思主义基本原理及其中国化的理论成果将专业理论与社会实际结合起来，能够引导专业课教师根据十九大报告精神和新时代中国特色社会主义发展需要进行专业教学。

第三，在教学方法方面：重点加强专业课老师对课程思政内涵的理解，以及对课程思政教学模式、教学设计、课程组织等方面技巧方法的掌握，使专业课教师能够准确把握课程思政建设的主要目的，掌握有效的教学手段，能够敏感地发现专业内容中蕴含的课程思政元素，并采用有效的课堂组织方式将其融入自己的教学活动中。

3.培养的方式

第一，抓好新入职教师的岗前培训，将课程思政建设纳入新入职教师的培训知识当中，通过入职前的培训使青年教师在入职之初就形成课程思政的改革意识。

第二，将课程思政建设写入高校教师师德师风建设档案，使课程思政建设效果成为考察教师师德师风是否合格的重要标准之一。

第三，建立专业学院与马克思主义学院、专业教师与思政课教师的联系机制，通过理论宣讲、主题讲座、网络交流等方式，实现思政课教师对专业课课程思政建设的有力支持。

第四，开设"课程思政大讲堂"，定期邀请校内外专家或优秀教师，围绕课程思政建设中遇到的问题和难点进行专题讲座，并聘请主讲专家作为本校课程思政建设学术委员会的名誉成员，通过电话、邮件、微信等方式对专业课教师在课程思政建设过程中遇到的难题进行指导。

第五，利用学习通、雨课堂、学银在线等网络平台，拓宽专业课教师课程思政建设能力的培训渠道，通过向其推送相关学习信息和思政案例的方式，丰富专业课教师的学习内容。

第六，建立辅助专业课教师课程思政建设的网络平台或 QQ 群、微信群，邀请权威专家或优秀教师在日常交流中为专业课教师提供课程思政建设的咨询服务。

第七，加强对专业课教师课程思政建设能力的考核，通过签订任务书的方式增强专业课教师进行课程思政建设的动力。

总之，在课程思政建设中，要从主体意识和能力建设两个方面改善和提高专业教师课程思政建设的态度、能力，使他们能够真正对全校的课程思政建设起到最大的支撑作用，尽快适应当前大思政格局的发展趋势，有效推动我国思想教育的不断发展。

第七章　课程思政教育教学的资源建设

一般而言，资源是指人、财、物各种要素的总称。资源有它的自然属性和社会属性。自然属性是从稀缺和满足需要的特征上说，而社会属性则蕴含在社会生产的人与人的关系之中。课程思政教育教学的资源建设，从宽泛的意义上说，自然可以是包括人、财、物各种要素的总和。但是，课程思政并不是单独的课程，是课程与思政的无缝连接，教育教学活动是嵌含于专业教育教学之中的。因此，一般意义上的要素条件，实际上已经具备，而真正属于课程思政的，则是在教学设计中找到课程思政本身所特有的各类要素，如课程中挖掘的思政元素、课程思政案例、课程思政的各类平台等。因此，如何挖掘独特的思政元素，构建内容丰富、结构合理的课程思政案例库，扩列教学设计表等教学环节文件材料，搭建各类教学平台，都是课程思政资源建设的必有之义。

第一节　挖掘整合专业思政元素

传统的专业课教学内容，只停留在本学科专业知识层面，如何在教学内容中挖掘思政元素，使两部分内容结合不生硬、有成效，是专业课教师在教学内容准备中必须思考的首要问题。深入挖掘整合专业思政元素，在教学内容与教学活动中找准切口、平滑融合，探寻思政元素与专业知识的结合点，是其教育教学资源建设的关键，只有将专业教学知识与思政元素有机结合，才能保证案例库与平台建设高效准确展开。

一、教学内容中挖掘思政元素

依托专业支撑，在教学中挖掘思政元素，需要把握好基本的原则和方法。要运用马克思主义基本方法，正确处理好一般和特殊、联系与发展、历史与现实等关系，借鉴吸收好专业课程的技术工具，为课程思政更好发展奠定基础。

（一）课程思政元素挖掘要遵循的原则

1. 坚持以马克思主义为指导的根本制度

马克思主义是根本的方法论。站稳基本立场，全面掌握与灵活运用马克思主义世界观方法论，是课程思政的根本要求。高等教育除了对学生进行知识、理论、技能等传授外，最重要的是要解决为谁培养人、培养什么人、怎样培养人的问题。不仅要培养学生发现问题、分析问题、解决问题的能力，更重要的是教育学生涵养崇高的理想信念、健全的人格、高尚的道德情操，这是学生持续发展、终身进步、勇于为社会主义建设事业奋斗终身的基础。高校是意识形态的前沿阵地，要坚持马克思主义在意识形态领域为指导的根本制度，这个根本制度，要在高举中国特色社会主义伟大旗帜下，和巩固马克思主义在意识形态领域的指导、巩固全党全国人民团结奋斗的共同思想基础，建设具有强大凝聚力和引领力的社会主义意识形态，建设具有强大生命力和创造力的社会主义精神文明，建设具有强大感召力和影响力的中华文化软实力的具体要求结合起来。

2. 坚持整体性与循序渐进性原则

"不同要素之间存在着相互作用。每一个有机整体都是这样。"[①] 课程思

---

① 《马克思恩格斯选集》第2卷，人民出版社2012年版，第699页。

政也是如此。整体性原则主要体现在对专业课程思政元素的挖掘必须服务于人才培养方案中所确立的人才培养目标，做到魂聚不散，更好实现"立德树人"根本任务。整体性原则是一种系统观，是基于培养目标所确立的课程体系，其终极目标在于服务人才培养目标的实现。整体不是简单的局部之和，而是统筹基础上的协同。因此，所有课程思政元素的挖掘整体上不仅要服务于德智体美劳全面发展的需要，更要注重专业特色所包含的专业品质，比如诚信品质、敬业精神、责任意识、社会规则等各个方面。

坚持整体性下的循序渐进。挖掘课程思政元素需要一个从育人实践到教学认识、再由教学认识到学生自主实践的辩证发展过程。课程思政元素的挖掘不是一蹴而就的，必须遵循一定的环节步骤才能有效实现。首先，必须把握课程标准所确立的课程育人目标，做到心中有数。根据课程标准确立而成的德育目标、能力目标与知识目标，尤其是关于学生培养方案和学科评估方案的思政要求，为课程思政提供了动力来源。其次，梳理课程知识内容和技能培育环节，探寻可能实现思政育人的知识点和切入点结合点，并凝练出思政育人要素。通过梳理凝练思政元素，专业教师反过来又促进专业课程教学目标、教学计划与教学内容的深入修订，实现对专业内容与思政元素进行很好的统筹、筛选。最后，进行整体教学设计，采用科学合理的方式将挖掘出来的课程思政元素有机融入教学过程中，达到润物无声的思政育人效果。

3.坚持实事求是与创新性原则

对于课程思政元素的挖掘，要本着实事求是的原则科学地进行，而不能演变为思想政治理论课的再教育。专业课教师在进行课程思政元素挖掘的过程中，不能先入为主，主观臆断地设置思政教育元素，更不能试图通过一门课程教学呈现出全部的思想政治元素，或者机械地将思政元素分配到各章节当中去，而是要尊重课程知识体系、教学体系的安排，因地制宜、实事求是地进行。

要坚持实事求是基础上的创新。挖掘思政元素的过程，要尊重历史性与时代性的辩证统一。如何将专业领域最新的研究及实践成果融入课堂教学中，不仅是思想政治理论课提升教学亲和力、针对性需要思考的问题，也是课程思政中更好发挥专业课程思政育人需要关注的问题。这就要求任课教师在挖掘课程思政元素时要坚持守正与创新相统一。一方面，要依照教学大纲、课程标准，积极挖掘思政育人元素；另一方面，要跨出教材，将时代的、社会的正能量内容引入课堂，充分挖掘蕴含在相关知识中的育人元素。

（二）课程思政元素分类挖掘要点

专业课程是课程思政建设的基本载体。要深入梳理专业课教学内容，结合不同课程特点、思维方法和价值理念，深入挖掘课程思政元素，有机融入课程教学，达到"润物无声"的育人效果。要把握好课程思政分类挖掘要点，要把课程思政的通识性要素和分类要素区分开来。

1.通识性要素的把握

课程思政元素贵在于精，而不在于多，贵在于有效实现增强学生内在认同，而非思政元素概念的简单传递与表达。因此，课程思政元素挖掘的科学途径与有效形式，应该是根据课程知识点与教学环节，寻求思政育人切入点，凝练出思政元素。就农林高校而言，要更好挖掘认知过程中所反映的事物普遍运动变化发展的观点、设计过程中所体现的人民至上、普遍联系的观点，在各类实验中所包含的量变质变的观点等，不仅能够从世界观方法论的哲学高度深化学生对相关内容与知识点的理解与把握，而且通过课程思政元素的育人功能让学生内化这些理念方法，增强社会认识能力，增强政治分析把握研判能力，增强分析问题、解决问题的能力。要引导人们了解中华民族的悠久历史和灿烂文化，从历史中汲取营养和智慧，自觉延续文化基因，增强民族自尊心、自信心和自豪感。要把社会主义核心价值体系整体性贯穿于学生生活学习全过程。社会主义核心价值体系揽下的课程思政元素的挖掘，呈现出鲜明的职业特性和行业特质。农林类专业的学生，不仅要具备"爱岗敬业、诚实守信、办事公道、热情服务、奉献社会"的职业道德的基本要求，而且要具有工匠精神、吃苦耐劳、知农爱农等职业品质。课程思政育人作用的发挥，要强化"在全民族牢固树立中国特色社会主义共同理想，在全社会大力弘扬社会主义核心价值观，积极倡导富强民主文明和谐、自由平等公正法治、爱国敬业诚信友善，全面推进社会公德、职业道德、家庭美德、个人品德建设"的基本要求，不断提升公民道德素质，促进人的全面发展，培养和造就担当民族复兴大任的时代新人。

2.分类要素的设置

专业的特点在于分类和学科。受课程性质和内容的影响，必然存在有些课程思政元素丰富而有些课程思政元素贫乏，有些章节思政元素密集而有些章节思政元素缺失的现象，均属正常。一方面我们可在梳理出思政元素的基础上进一步进行筛选，选取重要的、贴切的、更能服务课程目标、章节目标实现的思政元素作为课堂呈现的对象；另一方面，我们也可通过事先整体上的谋划平衡，努力达到门门课程有思政、堂堂教学可育人的理想状态，实现协同育人目标。具体来说可以按以下格局设置：

（1）公共基础类专业课程

要在课程教学中帮助学生掌握马克思主义世界观和方法论，从历史与现实、理论与实践等维度深刻理解马克思主义、毛泽东思想、邓小平理论、"三个代表"重要思想、科学发展观、习近平新时代中国特色社会主义思想。要把文学、历史学、哲学类的发展史与农耕文明发展史、农业发展史结合起来。结合专业知识教育引导学生深刻理解社会主义核心价值观，自觉在专业学习和实践中弘扬中华优秀传统文化、革命文化、社会主义先进文化。培育爱国守法、规范正直的职业操守，培养学生的家国情怀。体育类课程要把健康第一、增强体质、文明精神、坚韧意志团队合作精神等挖掘出来。

（2）人文社科类专业课程

要在课程教学中坚持以马克思主义为指导，加快构建中国特色哲学社会科学学科体系、学术体系、话语体系。要讲清楚经济学、管理学、法学类学科基础与中国特色社会主义的本质要求。要讲清楚相关专业和行业领域的国家战略、法律法规和相关政策，要设置引导性的现实问题，培育学生经世济民、诚信服务、德法兼修的职业素养。

（3）理学、工学类专业课程

要在课程教学中把马克思主义立场观点方法的教育与科学精神的培养结合起来，提高学生正确认识问题、分析问题和解决问题的能力。理学类专业课程，要注重科学思维方法的训练和科学伦理的教育，培养学生探索未知、追求真理、勇攀科学高峰的责任感和使命感。工学类专业课程，要注重强化学生工程伦理教育，培养学生精益求精的大国工匠精神，激发学生科技报国的家国情怀和使命担当。如农林高校中的城乡建设类专业，要以历史文化为认知基础。历史文化是一个国家、民族发展演变的历史记忆，是一个民族得以延续的精神基因。中国建筑文化是中国历史文化的一块瑰宝，历经数千年发展，从材料结构到装修装饰、从个体形式到群体组合乃至乡镇、城市的布局，都形成了自己的特色，历史人物、建筑文献、建筑类型、建筑思想、工匠精神、数学定理、人文脉络等都可以挖掘。

（4）农学类专业课程

要在课程教学中加强生态文明教育，引导学生树立和践行绿水青山就是金山银山的理念。要注重培养学生的"大国三农"情怀，引导学生以强农兴农为己任，"懂农业、爱农村、爱农民"，树立把论文写在祖国大地上的意识和信念，增强学生服务农业农村现代化、服务乡村全面振兴的使命感和责任感，培养知农爱农创新人才。

（5）生命科学类专业课程

生命类学科要把基础理论、生命前沿以及实验研究，尤其是现代生命科学技术在动植物领域所涉及的专业知识和技术理论，以及生命活动的本质、特征和规律结合起来，让学生明白自然知识和科学技术的基础力量，人类改造自然要尊重的规律，同时发挥主观能动性，讲清楚生命运动所蕴含的唯物史观原理。医学类课程要在课程教学中注重加强医德医风教育，着力培养学生"敬佑生命、救死扶伤、甘于奉献、大爱无疆"的医者精神，注重加强医者仁心教育，在培养精湛医术的同时，教育引导学生始终把人民群众生命安全和身体健康放在首位，尊重患者，善于沟通，提升综合素养和人文修养，提升依法应对重大突发公共卫生事件能力，做党和人民信赖的好医生。

（6）艺术学类专业课程

要在课程教学中教育引导学生立足时代、扎根人民、深入生活，树立正确的艺术观和创作观。要坚持以美育人、以美化人，积极弘扬中华美育精神，引导学生自觉传承和弘扬中华优秀传统文化，全面提高学生的审美和人文素养，增强文化自信。例如风景园林专业，其目标是培养适应社会主义市场经济需要的，德智体美劳全面发展的，具有良好诚信品质、敬业精神、责任意识的，能设计、懂施工、会管理、善经营，具备园林设计的基本理论和专业技能，面向设计、建设、施工、监理等单位从事风景园林设计技术与管理方面的高端技术技能人才。①

总的来说，对教学内容课程思政进行分类设置和创新，能够增强课程思政教学活动的针对性和实效性。首先，课程思政教材和教学内容，应紧紧贴合国内外现实，根据大学生思想学习的实际，对学生思想上的困惑和不解进行挖掘，以此作为教学的切入点，有针对地解答他们关注和关心的社会热点、难点问题。其次，在目前教育部明确要求使用全国统编教材的背景下，教师应不拘泥于教材，根据国内外局势发展及时调整教学内容，善于用新事物、新问题、新观点对教学活动进行充实。最后，要不断将马克思主义理论发展的最新成果丰富和充实到教学内容中，把马克思主义与时俱进的理论品质贯彻到思想政治理论教育内容改革中，赋予专业课中思政元素教学育人新的生命和活力。

二、教学活动中整合思政元素

课程思政不仅体现在专业与思政元素相融合的教学内容上，同样在教

---

① 参见《教育部关于印发〈高等学校课程思政建设指导纲要〉的通知》，2020 年 5 月 28 日，见 http://www.gov.cn/zhengce/zhengceku/2020-06/06/content_5517606.htm。

学活动的各环节中，也应做好相关设计，以保障融入思政元素的教学内容能够系统、准确地展现在学生面前。教学活动中的课程思政也要体现政治性和学理性相统一、价值性和知识性相统一、建设性和批判性相统一、理论性和实践性相统一、统一性和多样性相统一、主导性和主体性相统一、灌输性和启发性相统一、显性教育和隐性教育相统一。

（一）教学方式中的思政元素整合

专业课程所包含的思政元素，既与课程知识内容、课程实践环节紧密相关，也与教学的组织形式、教学方法密切相联。如果说课程的具体内容、具体实践环节已内在规定了其包含的思政元素，具有相对的稳定性，那么教学方法与手段却是动态变化的，不同的方法与手段产生的思政育人效果明显不同，甚至有天壤之别。由于农林类专业课程具有较强的理论性、工程性和实践性，需要多样的教学手段和方法，因此，通过创新教学方法与手段可以使学生潜移默化地树立起正确的思想认识、道德操守和职业精神，达到于无声处胜有声的境界。

在理论教学中，既要注重课堂知识传递、理论讲授，也要运用视频录像、讨论辩论等教学手段和方式。例如，在教授作物栽培学时，通过杂交水稻、粮丰工程等国内案例，不仅彰显我国农业栽培学源远流长，而且更容易激发学生专业自豪感、文化自信心和强烈的爱国情；通过分享袁隆平、汪懋华等农学大师的人生故事，使学生从中感悟人生智慧和创新精神，培育起不畏艰辛、迎难而上、刻苦钻研、追求卓越的工作态度和拼搏精神。

在实践教学中，就实践环节本身而言，它仅为专业知识实践技能传授，不具有思政育人属性，但通过独特的组织实施形式，却可以发挥思想政治育人的功能。如在实施形式上可采取分组实施，既可以培育学生的竞争意识，也可以增强学生间的团结协作精神。同理，在考核评价时，可以采取小组内互评、组别间互评、教师总结评价的混合评价形式，无形中会培养学生的公平公正意识和实事求是精神。

（二）教学路径中的思政元素整合

要促成课程思政元素的整合，除了把握目标、选择正确方式以外，还要有合适的路径选择，能够通过这种渠道来实现课程目标和效果。

1.教学设计表

在教学设计上，包含教学目标、课程思政融入方法及课程思政教学实施过程。其中教学目标是指应用本案例的专业教学内容要达成的素质目标、知识目标及能力目标；根据专业、课程及教学内容实际，采用适当的方法和形式将素材所体现的思政育人内容有机融入教学过程中，实现价值引领与知识传授、能力培养相融合。因此，在教学设计准备过程中，需将教学设计表、教学大纲、课程规范等教学文件材料融入思政模块，如表1所示：

表1　课程思政章节教学设计表

章节教学设计（X 课时）			
第 X 章第 X 节			
教学目标			
1.知识与技能目标	2.教学过程与方法目标	3.思政育人目标	4.创新培养目标
教学重点和难点		思政育人重点和难点	
教学策略与设计			
专业知识教学设计		思政育人设计	

在教学效果上，则往往要根据实际情况来调整教学设计表的布局。要设计好教学方法和手段，进行一些具体情况的学情分析。描述在课程思政教学活动中取得的成效，包括教学目标达成情况，学生在知识、能力、思

想认识、职业素养等方面的提高。还可以有一定的教学反思，比如通过围绕教学内容、思政育人元素、思政融入方法、课程思政教学效果等方面布局和融合情况，总结经验，查找不足，准备好在下一个章节中的设想。如表2所示：

表2 课程思政章节教学设计表

一、授课章节	
第一章 植物细胞	
二、教学方法与手段	
教学方法	案例教学法、启发式教学、直观演示法、小组讨论。
教学手段	多媒体＋板书，QQ群或微信群。
三、学情分析	
学生知识经验分析	学生已经对细胞的形状、大小进行了了解，明确了植物细胞外面由细胞壁包被，那么细胞壁又是由什么构成的呢？细胞之间又是如何进行物质交换呢？学生还不是很清晰。
学生学习能力分析	细胞的概念及结构学生在中学就已经学过，但细胞壁的结构及细胞之间联络结构相对来说比较抽象，需要教师引导学习。
学生思想状况分析	多数同学对植物科学的奥秘还没有产生浓厚的兴趣；在学习生活中的团队协作意识还处于形成阶段。
四、课堂教学目标	
（一）知识目标：掌握细胞壁的结构及细胞之间联络结构。 （二）能力目标：能灵活运用细胞相关基础知识，明确细胞的发育规律，具有识别细胞显微、超微结构的能力。 （三）价值目标：通过案例的讲解，使同学们深刻理解细胞壁的结构及细胞之间联络结构，懂得分工与协作的重要性，启发学生在学习生活丰富化的过程中，珍惜朋辈友谊、把握协作规律、形成团队合力。	
五、教学知识点	
1.细胞壁的结构 2.植物细胞的联络结构	

续表

六、思政资源
（一）思想政治教育元素： 案例分析：①细胞壁的结构具有胞间层、初生壁、次生壁，胞间层是连接相邻细胞的重要结构；②细胞之间如何进行物质交换呢？通过纹孔、胞间连丝进行联络。通过以上案例说明多细胞植物中细胞联系的重要性。 （二）课程思政切入点： 明确互相协作的重要性。

七、教学过程设计	
教学内容和教学过程	专业知识与思政的融合
1.内容的切入点： 　　细胞是构成植物的基本单位，但细胞之间不是孤立存在的。细胞由细胞壁和原生质体两部分构成。细胞壁具有支撑和保护植物细胞、维持细胞形状和功能等功能。讲授细胞壁结构由胞间层、初生壁、次生壁三部分构成时，引出胞间层是把两个细胞黏在一起的薄层，由果胶类物质构成，果胶层由于自身生理变化或化学药品处理，会溶解破坏，导致细胞分离。相邻细胞之间如何进行沟通，通过纹孔、胞间连丝进行联络。通过以上案例说明多细胞植物中细胞联系的重要性，使学生明确交流沟通与互相协作的重要性，激发学生探索自然科学的浓厚兴趣。 2.细胞壁的结构： 　　分别为胞间层、初生壁和次生壁。 　　此外，还有纹孔和胞间连丝等结构。 （1）胞间层（中层） 　　形成：细胞分裂时产生。 　　特点：主要成分为果胶质。 　　功能：缓冲细胞挤压，连接相邻细胞。 （2）初生壁 　　形成：细胞体积生长阶段时产生；每个细胞都有。 　　成分：果胶质、纤维素、半纤维素等。 　　特点：薄、有弹性、可随细胞的生长而扩大面积。 （3）次生壁 　　形成：细胞停止伸长生长以后时产生。在初生壁内表面增加后的壁层。内、中、外三层。 　　特点：由纤维素和其他非半纤维素物质组成。 　　功能：机械支持。	清·梁启超《十种德性相反相成论》："然终不免一盘散沙之消者，则以无合群之德故也。" 　　合群云者，合多数之独而成群也。以物竞天择之公理衡之，则其合群之力愈坚而大者，愈能占优胜权于世界上，此稍学哲理者所能知也。吾中国谓之为无群乎？彼固庞然四百兆人，经数千年聚族而居者也。不宁惟是，其地方自治之发达颇早，各省中所含小群无数也；同业联盟之组织颇密，四民中所含小群无数也。然终不免一盘散沙之消者，则以无合群之德故也。合群之德者，以一身对于一群，常肯绌身而就群；以小群对于大群，常肯绌小群而就大群。夫然后能合内部固有之群，以敌外部来侵之群。乃我中国之现状，则有异于是矣。彼不识群义者不必论，即有号称求新之士，日日以合群呼号于天下，而甲地设一会，乙徒立一党，始也互相轻，继也互相妒，终也互相残。其力薄者，旋起旋灭，等于无有。

续表

3.植物细胞的联络结构： （1）纹孔 　　初生纹孔场：初生壁上一些明显凹陷的较薄区域。 　　纹孔：次生壁上的加厚是不均匀的，往往在原有的初生纹孔场处不形成次生壁，这种无次生壁的区域叫作纹孔，有胞间连丝通过。 　　纹孔是细胞之间水分和物质交换的通道。 （2）胞间连丝：穿过细胞壁的细胞质细丝。 　　功能：物质运输、信息传递、控制分化。	植物体也是如此。细胞是构成植物的基本单位，如果细胞孤立存在，也就不能形成一个有机整体。从细胞结构来说，细胞由细胞壁和原生质体两部分构成。细胞壁结构由胞间层、初生壁、次生壁三部分构成。胞间层则是把两个细胞粘在一起的由果胶类物质构成的薄层结构。果胶层由于自身生理变化或化学药品处理，会溶解破坏，导致细胞分离。国家也是如此，人相当于细胞，如果没有信仰，没有凝聚力，国家则会成为一盘散沙。 　　细胞是构成植物的基本单位，细胞之间不是孤立的。相邻细胞之间如何进行沟通？通过纹孔、胞间连丝进行联络，使植物形成一个有机整体。对于同学们来说，也要学会互相沟通、互相联络，取长补短，力争成为国家的有用之才。
课后作业	植物是如何形成一个统一的整体呢？
教学效果评价	单纯讲解植物细胞壁的结构，学生会感觉到既枯燥又不好掌握。通过引入案例，能增加知识的趣味性，激发学生的学习兴趣，认识到学习植物学的重要性，同时引导学生理解互相协作的重要性，培养学生严谨的科学态度和对自然科学的浓厚兴趣。

　　课程思政教学内容发掘，重点与难点在于专业知识与思政元素的融合，找准专业知识与思政元素的切合点，是课程思政教学内容成功的先行条件，同时也起到了很好的"让教育者先受教育"的作用。

2.思维导图

　　对课程思政路径不断优化，既是提高整合思政元素的需要，也是专业课优化设计的内在要求。如何鼓励学生在学理性中探索知识性、实践性、多样性、主体性、启发性，需要把隐性教育的效果在课程思政中发挥出来。可以借鉴一些工具来进行，比如在常规专业教学中，经常用知识结构框架形成思维导图，从而来帮助教师学生梳理教学结构。思维导图发挥了头脑风暴的独特优势，利用右脑对图像的敏感结合左脑的思辨过程来进行。好的思维导图中每一个关节点代表与课堂教学主题的一个联结，而每一个联结又可以发散为另一个中心主题，再向外扩列出许多的关节点，从而绘制成专业知识、思政元素知识框架图，再通过课程思政切入点，形成一个完整的体系。专业教师通过从教材内容梳理，可以制定全课程各知识模块整体框架与思政元素结合导图，同时在每一教学阶段、每章节课程中，依然能够以此方式指导教师学生进行教学内容中的思政元素挖掘。如图所示即为单片机原理及接口技术课程中专业知识与思政元素切合导图。在现代农业中，单片机及接口技术为数字农业、智慧农业的自动化检测控制提供了强大支撑，因而在部分开设智慧农业等交叉学科微专业的农林院校中，该项技术和课程深受关注。因而如图所示，在进行各模块前沿技术梳理的过程中，与其相关思政元素进行对应连线，以此为指导挖掘课程思政案例，引导学生在专业课学习中接受思想政治熏陶。

还可以通过研究性教学活动的开展，引导学生进行主动探索，让学生自主提出问题、主动探索问题、积极解决问题，对学生的学习、研究、创新和实践能力进行全方位的培养和打造，让学生能够感受到学习成功的快乐。同时在课堂教学中，可以将多种教学方法有机结合起来，如讲授法和讨论、演讲、辩论等有效地结合起来，激发学生的兴趣与潜能，改善活跃教学气氛，提升对学生学习的积极性；在演示教学内容时，可以利用融媒体手段，让学生发现素材、整合内容、形成专题。还应该增加课程思政教学的实践环节，在进行专业实践教学的同时，可以同时进行专业领域相关社会热点难点问题的提前辅导、增加专业性实训实习、参观革命基地或展览馆、与社会名人进行访谈交流等，培养学生的科学态度、观察能力、分析方法、研究方法，实践检验自己的知识和能力。

专业知识	教学思政案例	思政元素

概述 ——————————————————— 富强、民主、文明、和谐

介绍单片机及微机接口技术为人类社会带来的巨大改变，我国智慧农业自动控制取得的长足进步，为人民生活、农业生产带来的便利与改善。

单片机种类及前沿技术 ——————————————— 创新创业精神、社会责任感

介绍欧美与日本主流微处理器产品对全球市场的挤压，国产32位、64位高端单片机的艰难困境，激发学生社会责任感与创新创业勇气精神。

程序编写数学基础 ——————————————————— 抽象与具象等哲学观念

介绍二进制、八进制、十六进制等计数法，通过与生活惯用的十进制计数法对比，引导学生理解直观感受与抽象概念区别等哲学理论。

单片机的硬件构成 ——————————————————— 自由、平等、公正、法治

介绍常见单片机的基本硬件构成，引导学生理解对硬件结构自由改进再创造，与盗版"山寨"区别，并介绍部分数字农业企业为节约成本进行的资版翻制等行为危害，激发学生产权意识、法治精神等。

程序指令系统 ————————————————————— 科学规范、总揽全局

介绍指令系统、助记符等相关概念，使学生感受机器语言体系设计的整体性、严密性，培养学生科学规范、总揽全局的行事风格。

程序编写方法 ————————————————————— 严谨认真、逻辑严密

介绍程序编写方法，通过子函数调用、分支跳转返回等，使学生感受到程序编写所需的严密逻辑，培养学生严谨认真的学习工作态度。

外接设备 ——————————————————————— 有机统一、协调一致

介绍单片机非核心设备——键盘、屏幕等外接设备在水肥一体化系统控制、参数显示等方面的重要作用，引导学生理解整体是事物诸要素的统一，从而培养学生工作学习中对各事物有机统一、协调一致的习惯。

实践环节 ——————————————————————— 诚信创新、团队协作

通过设置须小团队协作完成的实验项目，使学生在实验实践过程中理解团队协作真谛，并培养诚信创新精神。

考勤、作业、考试 ——————————————————— 诚信素养、工匠精神

工科类课程全程环节，要求学生具有实践精神、工匠精神，并且自主完成、诚信应考。

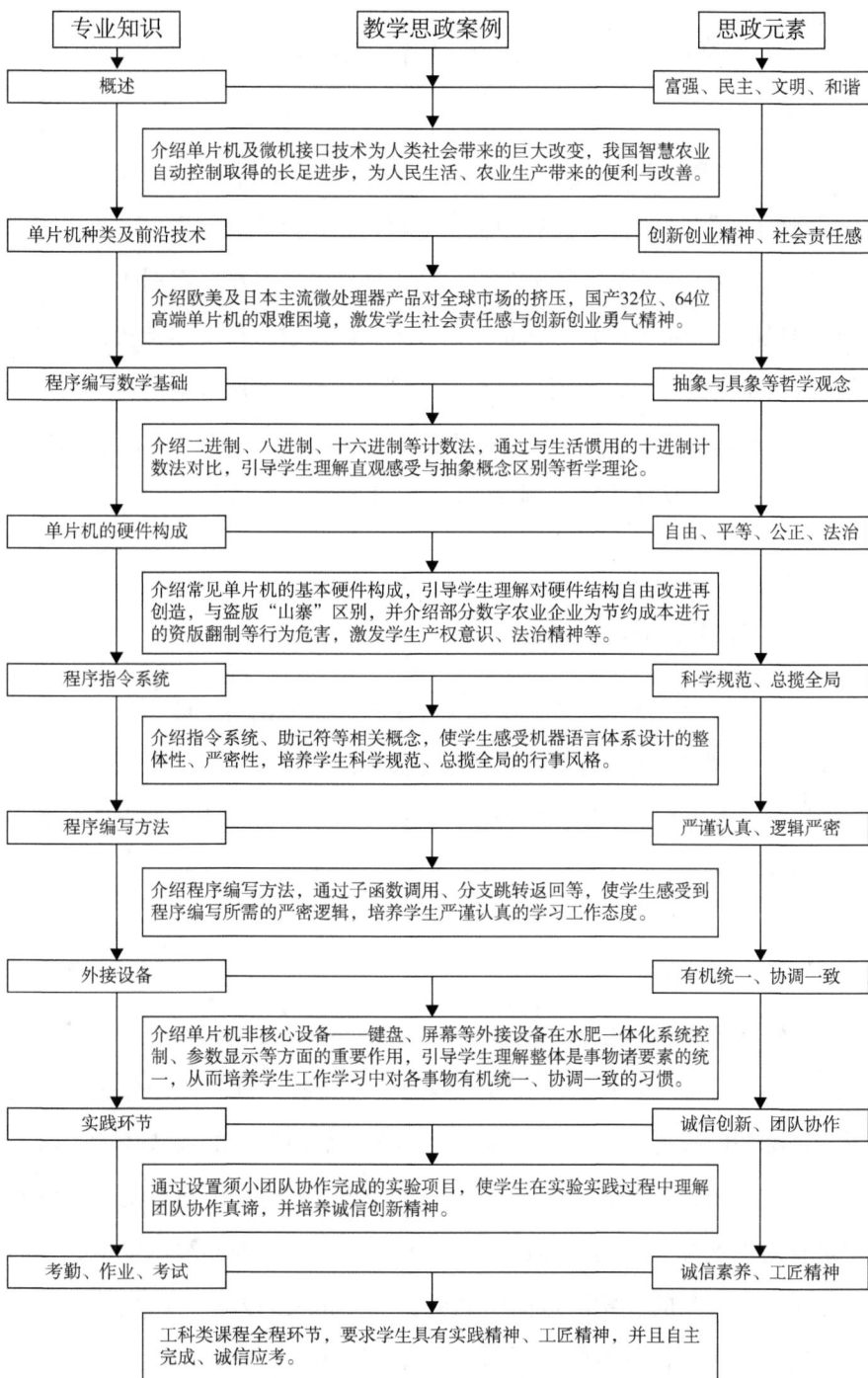

图1 智慧农业微专业单片机原理及接口技术课程思政思维导图

第二节 建设课程思政案例库

我们说课程思政是一种教学理念、工作路径和制度安排。在教学内容中挖掘思政元素、在教学路径中整合思政元素，只是教学理念以及相应工具方法的更新。课程思政资源建设，从工作路径上来看，案例库建设为高校课程建设起到重要的资源储备作用。案例库建设，需要提升案例挑选的技巧、制定案例库建设规范、组织好案例库建设、实施好案例研究四个环节。这四个递进环节，是一个循环渐进的过程，也是一个否定之否定螺旋式上升的过程，从而推动案例库建设随着时代发展而发展。

一、案例结构与方法

建设示范性案例库，需组织相关专家对教师所编写的课程思政教学案例进行统一审核挑选，分类入库。根据案例库建设原则，将案例设计是否合理规范、内容是否实用、是否较好地体现价值性等作为案例审核标准的主要指标。

（一）案例的一般结构

案例有各种写作方法，很难有一个统一的标准或者范式。一般而言，主要包括：主题，也就是告诉学生案例要说明的关键问题是什么，表现形式是案例的标题。引言，也就是告诉学生案例发生的大致场景，时空的介绍，目的的解释，与说学章节的关联度等。背景，适当阐述案例的背景有助于把握案例的整体情况，也可以帮助学生理解案例发生时候的实际情况。背景的介绍应该简明扼要。包括相关的人物、时代特点、理论发展等。问题，章节要学的知识，就是案例的问题。但往往问题不是简单的技术描述，而是结合社会经济发展的需求进行，结合现实工作和生活进行。解决办法，要提出解决的办法，可以进行不同办法的比较，对不同方法进行归纳和分析。反思，案例的反思可以是对案例问题的进一步思考，也可以是对案例所提出解决办法的进一步思考。反思过程也是一个设置议题的过程。从案例来说，反思过程，还可以产生其他案例，甚至是复式案例。讨论，是适当凝练大家的思考和意见，可以设置讨论区间。

　　课程思政的案例，还要注意一些要求，由于课程思政在教学过程中发生，案例要求是结构篇幅要短、主题鲜明、形式简明。因此，案例素材描述客观真实；思政育人主题凝练准确、释义清晰、符合逻辑；教学设计中教学目标明确，案例素材所蕴含的思政教育元素挖掘、加工到位，育人主题融入方式恰当合理、不生硬突兀；案例设计要体现教书和育人的内在联系，要根据专业人才培养、课程教学内容的实际，将思政教育融入教师教与学生学的过程，避免不切合教学内容实际而进行空泛、生硬、标签式的思想教育，导致教书和育人的割裂。每个案例由 9 项内容组成，包括：案例素材名称、内容简介、专业知识主题、思政育人主题、思政主题释义、媒体形式、应用建议、版权说明、应用举例。并根据主题案例库、专业案例库、课程案例库的不同分类，标明其适用的主题、专业、课程等信息。

　　（1）案例主题。简要写出课程思政主题的名称，使其能够准确表达和概括所选用的素材内容，字数控制在 15 字以内为宜。

　　（2）素材背景。对案例所选用素材的背景内容进行简要、客观、准确描述，如事件的时间、地点、人物、过程、起因、影响等，字数在 100 字内为宜。

　　（3）专业知识索引。简要介绍案例涉及的专业知识、技能等教学内容。

　　（4）专业问题与思政解释。本素材内容所蕴含的或能够延伸出的思政育人主题，如四个自信、家国情怀、科学精神、知农爱农等。每个案例可列出其包含的多个育人主题。明确所列出的思政育人主题在本素材中所对应的内容，或者是如何从本素材中延伸出所列育人主题。

（6）素材媒体形式。说明素材最适宜呈现的媒体形式，如视频、文档、图片等。

（7）素材应用建议。说明本素材可以应用于哪类主题、哪些专业、哪些课程等。引用及版权说明。注明案例所选用素材的引用出处或来源，无知识产权异议和纠纷；说明对案例的教学或其他使用、引用等方式的要求或约定等。

（8）思考和讨论。结合章节目内容提出课堂和课后思考的内容，建立讨论的框架。可以根据兴趣小组来设置讨论题目，在以后的课程中再次深入研讨。如讲解植物遗传育种时，可以实施如下案例：

课程案例设计

课程名称	园林植物 遗传育种学	授课章节 第六章	园林植物种质资源
1.1 情境设置： PPT 介绍中国最近几年的育种成果与种质资源利用情况。PPT 展示近 10 年我们国家园林绿化景观的对比照片与取得成果。 1.2 问题驱动： 什么是园林植物种质资源？ 1.3 讲授知识： 种质资源的概念及意义。 种质资源的类别和特点。 了解我国园林植物种质资源概况。 最后明确种质资源是育种工作的物质基础。 1.4 项目驱动： 每个同学完成一份保定市植物园种质资源调查报告。 1.5 分组讨论： 采用随机分组形式讨论种质资源的评价方法，制定种质资源考察的方案，包括考察前的准备工作，实地考察调查，考察说明书的编写，种质资源的保存方式等。			2001 年，钟扬到西藏野外考察，没想到青藏高原这个全国最大的生物"基因库"深深吸引了他，西藏有 1000 多种特有种子植物，但因为环境恶劣，这个工作还没起步。于是钟扬带着他的团队开始了艰辛工作。他曾在雅鲁藏布江两岸，花了整整 3 年时间，给每一棵巨柏树进行登记，直到将世上仅存的 3 万多棵巨柏都登记在册。不幸的是，在工作的路途上，钟扬牺牲于车祸。 通过植物学家钟扬的感人故事，其科研团队克服困难，冒着生命危险搜集种质资源，使我们了解到要培养团队合作精神，不忘初心，忠于理想，不畏艰难，在新时代的长征路上砥砺前行。

（案例库贡献人：河北农业大学　张晓曼）

（二）案例的编写方法

课程思政案例可通过调研、采访、参与或从现有文献资料中摘编等方式取材，所选取的内容必须保证真实性，个别具有保密性的内容，可在合理范围内进行相关处理，但需注明。课程思政案例编写尽量做到主题鲜明、应用建议明确、应用举例启发性强。一般来说，可以采用如下几种编写方法：

1. 背景直叙法

直接从人物事件的背景介绍中发现案例价值。通过从背景介绍，引入人物或者事件、故事的全过程。整个案例不做任何价值陈述和判断，而只是介绍当时的情景，所有的课程思政案例都是教育、教学过程以及专业发展中真实存在的事件或故事，对事件或故事从开始到结束的完整情节要如实介绍，让学生在背景中总结出类似的经验教训。

2. 过程反思法

简要描述案例过程，在案例过程中设置需要反思的问题。在案例编写中结合实际教学内容中挖掘思政教育素材，将思政教育寓于专业知识学习和专业技能训练中，帮助知识的理解和记忆，对来源于现实生活、行业工作、国家建设等方面的素材，在"融合""化合"上下功夫，提高案例素材与专业教学内容的契合度。过程案例各部分内容要有内在的逻辑关系，能够从过程的整体性上得到分析和启发。

3. 主题导入法

从符合教学实际需要的教学设计主题出发来导入案例，有针对性地解决课程思政教学实践中存在的问题和困难。主题导入法一般是根据课程章节的知识点的链接来设置相互关联的主题，在主题介绍是引入案例。同一个案例，分别呈现和主题相对应的部分。整个课时，是一个案例的不同部分的展示。在案例所属的学科专业领域中，选取的内容要具有一定的代表性，能够反映出所归属学科专业领域的相关理论知识。如案例为工程案例，则还应包括工程实际问题与理论问题之间的关系。案例应是从客观角度陈述，与实践紧密结合，不带有任何个人观点和倾向。案例内容应符合当前实际以及未来发展的方向，并能够在今后的一段时间内使用。

4.问题分析法

从问题分析入手，直接设置相应的案例。案例取材一般以典型案例为主，典型案例要客观描述实际工作中某一重要的、具有代表性的、已经发生过的事实，包括具体问题、问题产生的背景、与课程思政元素结合思路和办法、思政育人实施的效果、值得分享的经验、值得进一步深入思考和反思的问题等。每一个问题对应一个案例，引导学生关注问题、思考问题，从学习中发现事物发展的规律，掌握客观规律。可以制定出问题列表，案例分析中可以解决列表问题的具体情况，也可以是案例不能解决的问题，留给学生思考空间。

二、制定案例库建设规范

从课程思政的工作路径来说，案例编写是工作基础，而建设案例库，则是课程思政可持续发展的制度安排。建设规范统一的课程思政案例库，能够使课程思政教学由依赖教师单纯的个人经验与能力转向制度化、规范化，使教学经验可复制、教学案例可推广，便于专业课教师在进行课程思政教学活动时选取符合课程特点的案例开展授课。

（一）案例库建设原则

制度化的案例库建设，需要遵循如下原则：

1.规范与便捷相统一

案例的编写要符合新时代党的路线方针政策，符合专业课程知识传授一般规律，符合高校思想政治教育的各项要求，确保传递正能量；从素材挖掘到形成案例再到分类入库，要确保形式相对统一，并且有明确的标准和规范可循。同时，案例库应具有友好的界面、清晰的检索功能，能确保教师、学生、行业人员和社会学习者等不同用户均可简单便捷使用，可以根据案例所属思政教育主题、素材媒体类型、可应用的专业课程及教学内容等对案例进行多种分类编码，方便用户查询。

2. 系统与实用相统一

案例库建设应注重顶层设计，将案例库建设提升至"三全育人"的高度，以课程思政育人体系建设为目标，对学校层级的课程思政教学案例库建设进行全面规划，确保不同层级案例库之间的协调统一，同时，使同一层级的案例库之间能够相互渗透、互为补充，避免案例库建设和育人作用的碎片化。案例库建设，应根据学校课程思政教育目标，围绕专业课程育人目标，能够体现专业思政育人、课程思政育人及课堂思政育人的要求；同时要提高案例的普遍适用性，使案例库中的更多案例能够适合于多个专业、多门课程、多种教学内容，在各级各类课程思政教育教学环节中能够具有较高的资源利用度；案例库内容能够在课程思政素材挖掘、主题凝练、思政融入方法、思政育人教学实践等方面为广大教师提供可借鉴的教学案例参考，能够将经验成果加以示范推广，以提高案例库的应用价值和案例库的实用性。

3. 空间与时效相统一

案例库要有一定的时空范畴，拉长时间手臂，扩大空间距离，使得案例建设产生层次性、交叠性。在建设过程中，要对动态补充更新案例库内容，结合最新文件与理论，体现党和国家关于高校思想政治教育的新要求，及时引入行业前沿动态与最新进展，介绍涌现出的先进模范人物，做到"因事而化、因时而进、因势而新"。如在当前新冠肺炎疫情防控取得重大成功的形势下，结合疫情防控时政热点，积极引入医务人员"勇敢逆行""精益求精""永不放弃"的感人事迹，培养学生的家国情怀、奉献精神和知农爱农情结。

（二）案例库建设类别

课程思政教学案例库可分为主题案例库、专业案例库和课程案例库进行建设。

1. 主题案例库

主题案例库是按照某一主题选择案例进行建设的案例库，与该主题契合的不同专业、不同课程均可选用其案例。主题案例库，围绕理想信念和社会主义核心价值观培育、公民素养培育、专业素质培育三个层面，可根据学科专业特点，设置如"家国情怀""四个自信""遵纪守法""道德修养""文化素养""敬业精神""科学精神""工匠精神"等多个主题模块。各主题模块下汇集了各个专业和课程中的相关案例，同一主题下的这些案例还可根据其所属专业、课程等进行编码，以便教师检索。

2. 专业案例库

专业案例库按照案例来源和所能应用到的学科门类划分和专业进行分类，主要基于相同或者相近的专业课程体系进行建设，并且主要应用于大类专业教学。首先根据大类专业人才培养方案中对学生素质提出的要求，找出适合专业课程思政教育的方法，确定适合专业门类的主题主线。同时围绕这条主线，根据不同专业课程的内容特点及其在本专业人才培养中的地位，分配、确定相关课程应承担的思政教育分主题和章节任务，所有课程的思政教育主题相互补充、互相交叉形成专业思政教育网络。

3. 课程案例库

课程案例库是针对应用于某一门课程建设的，由本课程各章节(模块)教学内容的思政案例集合而成。在明确本课程思政教育主题的基础上，课程的各章节（模块）要根据教学内容特点，深入挖掘所蕴藏的思政教育元素，凝练课程思政元素，产生课程模块，将其有机融入教学过程，编写形成课程思政教学案例。如表 3 所示：

表 3 课程思政案例库表

教材章节	课程目标	教学内容	思政元素	思政模块
绪论	了解畜牧生产系统和畜牧生产特点及产业化经营模式	介绍畜牧生产系统及产业化经营模式	系统思维三农情怀	独立人格
	品种资源	介绍我国畜禽遗传资源情况	科技创新，把握产业源头	家国情怀
	畜产品产量及生产水平	介绍我国畜产品产量及生产水平	打造民族品牌，实现牧业强国	家国情怀
第一章动物营养原理	理想蛋白质	介绍理想蛋白质概念及其组成	木桶原理	哲学道理
	营养素	介绍动物营养素及其与动物机体的关系	合作共赢；各尽所能绽放生命之花	独立人格
	饲养标准	介绍动物饲养标准及其在饲料配方设计中的作用	擅于总结规律，把握规律	传统文化
第二章 饲料	配合饲料的概念及种类	介绍配合饲料概念及分类	团队的力量	哲学道理
第三章动物遗传基本原理	伴性性状 - 鸡羽速 / 羽色自别雌雄	举例鸡羽速 / 羽色自别雌雄介绍伴性性状及其应用，	理论与实践完美结合	哲学道理
	性状选择	介绍动物选种概念及方法	选择的重要性；有所取有所舍；机会成本；综合效益	思辨能力
	基因编辑技术，转基因技术	介绍基因编辑技术和转基因技术	正确看待新事物	思辨能力
第四章动物育种	动物保种理论	介绍保种与选育的关系，优点和缺点关系，量与质的关系	运用辩证方法看待事物优缺点	思辨能力
	动物育种案例	举例介绍动物育种过程	执着与创新精神	励志精神
	选种	介绍选种基本原理	实现个体价值	独立人格
	选配	选配的作用意义及方法	适合自己的就是最好的	独立人格

续表

教材章节	课程目标	教学内容	思政元素	思政模块
第四章 动物育种	动物品种资源 保存及利用	介绍动物品种资 源保存的意义、 品种遗传资源的 利用	正确理解传承与 创新的关系	思辨能力
第五章 动物繁殖	受精过程	介绍动物精子与 卵子结合的受精 过程	良好心态； 执着精神	独立人格 励志精神
	配子的产生	精子的产生和卵 子的产生	万事皆艰辛； 优胜劣汰法则	励志精神 哲学道理
	妊娠的识别和 建立	孕体与母体建立 联系	沟通能力	独立人格
第六章 设施养殖与动 物环境控制	畜牧场厂址 选择	畜牧场选址的 重要性	孟母三迁	传统文化
	设施养殖	动物养殖环境控 制及其设施设备	工欲善其事，必 先利其器；内因与 外因的关系	传统文化 哲学道理
	动物福利	动物福利的概念 及其与畜牧生产 的关系	人与自然和谐	家国情怀
第七章 动物卫生保健 与疫病控制	动物卫生保健	动物卫生保健的 重要性	健康意识，防患 于未然，做好自 己，"一蓑烟雨任 平生"	独立人格 励志精神
第八章 动物产品的安 全生产	动物性食品 安全生产	动物产品的安全 生产及其与国计 民生的关系	做安全产品， 做良心企业	家国情怀
第九章—— 第十五章	不同畜禽品种 特性	介绍不同畜禽 品种特性	要做有价值的人； 充分利用自身优势	独立人格
	畜禽胃肠道 生理	胃肠道微生物 菌群平衡	平衡原理	哲学道理
	动物饲养管理	不同种类和不同生 理阶段饲养管理	在恰当的年龄做 应该做的事；尊重 客观规律	独立人格 思辨能力
	动物生长发育 的规律	介绍动物生长发 育规律，映射人 类个体要尽早获 得独立生存能力	独立能力	独立人格

续表

教材章节	课程目标	教学内容	思政元素	思政模块
第九章——第十五章	母畜哺乳	动物哺乳行为折射血缘关系，让人懂得感恩	珍视亲情，感恩母爱	传统文化
	鸡蛋食用与雏鸡孵化	鸡蛋从外面打开是食用，经过孵化的种蛋从里面打开的是雏鸡	理解生命的神奇，珍惜生命	思辨能力
第十六章畜牧业企业经营管理	畜牧业企业经营管理概述	畜牧企业经营管理的概念	万事都需要经营管理：个人、家庭、社会	哲学道理
	市场调查	市场调查的重要性及步骤方法	发现问题的能力	独立人格
	科学决策	决策的重要性及方法	决策能力	独立人格
	市场预测	市场预测的内容和程序方法	预判能力	独立人格
	劳动管理	畜牧企业劳动管理	知己知彼，心中有数	独立人格
	目标市场的选择	畜产品目标市场的选择	准确定位，成就人生	独立人格

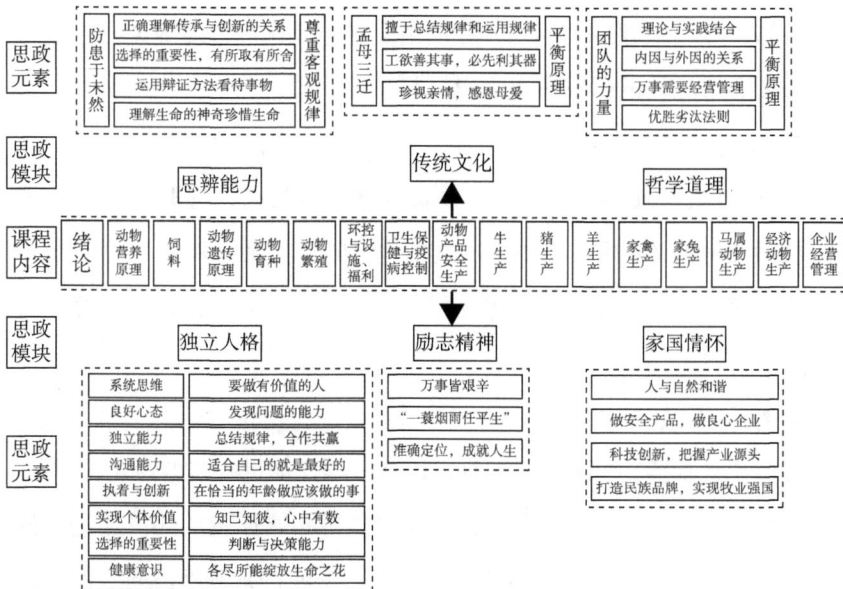

（案例库贡献人：河北农业大学　陈辉）

三、案例库建设管理

案例库的规范建设主要包含以下三个方面：

（一）程序管理

1.制定总体规划

根据课程的教学大纲，结合高校课程思政教育的文化使命，制定课程思政案例库建设的总体规划，主要包括：①长远目标、阶段性目标；②主要思路、根本主题、基本规划原则；③案例包含的章节范围、重点涉及的理论和知识点；④相关团队工作的具体策划与成员任务分工；⑥对时间成本、效率、质与量进行把控。

确定案例选题：根据总体规划，科学合理论证确定主题。

拟定编写规范提纲，各案提纲均须注意如下事项：①适用的知识点；②难度；③类型；④篇幅；⑤进度。

2.搜集素材文献检索

以知识点为主题或关键词，在网络资源以及国内外专业期刊上进行检索，查阅参考相关的研究热点和发展趋势。

3.撰写案例

筛选案例：根据课程知识点与思政元素结合特点，选取适合的案例。

撰写案例初稿：根据知识点及挖掘检索的素材撰写初稿。

修改完善案例：将初稿与建设团队成员开展研究讨论，对内容进行提高完善。

4.维护开发案例库

课堂授课检验：在课堂试讲后，根据教学反馈进一步修改、完善。

归档维护：正式入选的案例，应根据其所归属涉及的知识点进行分类归档。随着自然科学与相关领域技术的快速发展，案例库需同步发展、及时更新，保持时效性。

推广开发：在完成案例库建设工作后，利用多种手段开展宣传工作，对其进行推广，充分展示案例库功能，深化价值。

总结反馈：定期对案例库进行回顾反馈，总结经验。[①]

（二）项目制管理

根据案例库建设的类别不同，课程思政案例库建设适合采取项目制管理。应该建立"学校——学科——课程"的项目管理层次。

在实际运行过程中，案例库建设工作可以在学校党委集中统一领导下进行，由学校党委宣传部、教务处、党委组织部牵头负责，各学院党委具体组织实施，所属党支部为工作单元。在教务处设立学校案例项目库。相关部门各司其职、合作联动，切实保障经费、资源等的投入。各教学单位落实党政负责人是课程思政建设第一责任人，基层教学组织负责人要担任起课程思政建设直接责任人职责，进一步推进本单位课程思政案例建设。形成党委统一领导、党政齐抓严管、教学管理部门带头、相关部门配合联动、各教学单位落实推进的工作格局，确保课程思政项目库建设形成工作梯队。

发挥二级院党委的把关作用。各学院党委要探索构建"学院党委组织实施、各系党支部推动、党支部书记'双带头人'和党员教师先行示范、教师全员参与"的实施路径和推进机制。各学院党委书记要亲自谋划，亲自部署，亲自把关。发挥党支部的凝聚力作用。要把此项工作作为重要活动抓手和教师党支部的重要考核内容，增强党支部凝聚力、战斗力。在案例编写过程中要坚持教师党支部书记"双带头人"和学科带头人为主力，做到支部充分研讨、学科带头人和基层教学组织集体论证、学院党委审核把关。发挥课程育人案例编写"溢出效应"。要结合教师党支部建设、师德师风建设等工作，结合教职工思想政治理论学习，开展

---

① 参见冯立芳、张卫斌、王彦波等：《〈高级生物化学〉课程中思政案例库的建设及案例式教学的应用》，《科技资讯》2020 年第 25 期。

"课程门门有德育，教师人人讲育人"研讨活动；开展"课程思政、党员先行"主题党支部创新教育活动。基层教学组织党支部会同教授委员会评审，项目负责人申报实施。项目负责人应由教学经验丰富，具有讲师及以上职称的教师担任。项目组成员须为适用该案例库课程的主讲教师及思政课程教师。申报时项目负责人和相应的项目组成员填写申报材料上报所在基层教学组织。由基层教学组织党支部会同教授委员会在认真审核材料的真实性和充分考虑建设必要性的基础上，明确推荐意见，并如期将相关材料报送教务处，逾期视为自动放弃申报资格。教务处组织专家依据对各基层教学组织上报材料进行评审，确定候选名单，并在全校范围内予以公示，公示结束后报分管校领导审批，以学校文件公布后生效。

案例库建设成果提交形式：汇编成简装内部讲义的形式，可以多媒体课件的形式予以展现，课件应做到文字、图片、表格乃至动画相结合。可以在各专业建设案例库的基础上形成案例教材。案例库涉及专业所在各基层教学组织应持续追踪案例教学过程，引导教师在教学中灵活运用教学案例，提升教学案例编写水平，持续关注案例的后续发展，形成动态的教学案例库。并且定期组织教师参加1—2次案例教学研讨，定期邀请专家开设有关案例教学的专题讲座，搭建交流学习平台。

（三）实施案例研究

课程思政在实际建设过程中，要大力实施课程思政教育教学改革，使课程思政理念被广泛认可，全面提升教师群体开展课程思政建设的意识和能力，构建多方面、多类型、多层次的课程思政体系。示范性教学案例库的建设，能够提高课程思政教学的实效性，强化思政育人与专业教育相结合过程中典型案例的教学作用，通过对内容构成、选取要求与管理应用的规范化建设，带动各专业课程思政案例库建设与使用发展，提高课程思政教育教学质量。因此，要面向各类课程、各个专业、各个学院，持续深入抓典型、树榜样、立规范、推经验。总结凝练课程思政建设的典型经验和优秀做法，在课程建设、教材建设、教学改革等方面固化课程思政建设成果，推进课程思政优秀教师宣讲，开设课程思政示范公开课，加强宣传、示范和推广，引领学校课程思政建设，激发广大教师的责任感和使命感。其实施具体方法可参照如下措施进行：

1.科学优化设计课程思政教学体系

将课程思政元素与理念全方位融入教育教学过程。根据《高等学校课程思政建设指导纲要》《普通高等学校本科专业类教学质量国家标准》要求，撰写人才培养方案，明确人才培养目标以及毕业要求。组织教师将教学设计、大纲修订、案例库编选等工作，落实到教育教学的各个步骤中。

根据不同性质课程进行分类建设。加强建设一批提升大学生各方面素质的课程，打造一批特色鲜明的体育、美育类课程。根据不同专业不同学科的特色优势及培育目标，找出专业知识体系中的思想价值与道德内涵，科学拓宽专业课程的宽度，合理挖掘专业课程的深度，适当提升专业课程的温度，深入了解专业课教学内容，结合不同课程的不同特点，从课程所联系的学科、专业、社会生产条件以及历史阶段等不同方面对思政课程进行完善，将其融入教育教学。结合专业课程实践、专创思融合实践、社会实践等不同实践活动的特点，强调知行统一与学思用信相结合，加强勇于创新与积极奋斗等品质与能力的培育，逐渐形成以培养学生综合能力为途径，思想道德教育、政治教育、专业教育、创新创业教育与实践教育相辅相成的一流课程。

2.建立健全课程思政研究体系

开展校、院两级课程思政建设与研究。教务处可以设立课程思政科，统筹推进全校课程思政建设与研究工作。根据院校规模等情况，每年遴选校级课程思政教学研究示范中心、课程思政教学名师、优秀教学团队，设立思想政治教育改革研究项目；深入开展多元化教学、志愿服务、实践实训等活动，利用现代科技引领课程思政教育创新教学模式；在各教学单位建立课程思政教学研究中心，依托基层教学组织广泛开展课程思政教学研究，充分发展课程思政元素，准确把握课程思政内容，创新教学方式方法，推进课程思政全面、有机融入课程教学；以课程思政建设为契机，深入研究课程思政在实践中的重点、难点和前瞻性问题，形成课程思政教育教学改革的专项经验与典型案例，打造可复制、可推广范例经验；组织各级各类教学名师、师德标兵、模范教师、一流课程负责人等带头开展课程思政建设，打造课程思政名师和有效教学团队，建设课程思政示范课程和优质课程。

3.遴选推广课程思政优秀成果

选编课程思政优秀案例，分类梳理各专业的课程中所蕴含的思想政治教育元素，编写育人案例，打造具有学校专业特色的"课程思政案例库"，遴选优秀案例。可以通过网络平台、微信等现代信息技术手段，建立健全资源共享机制，促进资源在不同区域、层次、类型的高校间共享共用。打造课程思政示范课程。根据院校自身办学情况，遴选培育具有学科专业特色、育人效果良好的优质课程，立项资助建设课程思政示范课程，组织开展教育观摩、研讨交流等活动，辐射和带动其他课程思政建设。

4.增强教师思政育人意识

结合教师党支部建设、师德师风建设、教职工思想政治理论学习，开展研讨活动，支部主题教育活动，组织开展课程思政示范课观摩活动，形成基层党委牵头，全体教师参与的良好局面；通过促进思政教师与专业教师对接交流，将课程思政建设融入各课程教学中，综合运用第一课堂和第二课堂教育教学经验，努力拓展课程思政建设辐射面，形成良好的育人机制；发挥宣传媒体矩阵作用，利用校园网、官方微信、校报等多种手段增减宣传效果，推动课程思政案例和成果示范推广，营造良好的课程思政育人氛围；提升教师课程思政教育教学水平。通过多渠道、多形式加强课程思政讲座培训、经验交流、观摩研讨等。开展课程思政任课教师专题培训，提升教师课程思政建设的主动性和积极性。鼓励学校将课程思政纳入教师岗前培训、在岗培训和师德师风、教学能力专题培训，建立课程思政集体教研制度。

5.加快建设课程思政评价体系

科学设计课程思政教学考核评价体系，激励学院和教师积极投入课程思政建设。在一流本科专业、一流本科课程遴选与建设过程中，视情况设置课程思政相关评分考核项目指标。在教学大纲、教学日历、教案等教学材料考察考核中强化"知识传授、能力培养、价值引领"等综合评定范式；在教师教学质量评价、职称评定、岗位聘用、评优奖励等工作中，进一步增设评测点来突出课程思政建设贡献，将课程思政中的价值引领与育人职能作为教师教育教学工作的重要观测点。

第三节　搭建课程思政教学平台

课程思政教育教学的落脚点，是培育人才的成效问题。学生对于课程思政教育的亲身经历总结体验，以及升华内化过程，是培育新时代精英人才的重点。着力搭建形式多样、内容丰富的课程思政教学平台，能够保障学生在专业知识与思政元素融合的教学过程中得到亲历的价值锻炼，使师生能够在体系化的教学平台之中，将课程思政内容与教学各个环节内化于心、外化于行，切实提高课程思政教育教学成效。

一、体验平台

课程思政教学体验平台，重在突出学生在预设环境中身临其境地对课程思政教学资源进行感知，因而可结合学生喜闻乐见的形式，从线下、线上、虚拟仿真等多个角度入手进行平台选择与建设。课程思政教学体验平台，定位不应仅仅局限于视频教学等被动式体验，要创新体验形式，使参与体验平台教学环节的师生，能够更为形象生动地对平台构建的课程或教学体系进行学习感悟。

体验平台可以线上和线下结合进行。线下资源建设，基于思想政治工作的传统优势，结合当前信息技术新特点，对其进行深度融合，形成线上线下"课程思政"育人合力，双管齐下，线下体验中心、博物馆、展览馆等体验平台进行深度整合，挖掘教学课程思政资源，寻找课程思政育人体验案例。线上方式展现，将线下课程思政资源，通过视频、动画等网络信息化形式转化为线上思政体验资源，建立健全"课程思政"教育教学体验资源数据库，进一步对"课程思政"利用网络信息技术进行育人的模式做出有效探索，提高"课程思政"线上线下体验平台的吸引力和感染力。

同时，要重视课程思政资源具有碎片性、选择性等特点，体验内容要求有权威性、基础性，因此，要避免在由线下到线上的过程中过度曲解、分散碎片化传递给学生知识和信息，同时实现"课程系统化""模块思政化"等资源汇总模式发挥体验平台自身优势，结合体验平台具体特点形成资源生成机制；要正确处理平台体验中的即时性、热点性与体验平台教育方式的技术性、思政规律与传播方式之间关系。受教育者的地位受传播主体影响，将会使传统教育者的主导地位发生关系转换，课程思政体验平台中的教师和学生因置身于体验环境中，因此互为学习主体和学习对象，也互为传播主体，体验平台必须实现资源的双向流动。

此外，在从技术角度对平台建设的改革进行促进，提升课程思政教学有效性，突出问题导向的互动性教学发展。在建设思路上，可以根据体验平台与院校情况，重点实施打造基于 VR 虚拟仿真、大数据等课程思想政治体验平台体系。如河北农业大学建设现代农业体验中心，使不同专业的学生都能够进行各种不同工具、不同情景、不同时空阶段的体验，掌握农林专业发展进程、认知不同形态农业社会发展历史、探索现代科技发展规律、摸索未来农业发展前景。

二、实践平台

课程思政教学实践平台的搭建，重在学生在进行专业实习实践中得到思政育人熏陶，是以学生为主体，教师为引领，高校、企业、地方政府等协同建设，共同促进的实践化平台。实践教学有其特有的内容与要求。在具体的教学实施中，实践教学主要通过如下基本形式实施：一是专业实践，如专业思政融合主题演讲、课堂情景设置和案例讨论等。通过课堂实践加深理解，探求新知。二是课外实践，如开展社会调研、专业扶贫实践、参加"青马工程"的研学，投身于大学生"三下乡"活动和青年志愿者活动等，通过社会实践将所学专业知识学以致用，锻炼能力，同时加强思想道德修养。

实践中，需建立不同的教学思政实践平台满足不同专业的不同需求，除教学实习基地外，可采用多种形式的校外教学实习实践方式，数量要依据专业学生人数决定，数量适中，并注重合理布局定点，原则上每个专业至少建立1—2个相对稳定的校级课程思政教学实践平台。学校应该根据总体布局，部署各学院专业应将课程思政教学实践平台方案报送教务处，以便全校进行统筹协调与管理；各学院专业要加强和课程思政教学实践平台的经常性联系，采取走出去、请进来的方式，定期征求校外平台的意见和建议。并在力所能及的条件下，在人才培训、教育科学研究、信息交流和思政育人等方面，优先对校外平台给予帮助。双方通力协作，互惠互利，共同搞好课程思政教学实践平台的建设。

实践平台的建设及学生实习的组织管理由各学院负责，联系建设情况报教务处备案。各学院应按要求做好实践平台建设管理工作：加强与实习基地的沟通交流，密切合作，探索完善实践平台健康有序运行的长效合作机制，使学生能充分利用实践平台的资源条件，保证专业实习任务与课程思政实践任务顺利完成，有效培养学生创新精神、实践能力与思政修养；密切与校外实践平台的沟通协调，推动平台基地扎实建设，加强组织管理，落实实践计划，安排好学生学习生活，加强安全教育管理，将思政育人内容有机融入专业实践活动中，协调推动平台建设和学生实践各项具体工作落到实处；不定期组织实践平台建设交流与研讨，对建设情况、学生专业实习效果、思政育人效果及存在的问题进行交流沟通，推动平台建设水平的提高，增强学生专业思政融合教育管理的针对性和有效性，提高实践质量。

三、实验平台

实验课程是大学生学习系统实验方法和技能的开始，在大学培养过程中，以农林类专业为主，实验课程教学在各专业分量很重。将思想政治教育思想引进到实验课程教学中，可以让思想政治教育元素在大学生的脑海里完美呈现，从而提高大学生在学习和将来工作中的综合能力，更加有利于培养大学生的科学精神，真正达到"三全育人"的目的。因此，课程思政实验平台建设也极为重要。课程思政实验平台的建设，既要有传统实验的专业性，又要有课程思政的育人性，保证实验平台能够正常承接专业课程实验任务，同时能够在实验平台教学中融入思政元素，实现实验平台的思政育人功能。

实验平台要全面提高专业实验教师及实验员思政水平。在实验平台中，对学生的思想政治教育和价值引领，不仅仅是思想政治专业教师、思想政治辅导员或班主任的职责，更需要全校教师和学生，尤其是实验教师全方位、多角度共同参与。但是由于大多数非思政课程教师对思想政治教育理解不透彻，思想政治教学专业水平及知识欠缺，导致思政教育经验与能力存在缺陷，从而无法将思政元素与专业实验有机融合。对于此种状况，学校可以建立长效机制，委派专业思政老师对实验课教师及实验员进行思政课程知识与教育教学方法培训，从而使实验员及相关实验教师能够深入理解思想政治教育精髓并加以运用。同时，学校也可以发挥基层教学组织党支部战斗堡垒作用。以党支部为单位，为实验教研组织配备专业的思政教师给予兼职指导，开展思政课交流研讨及观摩大会。通过全体教师的共同努力，不断提高实验指导过程中教师自身教育教学能力，让思政元素更好地融入实验教学学习中，全面提高学生实验技能与思想道德水平。

制定科学的实验课程思政的教学大纲及实验操作指南。实验课程中的思政教育，要根据各专业实验课程的特征，紧密结合当前新时代国家社会发展要求，与专业实验人才培养目标有机融合，协调统一到实验课程建设中，制定出合理有效的课程思政教学目标。作为实验教学工作的纲要性文件，实验教学大纲对教学目标的完成起指挥主导作用，是全体教师进行实验教学目标的依照。因此，将思政元素融入具体实验教学中主要包括两方面：一方面，将课程思政的全面要求融入实验教学大纲中，积极体现在实验过程中需要引领学生提高的价值观念，同时明确教师要树立"课程思政"的主体意识；另一方面，根据实验课程科学严谨、理论联系实际等特点，制定出科学有效的实验课程思政教学目标，从根本上保证思想政治元素很好地融入实验课堂。

找准思政教育在实验课堂的切入点。大学中农林类专业实验相关的概念、公式、规律等，大多依托于实验为基础得到，实验课程常被视为农林专业教育的关键环节。实验课的讲授必然会联系到该专业发展历程，在其讲解过程中，任课教师可以将在该领域有杰出贡献的科学家、典型的事件等作为育人案例，加入到课程讲授过程中。从实验发展的角度看，哲学与自然科学总是相辅相成密不可分的，人类借助实验的手段认识自然，又从实验中认知世界，因此在实验课程设置上，能够挖掘出实验内容与哲学内涵的联系，把实验内涵的工具逻辑和价值逻辑发掘出来，把知识和价值融合起来。可以成立不同的 workshop、team 来进行结组实验，可以使参与实验的学生体验及培养团队协作精神。

第八章　课程思政教育教学的机制建设

在实践基础上，课程思政的发展也越来越展现出它的优势，作为高等教育的理念创新、制度创新和实践创新，它的重要意义突出表现在全面贯彻党的教育方针，完善立德树人体制机制等方面。课程思政从工作路径和制度设计来说，首先要研究清楚课程思政的起因发展过程及对它的评价，其次就是根据教育教学规律推动课程思政的建设。不管是在前期初步建设还是到后期整体改革开展，如何把思政教育贯穿人才培养体系，如何全面推进课程思政建设，如何让思政教育融入日常是当下的难题。建立健全体制机制，出台激励政策，成立相应领导小组，加大对课程思政教育教学动力牵引，增强全程监督管理，完善教师评价保障，建立全方位立体式教育教学机制，是切实提高课程思政教育教学水平的重要保障。

第一节　动力牵引机制

课程思政教育教学的实施，需要从顶层引导、教师推进、课程建设等各层级全面推进。因此，通过动力牵引机制的建设，以制度化形式对课程思政的推进力、牵引力进行规范化、体系化建设，是课程思政教育教学沿着健康轨道正向快速前进的强大保障。

一、顶层设计的引领动力

学校通过顶层设计，将育人工作按照具体情况进行架构设置。以专业、思政教育相结合为出发点打造的一项系统化教育工程，建立完善以学校党委牵头，思政教研部、教务处、学生处、各二级分院（系）专业课教师协作联动的机制，全面领导思政教育建设。在努力整合思想政治教育资源的前提下，不断地实现"三全育人"。创设多种载体，帮助教师教育理念转换，树立思政教育意识，搞清楚思政教育的内涵及特征，进行思政教育建设与改革的必要性和可行性以及思政教育在专业课程中的落地实施等一系列问题。举办以听促教、以听促学活动，以制度进一步强化院系领导、同行听课评课制度的实施，及时跟进课堂里的学情、教情，特别重点督导思政教育实施情况，产生党委领导下各部门齐头并进、齐抓共管的思政工作大格局。

（一）顶层设计

1. 成立领导小组

组　长：党委书记、校长

副组长：分管思政工作、教学工作、组织工作、教师工作的校领导

成　员：教务处、宣传部、组织部、人事处、教师发展中心、学生处、研究生学院、校团委、党委办公室、校长办公室、财务处、负责国际合作的职能处室、负责学科建设的职能处室、负责创新实践的职能处室等有关部门主要负责人和各教学单位党政负责人

2. 明确教学理念

牢牢把握立德树人最终目的，教学理念与行业前沿保持一致

3. 确立教学目标

前提为理论目标的建设，理论目标就是实现具有相互统一的知识技能、过程方法、情感态度和价值观。建设目标就是确立坚守底线的基础和前提，只有建设好底线目标，才能有机会向最高目标迈进，最高目标即为

培养德智体美劳全面发展的"卓越人才"。这就要以教育部印发的《新时代高校教师职业行为十项准则》（教师〔2018〕16 号）、《关于高校教师师德失范行为处理的指导意见》（教师〔2018〕17 号）等文件为基础，并且结合学校具体情况，培养优秀教师团队，建立更加清楚、具体、易实现的各项制度。建设优秀示范中心、评选优秀课程、设立改革研究项目、争创优质课程。使一流本科教育理念深入人心，"四个回归"全面落实，形成以农科为优势特色、多学科综合发展的高水平人才培养体系，培养具有社会责任感和知农爱农情怀、创新创业精神和较强实践能力的新型人才。专业结构进一步优化，结合思政教育使课程建设取得突破性成果，现代信息技术和教育教学深度融合，形成三级五类一流本科课程体系，思想政治教育和创新创业教育贯穿人才培养全过程，努力建设新型人才。

（二）提升整体合力

在教育部印发的《关于加快构建高校思想政治工作体系的意见》中有规定指出，要贯通学科体系、教学体系、教材体系和管理体系，其中尤其强调"办好思想政治理论课""全面推进所有学科课程思政建设""打造高素质思想政治工作和党务工作队伍""加强基层党的建设"和"强化工作协同保障"，这五条重点要求从主要载体、渠道和保障上为课程思政找到了精准的发力点。

党支部是引导课程思政建设的堡垒。教师作为课程思政的主力军，发挥作用的联动机制在党支部。在课程思政建设过程中，要求全体教师都要成为课程思政的主要建设者和直接参与者，都要发挥好自己的关键作用，但并非所有教师都具备进行课程思政教学的能力。其中，党支部的作用至为关键：一是要发挥好党支部的政治把关作用，不偏离社会主义的办学育人的方向。二是让教师先受到教育，为实现这一过程，可以进行教师的集体备课或者开支部研讨会来进行教学设计。专业课程既要利用好专业教师的丰富专业知识储备，讲出特点和规律，还要在知识储备和规律阐释的基础上，把贯穿于其中的思想原理和哲学方法融入进去，把"培养什么人、怎样培养人、为谁培养人"的要求贯穿其中。此外，从保证课程思政的建设质量的角度分析，具有先锋示范作用的党员教师毫无疑问应该成为课程思政建设的先行者。

（三）整体推进方式方案

深层挖掘人才培养方案与思政教育课程的结合基点。人才培养方案本着坚持育人为本，促进全面发展、坚持标准引领，确保科学规范、坚持遵循规律，体现培养特色、坚持完善机制，加强思政实践力度，推动持续改进的基本原则。具体是一方面要使习近平新时代中国特色社会主义思想深入人心，培养大学生对于主流价值观念的价值认同；另一方面要树立思政教育与专业教育并重的理念，实现对于人才的全方位培养。

深度改革方案课程建设、学分结构、教学进程计划。加大课程思政在教学中所占比例。第一，为满足新时代背景下的人才培养要求，结合学科专业人才培养模式，实行模块化设计，对人才培养方案进行修改，保证教学的覆盖面；第二，明确人才培养的目标，实施个性化教学，充分发挥学生主动性，让学生在被教育过程中实现对自我的教育和管理，因为学生才是开展实践性教育教学的主体，塑造符合新时代发展阶段的教育理念，根据学校学院特色为学生"量身定制"成才计划；第三，将所学专业、农业技能与思政元素相结合，实行过程化管理，实施科学的考核方式，采取模块化设计、个性化教学的课程思政理论实践教学，出台完整的人才培养方案。

（四）机制保障

"无规矩不成方圆"，任何一项工作的开始都要提前构建一套行之有效的机制，为工作的开展建立保障。建立健全保障机制是思政教育改革的一大前提，完善的保障机制将强有力的保证思政教育改革的进行。

构建多元化课程体系结构。统筹规划、合理布局，加强课程体系整体设计。加强专业教育和思政元素一体化融合，凝练专业内核和思政教育思想核心、拓宽专业口径、合理设置专业方向课程与思政实践化相结合，开设跨学科跨专业交叉融合课程，倡导知名教授开设专业认知和前沿课程；完善通识教育、专业课知识和思政理论基础结合，加强"大国三农"系列课程和跨学科跨领域通识课程建设；完善体育思政教育，增设体育理论、思政实习及思政实践选修课程；加强劳动教育，明确劳动教育依托课程，密切结合专业实践、社会实践、思政实践、志愿服务、文明校园创建等合理安排课节、课时；加强活动的开展，在活动中提升思想政治教育，不断提高学校第二课堂建设的水平。广泛开展考察探究、社会服务、学术报告、志愿公益、思政讨论等活动；强化创新创业和思政实践教育，完善创新创业及课程思政体系，深化专创融合，建成一批创新创业教育改革示范课程。[①]

细化分解课程思政改革建设任务。依托基层教学组织与学校各职能部门，有规划、有重点地推进全校课程思政建设，让学生享有覆盖专业全课程模块的课程思政教育。任务分解如表1所示：

表1 课程思政建设任务分解

主要措施	具体任务	负责单位	协助单位
准确把握课程思政建设内容	建设课程思政素材库	宣传部	思政教学单位、学生管理及教学管理相关职能处室等部门
科学设计课程思政教学体系	1.建设和选用优质通识课程	教务处	各教学单位
	2.打造特色体育、美育类课程	教务处	体工部、艺术学院
	3.建设社会实践一流课程	教务处	创新及实践教学管理部门、各教学单位
	4.融入人才培养方案	教务处	各教学单位
	5.融入课程目标设计、教学大纲修订、教材编审选用、教案课件编写	教务处	各教学单位

① 参见潘丽珠：《转变学习方式，让学生学会自主学习》，《考试周刊》2009年第27期。

续表

主要措施	具体任务	负责单位	协助单位
科学设计课程思政教学体系	6.贯穿于课堂授课、教学研讨、实验实训、作业论文各环节	教务处	各教学单位
建立健全课程思政研究体系	1.设立课程思政科,统筹学校课程思政建设与研究工作	教务处	人事处、组织部
	2.建立课程思政教学研究中心(教学单位内设机构)	教务处	各教学单位
遴选推广课程思政优秀成果	1.打造具有学校专业特色的"课程思政案例库"	宣传部	教务处、研究生学院、组织部、人事处、教师发展中心、各教学单位
	2.出版系列《课程思政讲义辑要》	宣传部	教务处、研究生学院、组织部、人事处、教师发展中心、各教学单位
	3.选树课程思政示范课程和课程思政优质课程	教务处	教师发展中心、宣传部、思政教学单位、其他各教学单位
大力提升教师思政育人能力	1.开展"课程门门有思政,教师人人讲育人"研讨活动	组织部	教务处、教师发展中心、宣传部、各教学单位
	2."课程思政、党员先行"主题教育活动	组织部	教务处、教师发展中心、宣传部、各教学单位
	3.组织开展课程思政示范课观摩活动	教师发展中心、各教学单位	教务处、宣传部
	4.思政课教师与专业课教师团队对接	马克思主义学院	教务处、宣传部、组织部、各教学单位
	5.加强课程思政宣传,推广优秀案例和成果	宣传部	教师发展中心、教务处、各教学单位
	6.校内外培训、专题讲座	教师发展中心	教务处、各教学单位
	7.校外研修	教师发展中心	教务处、各教学单位
	8.组织开展院级课程思政教学竞赛	各教学单位	—
	9.组织开展校级课程思政教学竞赛	教师发展中心	教务处、各教学单位

续表

主要措施	具体任务	负责单位	协助单位
加快建设课程思政评价体系	1.在教师教学质量评价、课程、专业建设中设置相关指标	教务处	教师发展中心
	2.将课程思政建设成效纳入单位绩效考核	发展规划处	教务处、各教学单位
	3.将课程思政建设成效纳入基层党建述职评议考核和教师党支部党建考核	组织部	教务处、各教学单位
	4.把课程思政建设成效纳入专业评估、课程评估等教学相关评估	教务处	各教学单位

深化课堂教学改革，思政教育建设网络信息化。适应网络信息化技术的发展，围绕"教什么""如何教"，推动教学方式从"教师中心"向"学生中心"转变，实现学生学习主动性的转变，逐步实现主动学习，而不是一直被动学习的方式，在这基础上，实现三个"新"，即新的师生关系、新的教学形态和新的知识体系框架。充分利用在线教学平台，精简重构教学内容，优化教学资源体系；以学生和资源的互动为主线设计学习任务，提高学生自主学习能力。不断实现教师与学生互动式的教育课堂模式，充分利用现代化的互联网技术平台，使用网络优质教学资源，实施翻转课堂模式，培养学生思想政治教育课程的兴趣，教师不断地启发学生自主思考、自主讨论，以培养强化学生终身学习的能力。优化课程体系结构，统筹规划、合理布局，加强课程体系整体设计，加强思政教育时代化，以学生最感兴趣的一种方式"展现"在他们面前。

二、教师队伍的激励动力

高水平的师资管理是教师队伍建设的保障，建立以人为本的高校教师管理运营机制，加强教师队伍建设，对提高学校办学水平，履行高校人才培养职能，具有重要的现实意义。以人为本的学校教师管理运营机制，在学校的管理运营过程中将教师放在第一位，将以人为本的理念贯穿于管理运营的各个环节，满足教师个人需求，尊重教师个体差异，完善教师的个人发展路径，实现教师的全面自由发展[①]。

（一）教师激励政策背景调查

激励政策的出台与实行，应严格符合教师意愿以及校园实况。分别对思政课教师和专业课教师进行问卷调查，为减少结果偏差，两列教师队伍分别随机抽取五名青年教师代表，参与问卷调研。调查如表 2 所示：

表 2　激励政策问卷调查

问卷调查	思政授课教师	传统授课教师	思政授课青年教师代表	传统授课青年教师代表
对于"思想政治教育，不是思想政治理论课教师、党团干部和辅导员的事"的看法。	非常正确：23.11%比较正确：42.17%不正确：34.72%没有看法：0%	非常正确：24.21%比较正确：43.16%不正确：32.63%没有看法：0%	非常正确：0人比较正确：1人不正确：4人没有看法：0人	非常正确：3人比较正确：2人不正确：0人没有看法：0人
你认为保障教师激励政策对思政教育改革的促进是否有用？	非常有用：73.3%比较有用：26.7%用处不大：0%	非常有用：83.3%比较有用：16.7%用处不大：0%	非常有用：5人比较有用：0人用处不大：0人	非常有用：4人比较有用：0人用处不大：1人
对于职称激励政策和绩效激励政策你更倾向于哪一种方式？	职称激励：66.7%绩效激励：30.3%无所谓：3%	职称激励：47.7%绩效激励：30.3%无所谓：22%	职称激励：2人绩效激励：2人无所谓：1人	职称激励：3人绩效激励：2人无所谓：0人

通过问卷调查数据显示，多数教师"至于思想政治教育，不是思想政

---

① 参见敬再平：《关于高校师道尊严重振路径的思考》，《绵阳师范学院学报》2019 年第 10 期。

治理论课教师、党团干部和辅导员的事吗？职责有分工，术业有专攻，即便我想我愿，但我也不会啊"。由于教育工作者的这一态度思想的存在，使得思政教育课程激励政策难以进行。但另一种现象就是多数教师认为，保证教师激励政策的有序进行是可以促进思政教育改革的。

（二）健全激励政策原则

1.全面性原则

全面健全激励政策，提升教师课程思政教育改革主动性。进行评估的不仅是教师的教学育人能力、教师的工作业绩、教师的能力水平，更重要的还是要重视教师职业思想政治道德修养的建设、教师思政教育教学情况以及对思想政治教学授课的重视程度。

2.发展性原则

在学生全面发展的过程中，最重要的基础是教师的发展，这里所说的发展性原则即为教师的全面发展，在促进教师全面发展的过程中，我们可以将思想政治教育的改革参与、发展以及对课程的评价作为评判标准，以此来激励教师在思想政治教育教学课程上的重视程度，促进教师思想政治教育观念的发展。

3.多元性原则

多元性主要是指两个方面的多元，即评价主体的多元化和评价方法的多元化。在评价主体中，目前大多数学校进行的是学生对教师的评价，教师作为评价的主体，要不断提高教师地位，具体可将教师互评作为评价的主体，以学校领导、学生、家长的评价作为辅助机制，这样既迎合了时代的发展要求，又同时突出了评价过程中教师的主体地位。在评价途径方面，学生的学习成绩作为教师教育能力的评判标准的观念在评价过程中已经根深蒂固，所以要改变这一现状，我们可以进行以教育教学为主体的评价，并将思想政治教育的成果作为辅助评价的评价方式。

4. 可行性原则

基于学校的发展条件以及情况考虑，既要实现教师对于思想政治教育的总体目标，又要找到学生乐于接受的方式，不断探索对教师的评价方法。[①]

(三) 建立内外结合的激励机制

在课程思政教育建设的过程中，要做好内部的激励机制和外部生态环境的激励机制的结合。在外部环境上，政策导向和舆论激励机制是促进课程思政建设的有效途径。学校在制定政策做到"顶层设计"与"具体实践"相统一，通过有效的激励手段推动课程思政教学改革、教学管理和思政教育建设专业化良性发展，形成学风端正、校风良好、思政氛围浓厚、学术行为规范的教学氛围和制度环境；构建舆论导向机制，综合运用授予荣誉、事迹报告、媒体宣传、创作文艺作品等手段，充分发挥典型示范和辐射带动作用。在内部环境上也是建设课程思政的关键，可以建立考核评价体系。在引进新教师时，要严格把控教师的入口，加大对新教师政治素养方面的考核；在对新入职教师进行评价时，要严格把好政治关，对教师的评价融入思政教育，教师的聘用、教师人才的引荐、教师的评优评先、教师的年底考核中采用多种方式，严格注意教师的师德与政治素养。同时，要坚持与时俱进和问题导向，结合新时代环境下出现的新问题，出台新举措、新办法，不断完善评价主体、评价内容、评价方法及评价程序，有效实现考核评价的科学化、规范化。

(四) 建立多元化激励机制

多元化的教育机制主要是指对教师的外在奖励机制，它是与教师自我激励机制共同存在、相互作用的，它主要包括制度上的激励机制，政策导

[①] 参见周建云：《顺应课改形势服务基础教育——高师中文教学的若干思考》，《文教资料》2006 年第 31 期。

向的激励机制等。在这一激励政策中的重点是要纠正一些办学中存在的偏差，例如一些高校存在传统的错误理念，包括重视教书而忽视育人，重视智力的发展而轻视德育的进行等，破除"五唯"（唯分数、唯升学、唯学历、唯职称、唯帽子）传统思想壁垒，深度挖掘多元化激励政策。

完善引育并举机制，加大优秀教师的引进制度，着力寻找政治素养较高的专业教师。人才引进优先保障本科教育教学需要，明确引进教师所在专业和所教课程；加大国家级、省级教学名师引进力度，优化不同学科专业引进标准，加强高水平大学博士、紧缺专业硕士等青年教师引进，提升高级职称和具有博士学位教师比例。深入推进优秀讲师、名师教学标兵、青年教学能手等教学名师职称，同时将课程思政考核引导融入培育体系。选聘高水平教授担任专业、基层教学组织负责人，加强以专业负责人和思政教育负责人为双核心的专业教学团队建设和以基层教学组织负责人为核心的课程思政教学团队建设。完善大学生课程思政师资库和导师库，组建专兼职结合的课程思政师资和导师队伍。三年一阶段，根据学校规模及具体情况，培育省级及具备较高课程思政教学水平以上优秀教师(模范教师、教学名师、教学团队等）若干。

提升教师课程思政教学能力。不断健全对教师的培训制度，对教师进行常态化培训，并形成一定的体系，不断开展教学培训、教学研讨、教学工作、思政理论学习等活动。严格落实新入职教师培养"五个一"工程，注重青年教师课程思政教学能力提升，帮助教师突破教学关、实践关。加强教师实践能力培养和思政教育改革观念，鼓励教师到企业培训、进修，推动专业教师与企业人才双向任职互聘。加大教师到国内外高校研修力度，遴选教师到国内知名大学参加课程思政相关进修。

突出思政教育教学实绩。把专业课程与思政教育课程融合度作为评价课程思政教育教学实绩的基本要求，引导教师将思政教育融入课堂，引导教师加大思政教育改革力度。加大课程思政教学质量、教学工作量、教学成果等业绩在绩效分配、职务职称评聘、岗位晋级考核中的比重。出台相关课程思政工作质量考评办法，把课程思政模块融入专业建设、课程建设、实验室建设、实习实践等教研活动，将编写课程思政教材、案例，指导学生思政实践、专业思政融合活动等计入工作量，并纳入年终考核。

三、课程改革的推进动力

课程思政教育的主要表现形式为课程，课程改革如何进行，课程改革的推进动力是什么，这是需要探讨的共性问题；课程改革的推进动力所在为改革，以改革为动力，全面进行改革推进。

（一）基础改革动力推进

在基础层面立足，加强领导队伍建设，管理方式建设，资源条件建设，有了好的基础建设才有强大的动力推进思政教育改革。

加强领导小组建设。课程思政教育改革是在教育教学工作上的本质改变，同时也是思想工作制度上的一种转变。领导层的责任化是保证改革顺利进行的前提。传统的思政教育总是"概念化""死记硬背"式的灌输教育。领导小组成立，责任具体化可以有效地促进思政教育融入学生日常生活之中。学校可以建立一流本科建设领导工作小组，分管教学工作的副校长为副组长。学校学术委员会下设教育教学委员会，负责全面指导一流本科教育教学工作和思政教育举措的实施。

落实二级管理。发挥学校统筹规划、宏观指导作用，突出学院办学主体地位，加强学院课程思政教育具体化，校级小组监督化，配齐配全教学管理人员，在学院设立教务科，教学管理工作重心下移学院。推进学院课程思政教学管理改革，实施教学日常经费和教学工作量绩效包干制，调动学院办学积极性。

优化资源条件。持续加大教学经费投入，确保课程思政教学改革和基础条件建设。推动校园基础网络升级改造，实现 5G 网络和校园无线网络全覆盖；推动智慧教室、教学数据中心、教学资源管理平台、教务管理系统、智慧教学平台建设，提升与课程思政相关的教学信息化水平。

（二）教学方式改革推进动力

学生与教师的互动，依托于教学过程而开展，传统的以教师为讲授中心，学生被动接受的方式，在课程思政教学过程中会具有较大局限性。将思政元素融入教学过程，同时以思政教学方法改造课程讲授过程，则能将课程思政教育全面融入课程改革中来。增加课堂的互动性是教学方式改革的有效渠道。如：开展课程思政的比赛、说课、讲课、科研立项等，实施专业课理论知识实体化、多元化。完善课程考核方式，加强对学生课堂内外、线上线下学习的过程考核与监测，丰富论文、课程小结、报告答辩、非标准化考试等考核方式，健全知识考核与能力考核并重的多元化考核评价体系，以考促教、以考促学。依托网络教学平台，设计数据驱动评价，实现精准教学设计，推动课程持续改进。

在课程思政教育改革中，高校要全面深入各学科专业，进行改革实验研究，积极投入人力物力推动教育改革实验，以高远的思想站位促进改革主动发展，以坚强的组织领导保障改革顺利进行，以充足的经费投入推动改革深入开展，以务实的实验研究验证改革推进方案。改革实验形成的成果要及时总结汇报，积极开展学习培训与交流活动，促进改革经验的推广。

（三）学习方式改革推进动力

区别于传统教学模式，新课程标准具有创新性的教学理念，即将学生作为课堂的主体，使学生能够从思想上、行为上积极自主开展学习活动。然而学生成为课堂教学的主体也需要教师的有效引导。首先，要引导学生体验学习。传统的课堂教材学习，往往较为枯燥，教师要积极引导学生，设置教材学习情景，使学生能够在设定的环境中体验教材学习内容，以此激发学生自主思考的热情，使学生能够自主探索解决问题，从思想上使学生成为学习的主体，进而使思政元素在课堂教学中的融入显得平滑自然，使学生能够在特定情境中自发升华思想，促进思政元素入脑入心。另外，教师还要引领学生对话学习，即让学生与教材、与作者、与专业实践场景、与课程思政元素进行对话，将话题情景设置在课堂上，组织开展学习交流，使学生在交流过程中思想得到碰撞，从而促进思政元素的融入。

（四）激励措施改革动力推进

加强学科平台支撑，思政教育科研化。加强学科专业融合，在现有的科研实验室、科研示范基地、科技创新平台等校内外科技基础设施和与研发平台基础之上，扩大深入向本科生开放使用程度，支持学生通过科研兴趣小组、预约设计性实验等形式开展学习和研究。鼓励本科生参与科研项目，培养学生爱国情怀，强化学生科研训练和创新能力培养，加深思政教育理论学习，以科研成果丰富教学内容，增强学生科研兴趣，加强思政教育爱国情怀。

改善实践教学条件。对各专业实验资源进行整合优化，推动教学实验室开放共享使用，对依托专业建设的实验室加大投入力度。整合校内外基地资源，完善产学合作协同育人机制，推进产教融合、校企合作，促进有思政元素融入的教学基地建设。

提高信息化水平。积极推动大数据、互联网、人工智能、VR 等信息技术在专业教学中的应用，使课程思政教育教学融入校园，围绕在线教学、翻转课堂等教学模式，强化教学设计、课堂组织与现代教育技术深度融合，开展思政教育与专业知识学习、培训与研讨，提高教师信息化教学水平和思政教育教学条件。加强教学资源信息化建设，对数字教学资源进行优化整合、提高收集利用效率。积极对接网络教学平台、移动教学平台，建设线上线下混合式等课程，开发虚拟仿真实验项目，推动一流本科课程和思政课程建设与应用。

加强学业深修帮扶政策。结合专业特点，主动服务国家对外开放战略，积极探索国际合作培养人才的新模式及课程思政教育改革成功举措。加大与国内外高水平大学的交流合作，学习优秀思政教育理念、引进消化吸收先进课程、教材等教学资源，举办名师讲座、学术论坛等活动，选派教师参加国际交流与访学项目，建立专业教师出国访学机制；争取定向录取的本硕连读或双学位等联合培养项目，拓展培训、访学、参赛等短期国际交流项目，鼓励优秀本科生出国学习、研修，扩大国际交流规模。

引导激励教师提高自身水平。将教育培训与交流作为长效机制，深入推动各项举措完善，使教师在自身岗位上快速提升，适应课程思政教育教学新形式要求。选派教师到国外培训，拓宽教师视野和思政教育站位性，通过综合考试、说课、考核，确定选派教师国外学习。选派教师参加国内机构培训，夯实专业基础。

此外，还要通过对教研成果奖励制度的完善，促进课程思政教育教学改革，引导教师挖掘自身潜力，培育教师在课程思政领域的教学研究能力。高校可根据自身情况，对于教师在课程思政相关领域提出新观点、设计新方案、发表文章、撰写学术专著、自制教具、建设案例库等教学资源，给予政策及物质奖励。同时对教师参与相关技能竞赛奖励制度进行完善，促进教师课程思政教学技能提高。以教育教学技能竞赛与思政教育结合为载体，建设奖励制度，在教师职称晋升、奖金等方面给予鼓励，形成长效机制，从制度层面保障教师技能通过竞赛方式得到提升。

（五）教学改革项目推进

高校可通过教学改革项目、精品课程、课程思政育人案例等立项的方式，通过在经费投入、职称评定激励等方面政策，加强对课程思政改革在人力、物力等方面的支持，从而激励引导教师投入更多精力提高课程思政建设实施水平。项目申报由校级教务部门组织管理，二级学院等基层教学单位具体实施推荐，具体可按如下思路开展。

设置课程思政教改课题。高校及二级学院可根据自身办学特色及具体情况，设置课程思政教育教学改革课题专项。项目目标，可聚焦于"课程思政"课堂教学改革，建设体验、实践与实验平台，对人才培养方案及课程设置进行优化，根据课程思政需要，针对教学材料、教学过程开展灵活多样又符合实际的改革设计，对各专业课程能够体现思政元素进行深入挖掘与优化统筹，使课堂教学的各过程环节，都能体现思政元素，对学生起到价值引领作用，促进专业知识讲授与思想价值引领的融合与统一。

打造课程思政精品课程。课程思政精品课程建设，要充分发挥教师课程育人的作用，对不同课程中所能体现包含的思政元素进行深度挖掘，促进实现其承载的思想政治教育功能，使思政价值引领与专业知识传授能够在同一轨道中有效前行，将显性教育和隐性教育融为一体，推动在全校所有学科专业中构建课程思政体系，使其能够覆盖全学科、构成多类型、递进深层次、支撑多角度，促使课程思政的理念在全校各专业学科中形成广泛共识。主要类别可分为公共基础课程、专业教育课程、实践类课程三类，并可与线上线下混合、社会实践精品课程兼报或单独申报。从而鼓励教师开展各类课程探索，促进内容覆盖全面，形式多种多样的精品课程立项与建设活动。

编写课程思政育人案例。各高校可根据自身特点，鼓励打造具有学校专业特色的"课程思政案例库"。按照统一的结构标准，采用各专业分类编写的方式进行。在申报立项过程中，可采用先评后助的方式，对入选案例库的案例负责人给予政策及经费支持，从而激励案例库建设持续推进。同时发挥二级学院党委把关作用，促进基层教学组织党支部发挥凝聚作用。积极推进"课程育人"在实践层面的落实，讲授过程中用好案例，用活案例，把"课程育人"真正落到实处。

第二节 监督管理机制

在课程思政的实施过程中，思政课程是否能够有效开展将决定开设课程的意义和效果。科学完善的制度章程和质量管理体系为思政课程高效运行奠定基础，监督管理是推行思政课程的有效方式。因此，高校要强化监督管理，健全规章制度，建立科学监督教学运行的体系，有效促进教师主体能力的提升，通过追踪思政课程开展的全过程，来提升思政课程的影响力和受教育程度。

一、科学监督教学运行过程

随着高校教育改革的持续深化，想要更好地服务当前环境下的教育教学工作要求，高校必须采取科学的方式监督教学运行过程。在行业内激烈竞争的环境下，地方农林高校如想在获得优势的同时，缓解当前课程思政教育教学探索中出现的各类问题，就必须改进并健全教学监督机制，将教学监督体系在校内建设得更加严格和精确，为课程思政教学效率和质量的提升奠定坚实基础。应建立以培养学生能力为重点，以评价学习效果为目标，可进行不断更新改进的思政课程教学质量监控体系，通过对教学过程中的教学管理环节、教师授课质量、教学条件保障等方面进行全面系统的监控和反馈，以此来促进学校发展院校特色、增进文化内涵、驱动创新成长，不断为思政课程的全面建设提供保障支撑[1]。课程思政教育教学过程的监督可以通过将教学运行与评价监督结合起来的教学质量监控体系来推进。具体如下。

---

[1] 参见朱林、李朱锋：《民办高校教学质量监控体系的构建研究》，《大众标准化》2021年第 2 期。

（一）教学运行系统中的内部监控模式

目前，我国各大高校多采用内部监控模式，对教学运行系统内部进行质量监控，较多高校利用该方法监控学校整体教学质量，在课程思政教学运行过程中，可采用此方法进行过程监督。

在课程思政教学运行系统中进行内部监控，可由教务部门各机构组成教学运行系统，如校教务处、二级院系教务科等。课程思政教育教学活动开展过程中，由校级教务部门对各教学主体开展的课程思政活动教学质量进行全程监控。在此类教学体系中，教学运行系统不仅是教学运行的管理部门，同时可能负有教学质量标准制定责任，并且对制定标准之下的教学质量进行监督，因而将此类监控方式称为内部监控。

采用内部监控对课程思政进行过程监督的运行模式可有以下两种：一种是课程思政的教学质量，由高校教务部门进行整体责任，该部门同一工作人员同时兼有制定教学计划、管理教学活动、监控教学质量的责任。

另一种是在高校校级教务部门内，专门设置对课程思政教学质量进行监控的内设机构，如教务处课程思政科，选派专职工作人员来进行课程思政教学质量监督工作。这种形式相对于第一种形式，能够使课程思政教学质量监控具有较为明确的分工。但因为课程思政科等内设机构，仍属于教务处，与负责教学运行的内设机构依然处于同一部门，在工作职能上具有一定重叠和交叉，因此从本质上依然属于内部监控模式的一种。在课程思政教学质量内部监控模式中，高校各级教务部门同时肩负着教学工作组织开展与教学质量监督监控的职能，具有极为重要的作用。

（二）评估监督系统外部监控模式

在教学活动实际运行中，内部监控模式具有较多缺陷与不足，因此一些新的监控方式开始出现在教学改革中。目前，教学质量监控方式中，采用评估监督系统外部监控模式逐渐走入众多高校探索视野。因此，可将外部监控模式应用于思政教学质量监控工作中。

将外部监控的模式应用于课程思政教学过程监督评估，是指高校设置独立于教务部门之外的教学评估与督导部门，选聘专职工作人员建设评估监督系统，监控课程思政教学质量全过程。采用该模式的教学质量监控，能够使监控主体不统属于自身教学运行系统之内，因此可以将其称为外部监控。

随着教育教学改革的推进，已经出现较多高校设置独立于教务部门之外的评估监督机构，以更为独立、客观的评价机制对教学质量进行监控。如北京大学独立于教务处之外，成立"教育教学评估办公室"，中国人民大学设置"教学督导室"和"教学评估办公室"，中国青年政治学院则单独设置"教学评估处"，成立"专家督导组"。此类外部监控机构的名称各不相同，但全部为高校设置的具有独立建制的教学质量监控机构，在运行过程中，该类机构已经取得了明显的监督效果。因此，高校设置独立于教务部门监督机构，采用外部监控的模式已逐渐成为我国高校教学运行及教学质量监督中不可或缺的手段。

对于课程思政教学过程监督，采用外部监控模式，能够在一定程度上缓解内部监控中的主观因素影响，更加真实客观地呈现相应评价结果。同时，采用成立独立监控机构的方式，还可以对更多更广泛的教学及管理主体进行监控，减轻教学运行部门的质量监控压力，从而更加全面客观地对课程思政教学活动进行监控，促进教学信息反馈机制形成闭环，提高教学活动效率。

然而，独立于教务部门之外的评估监督机构刚刚发展，尚处于探索阶段，仍然有较多尚待改进之处。在课程思政教育教学过程中采用外部监控模式，尚存在角度问题需要探索，如组织机构如何定位，工作机制如何完善，如何与教务部门进行协调，如何建设科学反馈机制，如何有效评估和督导工作等。因此，对课程思政的外部监控模式，尚待深入研究探索。

（三）协同并行课程思政质量监控体系总体设计

在课程思政过程监控中，可以建设两个彼此独立，但能协同运行的子系统，即教学运行系统和评估监督系统。在两个子系统中，教学运行系统负责教学活动开展，其中包括进行部署决策的决策系统、组织执行决策的执行系统，以及具体开展工作的实施系统。评估监督系统包括具有组织引导地位的领导指挥系统、负责汇集数据信息的信息收集系统、评估管理教师活动的教师发展控制系统，以及评价反馈系统。在监控过程中，处于中间重要环节的信息收集系统，又包含了三个不同的子系统，包括自评系统、教学督查系统和学生需求分析系统。在课程思政教学质量监控过程中，可以使内部监控和外部监控分别独立运行，并使其能够协同合作，在提高教学质量过程中协调统一。协同并行的课程思政教学质量监控体系，可以按照如图 1 所示结构进行总体设计：

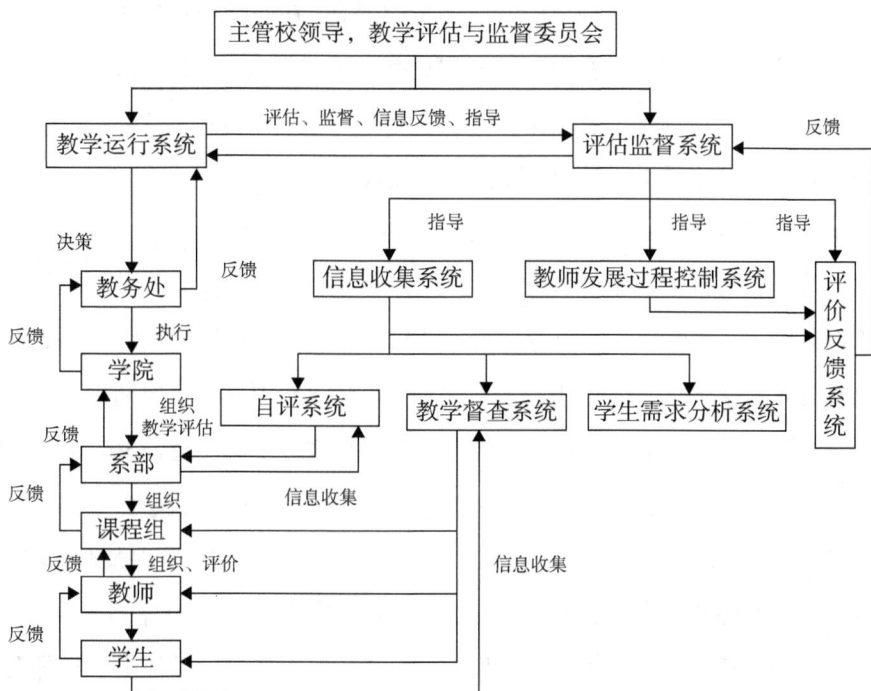

图 1 协同并行的课程思政教学质量监控体系

1. 内部监控的运行模式

在前文所述的教学质量监控体系中，内部监控系统是课程思政教学运行系统中对教师的教学质量监控的重要手段之一。此模式中，内部监控的运行可以由教务处进行决策与整改，二级院（系）等教学组织相关部门进行监督和反馈，师生在教学过程中进行信息反馈。该模式具体运行为：

（1）高校教务处进行决策和整改：对课程思政教学质量在根源上进行监控

教务处对课程思政教学质量，不仅具有宏观性控制责任，同时还要进行基础性监控。可按如下方式开展具体工作：对课程思政教学工作，开展制定符合本校特点的质量标准与行为规范；制定教师工作规范，对教师课程思政教育教学工作进行监督；因地制宜地制定教师专项发展、课程思政案例库建设，课程思政融合建设、课程思政教育教学基地建设等规划；制定相关制度文件保障课程思政教学质量的提高；在高校制定教学工作评估方案、建设指标体系过程中，切实担负起组织引领责任；收集教学质量评价、学生反馈评价等信息数据，并提交相关评估监控部门；应对监控中出现的难题，制定教学质量的整改措施和建设方案。

（2）院（系）的监督和反馈：准确有效地监督和反馈信息

建设长效机制，完善学校领导、职能处室领导和各基层教学单位领导听课制度，采用常规检查与专项检查并行的机制。对各级领导每学期听课设置具体的量化指标，可根据实际情况设置4—8学时不等。定期进行专项检查与深入了解，对各类教学文件、教学材料进行全面检查，及时深入课堂，对教师课堂教学的具体情况进行了解。确保各项工作有检查、有督导，对监控过程中发现的问题，及时向相关部门或责任人反馈，督促及时解决。

（3）教师和学生的建议：教学过程控制的及时反馈

课程思政教学的主体是由教师与学生组成的。在教学过程中，教师发现问题，可以随时向所在学院等基层教学组织反馈，经学院研究讨论后，可以向教务部门提出建议。实现课程思政对学生的价值引领，是教学质量监控体系的建立和开展监控工作的出发点。学生评教工作是学生对教师教学工作的直接反馈。高校应根据各类型课程与思政元素融合具体情况，建立相关评价指标体系，在教务系统评教体系中加入课程思政融合情况等评价指标。根据学校相关规定，学生在每学期固定时间，通过登录学校教务系统对教师进行网上评教，评教结果由教务处负责整理统计，并分析结果，形成反馈闭环。[①]

（4）"质量工程"专项监控和学生信息员制度

2003 年 3 月，教育部启动了"质量工程"，即高等学校本科教学质量与教学改革工程。通过"质量工程"引导课程思政教学专项监控可包括如下四个方面：对融入课程思政的人才培养模式改革进行监控、对课程思政教学内容改革进行监控、对课程思政教学体系改革进行监控，以及对提高在校大学生的整体思政水平进行监控。

采用聘任学生信息员的方式，对课程思政教学全过程进行反馈监督。教务部门负责对学生信息员进行选拔与培训，对其进行统一管理。每年定期开展一次选拔工作，可通过学生本人自荐或二级学院推荐两种方式开展，根据高校具体情况可按年级每个专业设 1—3 名。聘任的学生信息员必须学习成绩优秀，办事公平公正，具有较强的责任心，具备较强的政治素养，对课程思政具有一定的领悟能力，语言和文字表达能力较为突出，能够对教学过程中的信息进行清晰表达与反馈。教务处对学生信息员进行统一的培训，管理工作采用教务处主导，各院系分析管理的方式，在各学院设置学生信息站点，选拔站点负责人，将院系日常信息管理工作，交由站点负责人开展。教务处安排组织信息员广泛学习，确保他们能将学校及上级单位的最新方针政策向其所负责的学生传达。信息员的主要职责，是将课程思政教学情况向院系教学组织管理部门或教务处进行反馈，获得充

---

① 参见诺敏：《呼伦贝尔学院教学质量监控体系实施方案及结果研究》，《大众标准化》2021 年第 2 期。

足监控信息来改进完善课程思政教学质量。

2.外部监控的运行模式

外部监控是评估监督部门对课程思政教学质量的监控，外部监控系统，由工作性质不同的三个子系统组成，具体职责及设置如下：

（1）领导指挥系统

课程思政教学质量监控中，领导指挥系统居于引领指导地位，该系统发出教学监控运行管理各项决策，保障整个教学质量监控体系高效、稳定运行。可由分管教学的副校长或课程思政负责领导直接领导教学评估与监督委员会，使该机构成为领导指挥系统在实际运行过程中的有效载体，下设课程思政评估与督导办公室，在各学院均设置督导办公室的下属教学指导小组。该机构设置如图2所示：

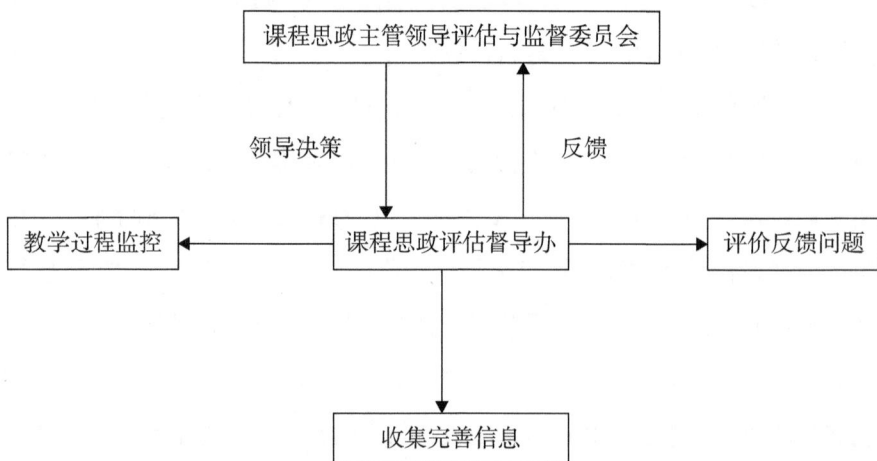

图2　课程思政外部监控中的领导指挥系统

课程思政外部监控领导指挥系统的运行主体，是课程思政主管领导负责的课程思政教学评估与监督委员会、课程思政评估与督导办公室。

根据各高校自身情况不同，评估与监督委员会可以设主席一名，由教学副校长或其他课程思政主管领导担任，委员一般设置为不超过10人的奇数名额，可主要由具有丰富教学经验的老教师担任，其中至少包含1名专业思政教师。评估与监督委员会主要工作职责如下：在全校范围内，对与课程思政相关的各类教学评价活动，起领导与组织作用；对评估与督导办公室、教务处以及其他教学管理部门起工作协调作用；对教学质量监控中出现的与课程思政相关难题进行重点解决，对相关单位或责任人给出整改意见，并敦促落实；根据相关督导评估情况起草自评报告。

教学评估与督导办公室，由教学评估与监督委员会对其进行业务上的指导，是高校设立的中层职能处室。根据校情不同，可设主任 1 名、专职工作人员若干名，选聘人员可为具有较为丰富的教学管理经验的老教师，且至少包括 1 名思政专业教师。该办公室主要开展如下各项工作：对全校课程思政教学质量监控体系进行管理与组织工作；对各学院的课程思政教学指导小组、教务科等负责相关工作的组织机构进行业务上的指导；对课程思政教学质量监控信息进行收集、存储与分析，开展研讨交流等方式促进教学质量管理水平提升；对课程思政评估信息结果进行处理，按照学校相关规定进行公布；制订年度课程思政教学质量监控工作计划，总结相关工作，撰写各类报告。

（2）信息收集系统

课程思政外部监控的信息收集系统，可如图 3 所示构成：

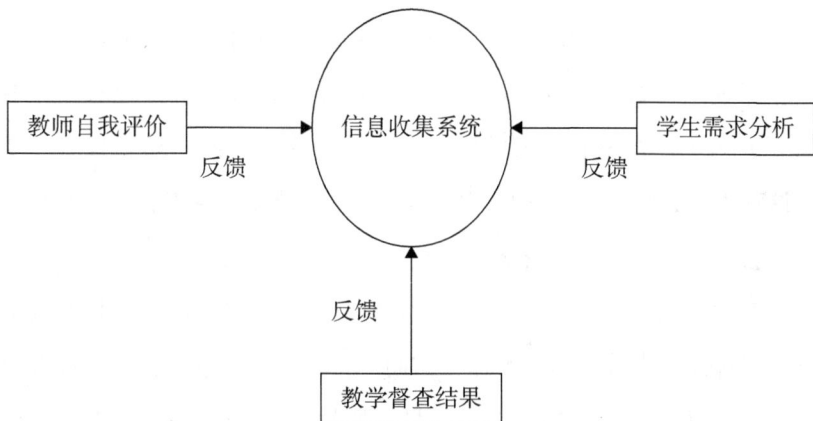

图 3　外部监控中的信息收集系统

作为外部监控中的重要组成部分，课程思政信息收集系统所设置的收集范围和收集方式尤为重要，在课程思政教学质量监控过程中，起到了至关重要的作用。信息是作出评价的依据，收集信息的目的是为了服务于监控课程思政教学质量，故而能够对课程思政教学质量产生影响的环节和要素，都应当作为收集信息的来源。

（3）评价反馈系统

课程思政教学质量监控工作，需要依靠评价和信息反馈来对成效进行体现。高校二级学院成立评估与督导办公室、课程思政教学指导小组等，在评价与反馈系统中，均处于主体地位。在课程思政教学质量监控过程中发现的问题、督导过程获得的信息，都是评价和反馈内容的重要组成部分。而教学运行部门、基层教学组织与师生，均为评价反馈系统的客体。

二、教师主体能力监督

新时期国际国内形式发生了巨大变化，面对新机遇与新挑战，高校必须加强对"课程思政"教师主体能力的监督，针对教师个人发展过程，以及课程思政教学能力提升等问题，监控教师主体能力、促进其课程思政教育教学水平，可以从师资培训、教学体系和教学水平三个方面进行。

在课程思政教学过程中，作为知识传授者和价值引领者的教师承担着重要的角色，教学与育人的质量与教师的质量关系密切。当前，专业的"课程思政"师资队伍紧缺问题，已成为全国各大高校所面临的共同问题，社会具有课程思政师资队伍建设的需要，教师具有课程思政教学育人能力提升的责任，监管好方向是建设师资队伍的关键。新时代教育教学形势下，把握课程思政主体能力提升方向，重要在于固本创新。监督教师固本，就是要对教师政治方向之本、师德师风之本进行监督，督促教师自觉做到讲政治、有情怀、树人格、开视野、创思维、强自律。国务院出台

《中共中央国务院关于全面深化新时代教师队伍建设改革的意见》，体现出了中央对所有老师寄予的希望，通过加强对课程思政教学实践环节的把控和不断创新教学方法，促进教师主体能力提升。[①] 基于教师发展的高校教学质量监控体系应体现出教师该发挥的主要作用，使学生充分发挥主观能动性，课程标准更应以学生为起点，在以学生为本的前提下，实现高校教师能力全面提升和学生学习质量稳步提高。学生在对社会生活进行亲身实践中，能够促进自身科学思维提升，培养学生对社会生活的观察能力，提高解决问题的能力。

（一）强化师资培训，对思政教学团队整体性进行监督

高校思想政治理论课教师能力的综合提升，不仅表现为各方面能力的不断养成，还表现为各方面能力的发展、进步。通过在思政课教师之间搭建适当的学习支架，可为他们之间相互沟通，交流教学经验、教学方法提供渠道，引导他们逐步改进各方面能力，将诸如专业能力、人文能力等提升到一个新的更高的水平。

首先，要督促教师培养自主学习意识，使高校教师对课程思政内容知识进行内化融合。当今社会，信息技术发展日新月异，知识传播的速度也迅猛发展，课程思政教师如果不能利用新技术手段，追随新形势潮流，其讲授的内容与价值引领，也将会落入枯燥乏味的境地，且缺乏时代性，感染力也必然受到影响，从而无法有效引领学生形成正确的思想价值观。"自己学"一定要在"如何学"上动脑筋，要通过定期的自学交流和自学汇报对教师的学习能力进行摸底。思政教师应该恪守初心、勤于思考，将自身真才实学运用到科技扶贫中去，用真情实意感染学生、教育学生、引导学生。河北农业大学林学院教授、"改革先锋"李保国艰苦奋斗、甘于奉献、求真务实、爱国为民，将科技兴农、扶贫攻坚和教书育人作为毕生理想，

---

① 参见《中共中央国务院关于全面深化新时代教师队伍建设改革的意见》，《人民日报》2018 年 2 月 1 日。

用实际行动诠释了河北农业大学秉承的"太行山精神",被誉为"太行山新愚公"。他的成绩无须赘言,就像一座丰碑,不断激励着农大学子和青年教师扎根山区农村,运用所学知识带领贫困群众脱贫致富,用实际行动证明什么叫"把论文写在大地上"。正是有了像李保国老师一样坚守、朴素、伟大的科技工作者,用行动实现同学生、同农民、同事业心与心的沟通和交流,才让这堂生动的思政课一直成为对年轻教师和青年学生思想润物细无声的滋养。

其次,要丰富学习途径,提升"课程思政"方法创新意识。教师必须在广泛自主学习之后,才能将有关"课程思政"的内容充分地传授给学生。通过丰富学习途径,教师从学习他人教学过程的基础上,逐渐形成自己独有的授课形式。"请人来教"就是为了让教师学习那些"懂教学""懂学生""学生懂""爱学生""学生爱"的老师传授的经验,并将其推广运用到自己的课堂或实践指导中去。与此同时,学生也在监督老师的授课过程,不同的表现评判着教师的教学成果。运用"请人来教"的方式,实现了教学方法创新和"课程思政"工作有效运行,同时也让教师得到了相互交流学习的机会和拓展视野的平台。河北农业大学长期以来始终坚持组织邀请全国知名专家到校做专题学术报告,涉及专业包含农业经济学、农学、林学、生物学等各个学科;校团委、学生处创办"出彩人生大讲堂"和"开学第一课"等育人平台,邀请各行各业成功人士和优秀校友做报告,"请大咖做汇报""用小事讲大道理"的授课形式逐渐赢得了学生的由衷喜爱,也受到了社会的热烈欢迎。

再次,要搞好专业培训,着重提升教师"课程思政"素养。"强培训"的目的是为了教师知识的拓展,教学方法的精进,热点动态的掌握,思想水平的提升。培训重点要放在使之成为优秀的"课程思政"教师。从高校自身而言,教师的发展要顺应本校"课程思政"教育能力的实际,紧紧围绕"讲政治、守底线、创思维、拓视野、正人格"的要求,探索构建适合学校特色和学校教师的"课程思政"能力提升实施方案和相应的培训计划。

通过培训考核的方式，监督教师课程思政实施中的学习环节，解决教师工作过程中的现实问题，更要成为教师坚定理想信念、培育高尚人格、提升教学理念、转变授课方法的重要手段；成为提升教师"课程思政"完成效果和对时事热点、优秀文化、教学方法解读能力的重要渠道；从而做到理论与实践相结合，成为立德树人和培养有志新青年的辛勤园丁。[①]

（二）完善教学体系，对思政教学团队标准化进行监督

人才培养标准和发展方向是高校教学质量监控体系的基础，教师的专业培养是最终目的，建立教学制度是保障机制，要以衡量和评价作为依据。监督完善教师资格认证体系、专任教师职称晋升机制和教师"师风师德"考核评价体系，选拔资格正、专业强、品德高的"课程思政"教师团队；"育人"作为量化指标应是有关方所出台教师评价体系的重点考核内容；培养并激励教师团队将"育人"作为工作的驱动力，不断发挥"三全育人"在工作中的主导作用。教师是教学课堂和"育人"的第一负责人，高校应该注重"课程思政"教师队伍的建设，设立完善的协同育人机制，监督教师行为，使其自觉形成德才兼备的育人团队。

当前，高等院校应将协同育人机制一体化作为建设目标。在教学实践上，"思政课程"与"课程思政"协同育人不应仍以教务部门作为主体策划实施，也不应局限于教学管理的范畴，而是要让高校教育顶层参与到建设中来。高校党委应作为协同育人的主要责任方，为机制一体化建设出谋划策、参与实施，通过多种监督形式为高校思想政治教育提供强大的组织保障。

同时，高等院校应完善评价与监督机制在协同育人过程中的作用。在教学过程中，"思政课程"与"课程思政"协同育人模式中的评价与监督机制建设仍不完善。评价与监督机制作为协同育人机制一体化的重要指标，既要保持各自的实施效果也要具备相应的协作职能。例如，在"课程

---

① 参见杨建超：《协同育人理念下高校"课程思政"改革的理性审视》，《南通大学学报（社会科学版）》2019 年第 6 期。

思政"实施过程中，要为课程思政效果和课程专业技能同时设置评价标准；在关于二者协同育人的效果评价上，要与各相关部门协同做出综合性的评价判断，从而实现评价与监督机制共同为协同育人建设服务。①

（三）提升教学水平，对思政教学团队专业性进行监督

跟踪调查分析表明，思政课程教师的教学水平是被大学生逐渐认同的，教师对课程要素的把握也是被逐渐认同的。然而，努力将大学生特点与课堂教学氛围的融合仍是授课教师的改进方向，高校思政课教师是大学生最亲密的朋友，他们随时都在为学生的思想引领作出实际贡献，要完成"教书育人"的伟大使命，就必须与时代同行，始终在提升自身专业素质与能力上下功夫。

因此，思政课教师应以强化专业素养为目标，在学习中不断进步，在教学中不断完善。首先要提升思政教师的政治素养和专业能力。教师要继续加强政治自信和工作积极性，始终以马克思主义武装头脑，以此来教育引领学生；教师还要继续加强专业能力的提升，有能力的要尽可能攻读学位，多参加国内外学术交流。同时，高校应为"课程思政"教师团队解决实际工作生活中的困难，设置激励政策更好地调动教师工作的积极性，让其钻研学术、热爱工作，不断提高教师队伍的竞争力和向心力。

在进入新时代之后，高校育人工作面临着新的要求与挑战，科学技术的不断进步和网络新媒体的普遍升级让各种类型的信息融入日常工作学习中。因此，高校"课程思政"教师在网络等新媒体上搜集运用新事物时要有足够辨别是非、提炼精华的能力。随着新时代的到来，高校应该从实际出发，因材施教，做出育人工作的相应转变，为新时代人才的培育建立新模式。构建"思政课程"与"课程思政"协同育人模式符合时代的需要，

---

① 参见刘颖：《高职院校"思政课程"与"课程思政"协同育人模式构建的逻辑理路分析》，《黑龙江教育（理论与实践）》2021 年第 1 期。

有利于高校思想政治教育工作质量的提升。

三、过程追踪

保障和监督"课程思政"的有效实施是智能追踪的主要目的，智能追踪是指对"课程思政"教学效果的后期追访和信息反馈。究其原因，首先，思想政治教育培养学生的时间跨度长、涉及方面广，需要始终坚持不能松懈；其次，当前的课程思政评价体系中缺乏智能追踪的评价手段，需要这种高效、具体、真实的方式来反映教学效果的实际情况。课程思政育人的过程是当前研究和实践的重点，但缺乏对思想政治教育效果的评价，因此，完善追踪机制，将追踪内容放在教育教学的各个环节，对思想政治教育的精准实施有重要意义。[①] 对课程思政全过程追踪，可参照如下标准进行：

（一）课前准备

教师上课前，须先了解所教班级的教学计划，明确所任课程的性质，是必修课还是选修课或讲座课、是考试课还是考查课，明确该课程的地位和作用，以便确立备课、授课的水准。选好适用的或学校按有关要求配备的教材、融合了思政元素的教学大纲和教学参考资料，并认真加以钻研和学习，明确教学目的和要求。未受过思政专业学习的教师，须系统学习与所授专业相关的基本理论，掌握与教学有关的基本知识和基本技能。

（二）备课阶段

学校或教务处按有关要求审核的课程思政教学大纲是教师备课所应参

---

① 参见崔金洋、许和隆：《精准思政的关键词"捕捉""定制""追踪"》，《戏剧之家》2020 年第 27 期。

考的基本手册。教师在备课的过程中,不能按规定以外的教材或大纲进行备课梳理,更不应未经同意换用其他书本教材。认真备课是教师工作的关键,在课前写出教案或讲稿。经验略少的教师应做好完备的教学记录,反复研究思考,举一反三实现教学效果的突破。初次授课的教师,须在课程开始前一个月,将已备好的教案交课程教研室主任或指导教师审阅,经有关领导和教师评定,且符合授课条件,则可以授课。

备课过程中的注意事项:各章节内容必须清晰、全面的在课程教授过程中展现出来,符合思政育人的总体要求;熟悉教材的各方面内容,根据学生的理解能力和接受程度因材施教,运用适当的方法将困难问题化繁为简,通俗易懂;大量搜集相关材料,了解本学科在教学内容和教学方法等方面的最新情况和发展趋势,结合历史、社会、学校典型案例,使自己的教学内容和教学方法有深度有内容,能够跟上时代发展的潮流;准备和检查与教学有关的一切教学设备,以最理想的状态完成既定的授课目标;合理设计课上书写内容,有计划地使用计算机和投影仪等教学辅助用具;安排作业题、复习思考题和单元练习题,布置必要的学习参考书或课外阅读书籍;针对学生实际备课是全过程的关键,努力贯彻因材施教的原则。因而教师在备课过程中应该从各个方面考虑了解学生的情况,例如思想、态度、喜好等,能够做到在授课过程中时刻把握教学思路,掌握学生接受情况。

(三) 授课过程

授课过程首先要注意意识形态方面的规定。同时,教师应注意授课时观点的表述方式,可以发表不同于教材内容的学术观点与评价,但要在规定范围和基本原则内发表感悟与心得,更不能散布有害学生身心健康的思想和言论;教学内容要简练精湛,主要讲授重点和难点,融合关键性思政育人内容。讲究授课艺术,鼓励启发式教学,努力克服满堂灌的现象。在传授知识的基础上,做到对学生综合能力和素质的培养与提升;教学形式要不断变化，尽可能多的满足学生的思维变化和基础变化。尽可能多方面、多维度地激发学生学习兴趣，使其主动思考；通过课堂讨论作为启发学生思维的主要途径。在阐明自己观点的过程中，学生会经历头脑风暴，加之教师的引导，会在课堂上出现不同的思想碰撞。教师在思考学习之后，也会有新的体会与启示，在教学上也会与学生碰撞出新的火花；合理运用复习的方法，帮助学生巩固所学知识，并精选讲课例题、思考题、课堂练习和课外习题，明确学生应理解、记忆、思考和练习的内容和要求，强化对学生的思维训练，做到对所学知识加以思考，帮助和指导学生学会学习，提高学生的学习能力；教师上课要与时俱进，掌握多种软件或多媒体仪器的使用，用规范汉字和普通话进行教学，板书展现思路，作图体现功底。

（四）追踪过程

1. 教师追踪

"双教师听课"模式可作为课程思政教学运行中的新形式，思政课教师与专业课教师互相听课，共同交流，碰撞思政专业各元素融合火花，如图 4 所示：

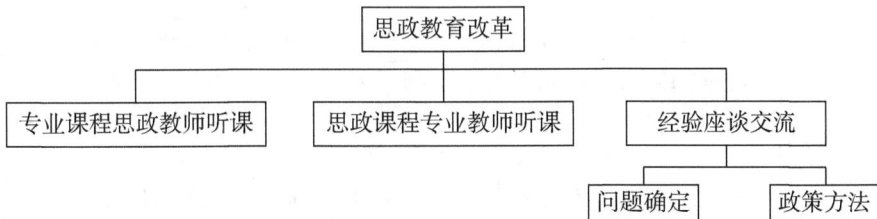

图 4　双教师听课运行图

在学习交流过程中，反馈授课效果的信息很重要。授课教师应随时了解学生的学习状况和学习效果，听课教师要随时对所收集到的有关信息进行反馈，从实际出发，及时调整授课方式和教学重点，尽可能做到教学与所学相适应。努力做到既要按教学计划完成教学进度，又要确保课程思政教学质量。听课过后，由听课教师填写课程评估表并及时反馈，如表 3 所示：

表 3 双教师听课课程评估表

课程名称		任课教师	
开课学院		所在专业	
班级规模	□80 人以下（含 80 人）□80—150 人 □150 人以上		
到课率	□90% 以上（含 90%）□80%—90%（含 80%）□70%—80%（含 70%）□60%—70%（含 60%）□60% 以下		
授课对象	□文科　　　　□理科　　　　□文理科混合		
评估指标	评估内容		得分
教学态度（10 分）	仪表整洁、举止得体、精神饱满、教学投入（3 分）		
	遵守教学纪律，严格课堂管理（2 分）		
	准备充分，潜心设计教学（有教案、课件等），教学水平高（5 分）		
教学内容（35 分）	与教材所表达思想一致，教学内容明确、具体且完整（10 分）		
	教学过程完整，基本理论阐释清楚，基本事实论述准确，重难点突出，与思政内容融合性较强（15 分）		
	理论与实际联系密切，能够对学生提出的问题、做出的思考取其精华去其糟粕，涉及面广，鲜活生动，其有针对性和亲和力，课程思政教学内容新颖（10 分）		
教学方法（20 分）	教学方法灵活适当，能够真正做到因材施教（8 分）		
	积极与学生进行课堂互动，并作为教学重点部分（6 分）		
	综合运用多媒体与板书相结合的方式授课，听课感受新奇多样（6 分）		
教学效果（30 分）	注重思政育人和价值引领，没有重"娱乐"轻"思想"，重专业轻育人等问题，让学生感觉"营养丰富味道又好"（10 分）		
	教学感染力强，抬头率高，课堂气氛好（10 分）		
	教学计划完成，课堂秩序良好，无迟到、早退，无课堂上睡觉、玩手机、写其他课程作业等与教学无关的现象（10 分）		
最突出的优点			
需改进的方面			
总体评价	优　　　　　　良　　　　　　中　　　　　　差		
意见建议			

2.学生追踪

学生作为教学活动的关键，其对课程思政教学环节的认可程度，直接关系到教学环节的改进，因此可对学生展开针对性调查，明确学生关心的问题，如表4所示，根据学生实际需求及意见，及时进行调整。

表4 对开设XX课程的追踪调查

1.您认为本课程融入思政内容	□很有必要 □可有可无 □没有必要
2.您对这门课程学习	□兴趣很大 □兴趣较大 □兴趣较小 □没有兴趣
3.与纯专业内容的课程相比，您觉得融入思政元素	□之前喜欢，如今更喜欢 □之前不喜欢，如今开始有些喜欢了 □之前不知道喜不喜欢，如今开始喜欢些了 □之前喜欢，如今变得不太喜欢了 □之前不喜欢，如今更不喜欢了 □之前无所谓喜不喜欢，如今已经不喜欢了
4.您对目前本门课程教学方法是否满意	□满意 □较满意 □不满意 □很不满意
5.您认为当前本课程教学方法	□合适新颖，培养了学生综合能力 □合适较新颖，基本上培养了学生综合能力 □不合适，引不起积极思考，不注意能力培养
6.您觉得本门课程思政教学方式最好是（可多选）	□教师讲授为主 □自学为主、讲授为辅 □多讲一些理论 □多分析实例 □多一些社会实践 □多一些课堂讨论
7.在本门课程中，可采用哪些其他形式教学手段（可多选）	□课外学习小组 □实地考察 □教学录像、多媒体 □课外布置作业
8.在课程思政教学中，您希望（可多选）	□认真听老师讲课 □有发言的机会 □在课堂上与教师交流 □在课堂上与同学交流

当前，高校基本都面临的难题是大学生对课程思政教学和学习缺乏兴趣。据调查，学生对与思政有关课程内容的学习兴趣是与学生对其认可程度关系密切，兴趣较高者可以明确学习相关内容对个人发展和未来影响有

显著提升作用，而兴趣较低者则认为学习与"课程思政"相关的内容并不能对自身的成长成才有帮助及作用。因此，首先，要增强大学生的学习兴趣，树立青年学生学习强身的意识，明确认识学习思政内容对个人未来发展和素质提升关系密切；其次，改革"课程思政"过程中与教学相关的内容和形式，使学习内容更加紧密贴近大学生学习生活，使学习内容作为解决实际问题的参考指导；最后，要创新教学方法浓厚课堂学习氛围。此外，考试考核不应作为教学的最终目的，而要务实转变思政课考试形式，将促进学习兴趣作为培养学生的方向。[1]

第三节　评价保障机制

课程思政实施效果如何与其是否建立健全了完善的评价保障机制密不可分，只有制定了有效的评价与考核标准，不断完善教学质量评价体系，才能科学有效实施课程思政，进一步激励课程思政实施的深度和广度。

一、制定有效的评价与考核标准

对一门专业课程的课程思政有效性进行评价，是对原有课程评价指标的整合，而不是对原有课程评价指标的脱离。课程思政必须在传授课程知识、培养学科能力的同时，牢牢把握对授课学生的价值引领。在教学体系上，要以"立德树人"为根本任务；在教学目标上，要引导学生树立正确的社会主义核心价值观；在教学内容上，要充分挖掘蕴含在相关知识中的教育和思政因素；在教学评价上，要保持思政底线。对课程有效性进行评价，可以具体划分为基础性评价、过程中评价和终极性评价三种方式。

---

① 参见刘宗让：《大学生对思政课教学看法的跟踪调查与分析》，《浙江科技学院学报》2012 年第 2 期。

（一）基础性评价

基础评价的主体是学校分管教学的职能部门和各教学单位，在教学活动中，顶层设计的目标是否达到，在何种程度上达到是基础性评价的主要内容，如学校有关领导者和教学单位在该过程中关于制定、实施、监督、考察等环节是否全部落实到位。顶层设计目标是教学目标的首要目标，也是把握大方向的目标。各高校发展定位不同，所要达到的目标也就有所差别。笔者认为评价应从顶层设计、制度建设、基础力量 3 个维度的 9 个指标进行评价。

表 5　课程思政建设评价指标体系

	教学方法：结合课程实际，有效传递教育信息
顶层设计	教学理念：牢牢把握立德树人最终目的，教学理念与行业前沿保持一致
	教学目标：知识与技能，过程与方法，情感态度与价值观的相互统一
	教改措施：对传统教学内容进行思政融合的呈现度和契合度
制度建设	监督措施：对课程思政的实施进行全过程、全方位监督
	激励措施：课程思政效果作为教学单位和教师有奖评优的重要参考
	师资水平：教师自身知识、能力和思想道德素质
基础力量	教材选择：依照课程需要自行选择的教材与培养目标是否一致
	教学硬件：研讨式、互动式教学的多媒体教学场所是否完备

（二）过程中评价

教师是教学过程中的主体，课程思政要想达到应有的效果，教师发挥着重要的推动作用，是新式教学的主要实施者。教师教学备课过程中是否体现道德教育元素，是否将专业课应讲授的职业道德融入知识与技能教学中，是否及时进行教学反思，反思过程中是否对思政教育模块做了专门的考量，是否及时调整了有关方面的下一步教学方案，都是评价的重要因素。教师的教学大纲、教学内容、教学案例、教授方式、课业考核方式等，都是教师在课程思政实施过程的重要评价和考核指标。

笔者通过问卷星对河北农业大学 1000 名师生就高校课程思政教学方法评价标准重要程度进行调查，调查结果如表 6 所示：

表 6　课程思政教学方法评价标准调查结果

教师运用多媒体等直观教具向学生展现专业知识中蕴含的思政元素	82.6%
教师引用学科经典案例，组织学生分析案例中蕴含的道德价值	77.3%
教师挖掘专业知识中蕴含的思政点并口头传授给学生	58.4%
教师针对专业知识中具有价值争议的问题安排学生进行讨论	38.2%
教师创设具体的道德情景，引导学生进行道德思考	37.6%
教师以身作则为学生树立道德榜样	22.6%

以上数据显示，课堂上的传授方法对于课程思政效果实现更为重要，深入挖掘，有机结合，生动传递是授课教师所必备的职业技能。在课程思政讲授内容上，师生认为的重要程度如表 7 所示：

表 7　课程思政教学内容调查结果

教师在讲授专业知识时与基本国情及国家大政方针相结合	90.6%
教师在讲解专业知识时适当加入国际国内时事政事的相关内容	88.9%
教师在讲解学科史时与党史国史内容相结合	77.5%
教师讲解专业知识时提及社会主义核心价值观的内容	71.4%
教师讲解专业知识时提及中华优秀传统文化	65.8%
教师在讲解专业知识时与马克思主义理论有关知识相结合	60.2%
教师结合所教专业讲授职业道德规范的内容	59.6%
教师讲解专业知识时总结所教学科的思维方法	56.9%
教师适时讲解法律法规的相关内容	44.8%

以上数据显示，教师讲授专业知识时，师生认为将基本国情及国家大政方针、国际国内时事政事、党史国史等内容相结合排在前三位，说明师生对于自身所学和专业前景在今后职业发展中对社会的贡献度非常关注。

针对讲解方法和授课内容，设计课程思政随堂评价表，对教师现场授课情况进行定量打分。如表 8 所示为河北农业大学课程思政随堂评价表：

表 8　河北农业大学课程思政随堂评价表

评价项目	序号	分项指标	分值	得分
教学态度	1	备课充分，教学资料（课堂教案、课堂讲稿或 PPT 等）齐备	30	
	2	仪表端庄，讲课精神饱满		
教学内容和表达	3	能处理好知识传授与价值引领的关系，具有德育意识	40	
	4	在课程内容中有机融入"思政元素"，思政元素融入不刻意		
	5	教学案例举例恰当，有德育元素		
	6	语言规范，表述流畅自然		
教学方法	7	具有较强的启发性和创新性，能有效调动学生的学习积极性	20	
	8	板书和多媒体教学手段的设计和运用与教学内容紧密联系，结构合理		
教学特色	9	教学理念先进，风格独特教学效果好	10	
总体评价		以上各项得分总和	100	
综合评语		（必填） 评价人签名：		

从教育的普遍意义来讲，课堂教学的过程应该是教师的"讲"与学生的"学"双方互动的过程，也就是要实现理论性和实践性的统一，以及主导性和主体性的统一，在此过程中实现知识的传授以及困惑的解答。由于师生双方在教育教学过程中角色不同，在文化教育背景、知识储备和社会阅历等方面都存在着明显的差异，因此我们在教学过程中课堂互动经常是单向的，或者教师的输出远远大于学生的接收，甚至在接收上因为学生的不感兴趣和抵触还容易产生信息接收遗漏而产生偏差。因此，在课程思政的教材案例选择上只有贴近学生的实际生活，才能够给学生带来切身的感受。

(三) 终极性评价

终极性评价也可称之为效果评价，是对课程思政在教育教学一段时间后学生的观念、人格、价值观等方面的评价。需要进行学习前后的差异性比较，需要根据学生对同一事物、同一问题的观念变化评判学生的受教育效果。在教学活动中，教师教得如何，学生学得怎样，是我们最终的关注点和落脚点。课程思政的根本目的是在传授专业文化知识的同时要更加关注学生综合素养的培育和发展。因此，学生的成长，尤其是思想、观念、人格等方面的健全应该是评价中的重要部分，鉴于此，我们可将终极性评价从内、外两个部分进行。学生的内在评价也称为自我评价，看学生对同一事物不同时期的看法是否更加科学，对问题的批判是否能够从两个方面着手，对待突发事件是否更加冷静和成熟等。学生的外部评价是与学生经常密切接触的教师、家长、同学等给予的成长性评价，一段时期后学生的改变对身边人的直观感受。笔者认为，评价应从知识掌握、观念形成、人格健全和社会贡献4个维度的12项指标对学生进行评价。

表 9　学生成长评价体系

知识掌握			观念形成			人格健全			社会贡献		
行业知识	行业能力	行业思维	人生意义	价值判断	世界观念	身体健康	心理健康	人格品质	方针政策	社会责任	社会和谐

在这里，特别要指出的是，课程思政的效果评价很难进行量化，更多的是定性评价。而且，课程思政的效果不是一蹴而就的，评价也就很难在短时间内完成。学生的价值观受到家庭和生活环境的影响较大，尤其是从小接受到的教育对学生成长影响很深，绝不可能因为一节课、一门课，或者一个老师就出现特别大的改变。但课程思政如果做得好，往

往会为学生在今后的事物判断中起到伏笔的作用，一个点、一个类比、一个案例让学生触类旁通，思考问题才能更加科学全面。所以，课程思政的效果评价受到了地域、时间、环境和人的影响，我们在评价其效果时，也应该将课程思政放在同样的条件下进行分析，否则，评价结果是没有任何意义的。

二、完善教学质量评价体系

对课程思政教学评体系进行评价，要从三个层面来看：一是是否开展，在教学活动中引入思政元素；二是如何开展，是否将思政元素与课程教学有机结合；三是效果如何，学生是否爱听，听了是否有所启发等，这都是我们在教学活动中对于教师的有效的必要的检测。这里，我们需要再次强调，不能因为课程思政的要求而忽略了专业技术的传授，生拉硬搬地将思政内容用到课堂，也不能纯粹的为讲知识而讲，忽略学生学习的主动性和目的性。二者紧密结合，润物无声才是我们提倡的教学理念。不管我们运用的是崭新的高科技教学方式，还是传统的板书教学；不管是课堂讲授，还是分组讨论。形式只是手段，效果才是硬要求。

《高等学校课程思政建设指导纲要》要求各高校要建立健全多维度的课程思政建设成效考核评价体系，将课程思政建设成效纳入"双一流"建设监测与成效评价、学科评估、本科教学评估、一流专业和一流课程建设、专业认证等评价考核中。[①] 教育质量评价是教育者对教育对象教育效果的评价，归根到底是对受教育者综合能力和素质的评价，而课程思政教学质量评价又是一个综合的评价体系，不同于只关注学生考试成绩和专业知识的教学结果和简单的检测呈现，课程思政的效果往往很难有显性呈现，但这不代表我们无法去评价，或者说我们的评价没有意义。反而，我

---

① 参见孙朝阳：《层次分析与改革实践：课程思政切入点设计的三个维度》，《河北大学学报（哲学社会科学版）》2020 年第 6 期。

们只要做好教育教学过程中的每一个环节，确保每一个链条都是稳定的，每一块砖都是坚固的，那么最后我们的教育成效一定是合格的。当然，课程思政评价体系没有定式，目的是激励、是督促、是监督，最终要培养德智体美劳全面发展的对社会有用的合格人才，笔者查阅了大量文献和各个高校课程思政的评价体系，结合自身开展的调研和实验，提出一些评价的方法和思路供读者参考。

课程思政的评价可以分为正面性积极评价和反面性消极评价。正面性评价是我们通过各种手段做好课程思政，效果不断显现的评价；反面性评价是只重视理论传授，忽略或不重视课程思政而产生的反面效果的评价。将正反两个方面的评价进行对比，才能更加明晰课程思政在教学中的地位。

（一）正面性评价

正面性评价是我们现在普遍采用的评价方式，通过评价认识课程思政的必要性和紧迫性，这样的评价方式具有推广性和教育性，通过一个评价案例就会使大家明白教学过程中如何开展课程思政。

1. 对比性实验

课程思政的评价只有通过两两对比才能看出哪一种教学方式更加行之有效。笔者通过与专业教师沟通，选取所在河北农业大学林学院林学专业的两个班进行对比，对《森林保护》课程分别授课。在讲授第一节两学时课程时，一个班按照教材，运用传统教案，按部就班进行授课，其间无课程思政或偶有课程思政元素。另外一个班将李保国老师和塞罕坝优秀群体的感人事迹融合课本，将"大国三农"的情怀穿插课堂，将学好这门课程与引导学生学农爱农知农为农紧密结合，"把论文写在祖国大地上"。

第一节课程结束后，分别对这两个班各 30 名同学进行问卷和访谈，对比显示如表 10 所示：

表 10　课程思政效果调查结果

问卷调查	课程思政授课班	传统授课班
问卷抽取 5 个知识点（每个知识点 20 分），考取学生听课情况。	100 分：24 人 80 分：4 人 60 分及以下：2 人	100 分：11 人 80 分：5 人 60 分及以下：14 人
你认为这门课程对自己今后职业发展是否有用？	非常有用：73.3% 比较有用：26.7% 用处不大：0%	非常有用：13.3% 比较有用：46.7% 用处不大：40%
你是否对这门课程充满期待？	非常期待：66.7% 比较期待：30% 没有兴趣：3.3%	非常期待：10% 比较期待：36.7% 没有兴趣：53.3%

通过上表数据可知，课程思政元素运用得好，结合得好，教学课堂会更加生动有趣，学生爱听，知识点记得更牢，原本感觉枯燥的课本内容让学生学习起来更加容易。授课教师课后表示，教学内容中加入课程思政元素，自身讲解也更加有激情，更加投入，这是一个教学相长的过程。

2. 创新性植入

专业课教师在系统的专业梳理过程中，有的放矢地植入学生身边的、感兴趣的、与学校特色紧密结合的思政元素，学生们听起来更容易，条理和思路才会更加清晰明了。

讲清了逻辑，阐明了道理。教育者先受到了教育，受教育者在课堂上更加主动。教师在教学案例的设计上能够科学的诠释好课程应该教什么，在课堂讲授的过程中又能够掌握节奏，知道如何教才好，从而最大限度激活专业课德育元素，充分发挥教育的价值引领作用。

比如在李保国的电影播放和案例讲授中，学生们不仅明白了"太行新愚公"的具体价值追求，更懂得了河北广大农村地区的"三农"期盼，了解了河北的地理人文，也明白了专业技术发展过程。在"太行山道路"、"三结合"基地、太行山农业创新驿站的观摩和实践中，青年学者和学生明白了"把论文写在太行山上"的深刻内涵。在塞罕坝的植林过程中，各专业的综合兴趣小组在塞罕坝组成了植保、国土、规划等学科综合实践队，也更明白了"绿山青山就是金山银山"的深刻道理。学生们"抬头率"更高，专业兴趣也更浓厚，"一懂两爱"的农业教育效果更好，起到了"润物无声"的作用。结合现代农业的体验学习，推进习近平新时代中国特色社会主义思想进教材进课堂进头脑。通过引导学生了解世情国情党情民情，增强对党的创新理论的政治认同、思想认同、情感认同，坚定中国特色社会主义道路自信、理论自信、制度自信、文化自信。

3. 关键性指标

对于课程思政的评价，必须要有关键性的测量指标。这些关键性的指标是教师在备课时就需要深入思考确定下来的，知识的传授来源于教材，指标的确定是我们一堂课最终的教学目的，我们不仅要教会学生专业知识，还要由这些知识及其背景传递学生必须要了解和拥有的素养。不同课程的关键性指标是可以相同的，知识虽然不同，而我们传授知识过程中所表达的情感、理念和对社会的认识是一致的。所以，课程思政的关键性指标不必追求全面性，而应实事求是，突出重点。

表 11　河北农业大学部分课堂讲授所设立的具象指标

课程	关键性指标
《测量学》	学生具有自觉维护国家安全和祖国统一的意识
《土壤学》	学生积极主动关心人类共同面临的难题
《农村区域发展概论》	学生关注民生、关注"三农"
《食品工艺学》	学生能够做到真诚待人，信守承诺
《农业政策法规》	学生能够自觉遵守法律法规，坚决不触碰法律底线
《作物学》	学生爱惜钱粮物品和时间
《果树学》	学生主动帮助他人不求回报
《建筑学》	学生具有精益求精的大国工匠精神
《植物遗传育种学》	学生热爱本职工作，勇于投身贫困地区的建设发展

4.思辨性培养

通过不同专业科学的探索、质疑和思辨来践行学校"非实习不能得真谛，非实验不能探精微"的传统，让学生把学习同思考、观察同思考、实践同思考紧密结合起来，保持对新事物的敏锐，学会用正确的立场观点方法分析问题，善于把握历史和时代的发展方向，善于把握社会生活的主流和支流、现象和本质。通过在课程切入点的设计上有意识地引入一些具有思考、讨论空间的话题，达到专业教学与思政引领相结合的目标。

比如动物科技学院《草地保护学》的课程在讲授《化学防治》章节时，在前期教师党支部集体备课时便选取了"科学技术进步对社会发展的两面性"这样具有思辨性的问题供同学们去思考和讨论，然后针对学生讨论的情况，授课教师在上课过程中通过讲授化学防治的优、缺点，引导学生最终认识到技术手段的发展并不总是带来社会的进步，社会发展过程中，制度越来越趋向合理，文化趋于多元，观念趋于包容，但人与人、人与自然的冲突无法消泯。社会系统也是一个复杂、和谐、统一的生态系统，社会生态系统总是在矛盾中进化，因此，同学们也要以平和、宽容的心态面对社会现实。通过更多的案例和人物故事，教育引导学生把国家、社会、公民的价值要求融为一体，提高个人的爱国、敬业、诚信、友善修养，自觉把小我融入大我，不断追求国家的富强、民主、文明、和谐和社会的自由、平等、公正、法治，将社会主义核心价值观内化为精神追求、外化为自觉行动。

（二）反面性评价

反面性评价具有滞后性，往往需要对反面案例进行分析，毫无疑问，反面性评价一定是教育者在教学活动中，因不重视课程思政或无法有效地将思政元素与教学内容有机结合，对培养什么人、为谁培养人、如何培养人的关键问题没有深入理解，导致学生的学习主动性不强，目的不明确。这种情况要分为两个方面来定性：一是教师长期的教学思维和教学方式已经固化，即便融入了思政元素也可能会很突兀，很生硬，甚至文不对题，学生接收度很低；二是教师责任心不强，根本没有重视课程思政，为上课而上课，从原点就没有释放育人信号，学生自然不会成长成才。

由于反面评价的对比实验在实际操作中，对学生教育可能产生误导和偏差，教师的模拟行为也很难具有真实代表性，因此，此类实验建议实行反面案例追踪。如，2018 年，学校某专业学生就业率明显低于学校平均水平，经分析，学生对于自身所学专业对口找到的工作环境和薪资不满意，既不愿意到艰苦环境作业，也无法看清自身所学专业的发展前景。学院及时召开座谈会、学科建设研讨会，将课程思政摆在教书育人的重要位置上，将专业传授与爱国教育相结合，将职业前景渗透在专业知识的传授上，告诉学生参加工作后只有潜心积累才能厚积薄发，通过运用优秀校友的成功案例激发学生在职业生涯道路上奋进拼搏。2020 年，该专业学生就业率明显提高，由 2018 年的 36.3% 增长到 81.5%。

（三）评价体系的设计

课程思政评价体系的设计虽然因校而异，但由于评价的出发点和落脚点是一致的，所以在设计制定课程思政评价体系上，几乎没有大的差异，因为评价的关键性指标最终还是学生在课程学习后思想的成长和成熟。教师的教学手段再新颖，思政元素融入的再丰富，如果学生接收不到，依然是失败的课程教学。由此可见，虽然评价课程思政效果的指标相同，但在推进课程思政小环节上，一定要量身定做，量体裁衣。适用于农科院校的不一定工科、文科院校也适用，双一流建设高校与普通高校、高职高专院校的差异也会使我们在评价体系的设计上侧重不同。以上为横向比较，就本校而言，教学质量评价体系基本都很成熟，我们无须再另起炉灶，重新建立一套评价体系，而是在原有基础上不断更新和完善，突出"立德树人"的核心地位。其实评价只要围绕核心要义和关键点展开，评价的结构和设计形式多种多样，评价的结果是反馈，反馈的目的是总结，总结的目标是提升，我们最终要实现的是课程思政在育人上的重要作用。

三、结果反馈与再论证

评价课程思政的有效性，需对课程教学进行价值判断。建议高等院校可探索性的采取定性分析方法运用在课程思政教育质量评价研究中，构建分析模型，从微观角度提供多方面具体化参考，为日后课程的育人评价研究提供理论依据。笔者为大家简单介绍以下几种方法：

（一）层次分析法

层次分析法广泛应用于评价的各个方面，将评价主体按照层级分为目标、准则和子准则，将评价目标或者元素置于各个层次，形成评价分析模型，通过数据两两对比，分析权重，层次分析法是当前评价方法里主要的研究路径之一。

课程思政的深入推进，受到国家教育政策、课程开展内容、师资队伍水平、学校顶层设计等众多因素影响，因此，可将其作为准则层，每个层面下的诸多因素设为子准则，就可将特征值多、层级复杂的元素通过模型厘清思路，准则之间、子准则之间进行两两对比，是重要、同等重要还是不太重要，就会清晰可见。

（二）模糊综合评价法

模糊综合评价法也是现在经常使用的一种评价方法，读者可以查阅有关这种方法的介绍，与层次分析法较为相似。通过运用模糊综合评价法，建立需要评价的一级指标和相对应的二级指标，从而构建模型，模型中采用填制调查问卷法来收集各项教师评价指标所占的比例，并将教师评价系统根据需要分成若干个指标，根据评价指标的占比进行综合评判。模糊综合评价方法相对来讲具有较强的操作性，因此也经常在各类质量和效果评价中应用。

（三）灰色关联法

灰色关联法是通过分析元素之间的相似度和差异度，从而确定两两之间关联度的一种评价方法。课程思政是一项非常复杂的工作，涉及多种因素、多个方面。影响课程思政实际效果的因素可归结为三大类：教学环境、教师能力、学生发展，每一类因素又可分解出许多子因素，用函数关系式表示如下：$Q-f(C, T, S, t)$ 其中：Q 为教学质量，C 为教学环境，T 为教师能力，S 为学生发展，t 为时间。不同的时间、不同的学校，函数关系 f 不同。又因众多因素之间的关系实际上是模糊的、不确定的，很难进行量化，故 f 实际上是一个模糊关系，或称灰色关系。将课程思政实施系统看作一个灰色系统，f 看作一个灰色关系，利用灰色系统的关联度原理，根据各评估对象的指标数据列，构造出参考的最优指标列。考虑各指标的权重，计算出关联度，即可得出课程思政教学质量的优劣次序。

除了上述介绍的方法以外，秩和比法、TOPSIS 法等多种方法也可推荐使用。对于采用评价方法的合理性，一方面要看全部变量的情况是否得到充分反映，并且评价过程中主观成分的所占比例不应过高；另一方面要看评价结果反映实际问题的数量计算过程的繁简。评价方法的运用没有定式，可根据自身情况选择适合的一种方法或多种方法配合使用。

参考文献

著作：

《马克思恩格斯全集》第 1 卷，人民出版社 1995 年版。

《马克思恩格斯全集》第 3 卷，人民出版社 1995 年版。

《马克思恩格斯文集》第 1 卷，人民出版社 2009 年版。

《马克思恩格斯选集》第 1 卷，人民出版社 2012 年版。

《马克思恩格斯选集》第 3 卷，人民出版社 2012 年版。

《毛泽东文集》第七卷，人民出版社 1999 年版。

《邓小平文选》第三卷，人民出版社 1993 年版。

《习近平谈治国理政》，外文出版社 2014 年版。

《习近平谈治国理政》第二卷，外文出版社 2017 年版。

《习近平谈治国理政》第三卷，外文出版社 2020 年版。

习近平：《在哲学社会科学工作座谈会上的讲话》，人民出版社 2016 年版。

习近平：《在北京大学师生座谈会上的讲话》，人民出版社 2018 年版。

《习近平总书记教育重要论述讲义》，高等教育出版社 2020 年版。

王浦劬：《政治学基础》，北京大学出版社 2006 年版。

《课程思政讲义辑要》，河北高等教育出版社 2019 年版。

王英龙等：《课程思政：我们这样设计》，清华大学出版社 2020 年版。

陈华栋：《课程思政：从理念到实践》，上海交通大学出版社 2020 年版。

傅畅等：《课程思政建设背景下思想政治理论课实践教学研究》，东北大学出版社 2020 年版。

岳宏杰：《高校课程思政和思政课程同向同行问题研究》，东北大学出版社 2020 年版。

论文：

《中共中央国务院关于全面深化新时代教师队伍建设改革的意见》，《人民日报》2018 年 2 月 1 日。

孙朝阳：《课程思政教育教学改革探索与实践——以河北农业大学生命科学学院为例》，《河北农业大学学报（社会科学版）》2020 年第 4 期。

孙朝阳：《层次分析与改革实践：课程思政切入点设计的三个维度》，《河北大学学报（哲学社会科学版）》2020 年第 6 期。

高德毅、宗爱东：《课程思政：有效发挥课堂育人主渠道作用的必然选择》，《思想理论教育导刊》2017 年第 1 期。

陆道坤：《课程思政推行中若干核心问题及解决思路——基于专业课程思政的探讨》，《思想理论教育》2018 年第 3 期。

何红娟：《"思政课程"到"课程思政"发展的内在逻辑及建构策略》，《思想政治教育研究》2017 年第 5 期。

史巍：《论以"课程思政"实现协同育人的关键点位及有效落实》，《学术论坛》2018 年第 4 期。

周小花：《"课程思政"教学改革探究——以社会调查和统计课程为例》，《河南教育》2019 年第 12 期。

李国娟：《课程思政建设必须牢牢把握五个关键环节》，《中国高等教育》2017 年第 15 期。

朱征军、李赛强：《基于一致性原则创新课程思政教学设计》，《中国大学教学》2019 年第 12 期。

万力：《高校"课程思政"研究与实践的四维综述》，《西昌学院学报》2019 年第 12 期。

杨涵：《从"思政课程"到"课程思政"——论上海高校思想政治理论课改革的切入点》，《扬州大学学报（高教研究版）》2018 年第 2 期。

张红霞、孙振：《理工科院校专业课教师教书育人责任落实的现实困境与破解对策》，《思想教育研究》2020 年第 7 期。

刘营军：《农科特色通识教育课程思政的内容与路径》，《中国高等教育》2020 年第 8 期。

于博：《基于协同育人的计算机应用专业"课程思政"实施路径探究》，《电脑知识与技术》2020 年第 35 期。

聂迎娉、傅安洲：《意义世界视域下课程思政的价值旨归与根本遵循》，《大学教育科学》2020 年第 1 期。

高慧：《物理学前沿与科学技术课程中思政资源的开发与利用》，《齐鲁师范学院学报》2020 年第 6 期。

房小可、朱建邦：《论"课程思政"与"专业思政"的关系——以北京联合大学为例》，《北京联合大学学报》2021 年第 1 期。

陈显冰：《浅谈课程思政下高职全面育人之路——以〈注塑成型工艺与模具设计课程〉为例》，《科技视界》2021 年第 36 期。

肖湘珍：《在全面建设小康社会中推进人的全面发展》，《西南民族大学学报（人文社科版）》2004 年第 1 期。

袁才保：《青年是我们一切事业的继承者》，《湖湘论坛》2004 年第 5 期。

李荷英：《民族地区大学生理想及理想教育状况的调查分析》，《河池学院学报》2011 年第 3 期。

陈旭远：《试论潜在课程的概念和结构》，《教育理论与实践》1994 年第 1 期。

唐晓杰：《西方"隐蔽"课程研究的探析》，《华东师范大学学报（教育科学版)》1988 年第 2 期。

吴也显：《学校课程和文化传播》，《课程·教材·教法》1991 年第 3 期。

冉亦：《浅谈潜在课程》，《青年与社会》2019 年第 18 期。

张晓娜：《课程思政背景下中国传统文化融入大学英语教学的研究》，《校园英语》2020 年第 41 期。

杨国斌、龙明忠：《课程思政的价值与建设方向》，《中国高等教育》2019 年第 23 期。

曾狄、李渊博：《"马克思主义基本原理概论"课推动习近平新时代中国特色社会主义思想"三进"应讲清楚的三个思想原则》，《思想理论教育导刊》2018 年第 9 期。

孟庆义、侯典芹：《〈形势与政策〉与中国特色社会主义理论体系"三进"》，《湖北社会科学》2014 年第 7 期。

吴爱萍：《推进习近平新时代中国特色社会主义思想"三进"的思考——以"概论"课为例》，《学校党建与思想教育》2018 年第 3 期。

苏小菱、洪昀：《基于层次分析评价模型的课程思政有效性评价探索》，《教育教学论坛》2020 年第 22 期。

吕春艳：《供给侧改革视角下高校思想政治教育改革的路径探索》，《广西教育学院学报》2017 年第 3 期。

周增为：《从课程与教学维度思考思政课一体化建设》，《中国高等教育》2020 年第 1 期。

董维春、姜璐、张炜：《面向新农科的农业特色通识核心课程体系构建——以南京农业大学为例》，《中国农业教育》2020 年第 5 期。

林万龙、何志巍、崔情情、汪建华：《高等农林院校课程思政建设的机制创新与路径探究》，《中国农业教育》2020 年第 4 期。

张冰、白华：《"高校创新创业教育"概念之辨》，《高教探索》2014 年第 3 期。

王占仁：《创新创业教育与思想政治教育的关系论析》，《深圳大学学报（人文社会科学版）》2018 年第 1 期。

闫冬春、程显好、王凯、赵丽丽：《基于"过程导向，能力为本"的农学类专业创新创业教育体系创新与实践——以鲁东大学为例》，《中国农业教育》2020 年第 1 期。

王多兵：《高校思想政治教育中的四大育人主体、六大育人体系和八大工作方法》，《教书育人（高教论坛）》2018 年第 21 期。

高仁：《推动高校思想政治工作体系贯通学科体系、教学体系、教材体系、管理体系的思考》，《思想理论教育》2020 年第 6 期。

李太平、王俊琳：《教材建设与国家认同》，《国家教育行政学院学报》2019 年第 9 期。

杨晓东、甄国红、姚丽亚：《应用型高校专业课程思政教材建设关键问题之思》，《国家教育行政学院学报》2020 年第 5 期。

程中原：《读高校思想政治理论课教材〈中国近现代史纲要〉》，《高校理论战线》2007 年第 3 期。

陈军亚：《韧性小农：历史延续与现代转换——中国小农户的生命力及自主责任机制》，《中国社会科学》2019 年第 12 期。

丁朝蓬：《教材评价的本质、标准及过程》，《课程·教材·教法》2000 年第 9 期。

韦春北：《把握好课程思政改革创新的四个维度》，《中国高等教育》2020 年第 9 期。

唐德海、李枭鹰、郭新伟：《"课程思政"三问：本质、界域和实践》，《现代教育管理》2020 年第 10 期。

姚计海：《教育实证研究方法的范式问题与反思》，《华东师范大学学报（教育科学版）》2017 年第 3 期。

程建坤、陈婧：《教育实证研究：历程、现状和走向》，《华东师范大学学报（教育科学版）》2017年第3期。

王思遥：《教育实证研究的理论依据、争议与去向》，《大学教育科学》2020年第5期。

孙瑞婷、韩宪洲：《论对待高校思想政治工作规律的正确态度》，《广西社会科学》2020年第1期。

吕红、邱均平：《高等教育质量标准领域研究进展与创新发展路径探讨》，《重庆大学学报（社会科学版）》2015年第3期。

冯立芳、张卫斌、王彦波等：《〈高级生物化学〉课程中思政案例库的建设及案例式教学的应用》，《科技资讯》2020年第25期。

潘丽珠：《转变学习方式，让学生学会自主学习》，《考试周刊》2009年第27期。

敬再平：《关于高校师道尊严重振路径的思考》，《绵阳师范学院学报》2019年第10期。

周建云：《顺应课改形势　服务基础教育——高师中文教学的若干思考》，《文教资料》2006年第31期。

朱林、李朱锋：《民办高校教学质量监控体系的构建研究》，《大众标准化》2021年第2期。

诺敏：《呼伦贝尔学院教学质量监控体系实施方案及结果研究》，《大众标准化》2021年第2期。

杨建超：《协同育人理念下高校"课程思政"改革的理性审视》，《南通大学学报（社会科学版）》2019年第6期。

刘颖：《高职院校"思政课程"与"课程思政"协同育人模式构建的逻辑理路分析》，《黑龙江教育（理论与实践）》2021年第1期。

崔金洋、许和隆：《精准思政的关键词"捕捉""定制""追踪"》，《戏剧之家》2020年第27期。

刘宗让：《大学生对思政课教学看法的跟踪调查与分析》，《浙江科技学院学报》2012年第2期。

周光礼：《世界一流学科的中国标准是什么》，《光明日报》2016 年 2 月 16 日。

陈翔：《做好"课程思政"的供给侧改革》，《学习时报》2020 年 1 月 10 日。

吴楠：《构建三位一体的思政教学体系》，《中国社会科学报》2017 年 2 月 22 日。

王习胜：《坚持在改进中加强》，《中国教育报》2017 年 3 月 4 日。

宋学勤：《课程思政拓展新时代思政建设空间》，《中国教育报》2020 年 11 月 12 日。

李素矿：《高校课程思政建设要正确处理四个关系》，2019 年 11 月 19 日，见 http://dangjian.gmw。

《教育部关于深化本科教育教学改革全面提高人才培养质量的意见》，2019 年 10 月 8 日，见 http://www.moe.gov.cn/srcsite/A08/s7056/201910/t20191011_402759.html?tdsourcetag=s_pcqq_aiomsg。

《学院工作动态（57）》，2020 年 5 月 25 日，见 http://www.hebau.edu.cn/art/2020/5/25/art_2_22848.html。

《教育部关于印发〈高等学校课程思政建设指导纲要〉的通知》，2020 年 5 月 28 日，见 http://www.gov.cn/zhengce/zhengceku/2020-06/06/content_5517606.htm。

后　记

　　课程思政的研究不单是兴趣，也是工作。在组织进行课程思政改革的工作中，如何选准工作切入点，颇费思量。理论可以一箩筐，工作却要一线牵。每一门课程都有其内在的工具逻辑和价值逻辑。价值逻辑往往有更多的共同点，如何把价值逻辑内化于心外化于形、把工具逻辑知行合一，让教育者先受教育、让受教者感同身受，是教育工作者要解决的现实课题。课程思政要在教、在研、在学；要在线、在场、在境；要在情、在理、在义。同时，在建设河北农业大学道德实践馆和农业体验中心的过程中，我们发现，人文历史的点点滴滴，在身边是如此亲切、随思随悟、随行随信；现代科技的林林总总，在眼里是无比应心、力学力为、力行力远。教师乐讲、学生爱听；课上有趣、课下有思、课后有进。思政工作如沧海田盐，融进每个人的血液；如山涧涛水，直抵每个人的心田。

　　课程思政的改革不只是要求，更是践行。符合要求只是起步，躬耕践行没有终点。教育部颁布《高等学校课程思政建设指导纲要》后，工作团队根据工作体会发表了相关文章，申请了教育部新农科课题，围绕课程思政教育教学改革搭桥过河、爬坡过坎而出力献策。在对照要求中我们发现了制度设计上的短板，在践行改革中我们找出了工作路径上的差距。更加深化了对课程思政工作体系中的案例编写、党小组集中备课、支部研讨、项目支撑、教师工作室建设等的认识，进而学校出台了课程思政建设实施细则。更多的教学名师开设示范课、更多的教学团队开始集体备课、更多的支部和马院的专家建立联系制度、更多的课堂通过实习与虚拟现实等搬到了山水林田间。太行山"新愚公"李保国先生经常说,"把农民变成我,把我变成农民"。立足于做好我们的事情,奋力于服务人民群众的利益,把课教在太行山上,把论文写在太行山上,走好太行山道路,是一代一代农大人的生动奋斗实践,更是精神的滋养,手手相牵、口口相传。

　　课程思政的发展不系于个人,而在团队。教学团队梯队跟进、工作团队砥砺奋进,才是根本。我们的课程思政工作研究团队尚且稚嫩,可以说是新手滚刀,坎坎坷坷、踉踉跄跄,初步形成了一些粗浅思考,几经周折几易其稿而成此书。其中,第一章、第七章作者孙朝阳;第二章作者姚运肖;第三章、第四章作者赵然;第五章作者刘欢;第六章作者李佳哲;第八章作者李晓霄。全书由孙朝阳进行统稿。马克思主义学院的郭跃军、周燕、李亚青、赵兰香等参与了书稿的讨论,还有很多同仁提出了宝贵的建议。

著者于河北农业大学

2021 年 4 月 2 日

策划编辑：李　航
责任编辑：杜文丽　李　航
封面设计：姚　菲

图书在版编目（CIP）数据

课程思政教育教学体系改革与创新：基于农林院校学科特点的研究 /
　孙朝阳等　著 . — 北京：人民出版社，2022.1
ISBN 978 - 7 - 01 - 023691 - 9

I. ①课… 　II. ①孙… 　III. ①高等学校 - 思想政治教育 - 教学改革 - 研究 - 中国
　IV. ① G641

中国版本图书馆 CIP 数据核字（2021）第 171419 号

课程思政教育教学体系改革与创新
KECHENG SIZHENG JIAOYU JIAOXUE TIXI GAIGE YU CHUANGXIN
——基于农林院校学科特点的研究

孙朝阳 等　著

人民出版社 出版发行
（100706　北京市东城区隆福寺街 99 号）

北京建宏印刷有限公司印刷　新华书店经销

2022 年 1 月第 1 版　2022 年 1 月北京第 1 次印刷
开本：710 毫米 ×1000 毫米 1/16　印张：19.25
字数：270 千字

ISBN 978 - 7 - 01 - 023691 - 9　定价：79.00 元

邮购地址 100706　北京市东城区隆福寺街 99 号
人民东方图书销售中心　电话（010）65250042　65289539